Christian Reutlinger, Nadia Baghdadi und Johannes Kniffki (Hg.)
Die soziale Welt quer denken

Transposition – Ostschweizer Beiträge zu Lehre, Forschung und Entwicklung in der Sozialen Arbeit. Band 2
Herausgegeben von Prof. Dr. Reto Eugster,
Prof. Dr. Marcel Meier Kressig, Prof. Dr. Annegret Wigger,
Prof. Monika Wohler

Ein gutes musikalisches Zusammenspiel ist immer wieder auf Transpositionen zwischen verschiedenen Instrumenten angewiesen. Ähnliches gilt im Feld der Sozialen Arbeit. Das Anliegen der Schriftenreihe besteht darin, Wissen aus Forschung, Lehre und Praxis so zu transponieren, dass Entwicklungen in Disziplin und Profession der Sozialen Arbeit vorangetrieben werden mit dem Ziel, unterschiedliche Perspektiven zum Klingen zu bringen.

Christian Reutlinger, Nadia Baghdadi
und Johannes Kniffki (Hg.)

Die soziale Welt quer denken

Transnationalisierung und ihre Folgen
für die Soziale Arbeit

Frank & Timme

Verlag für wissenschaftliche Literatur

Umschlagabbildung: Einkaufsstraße in Shanghai.
Foto: Nadia Baghdadi, 2008.

ISBN 978-3-86596-335-2
ISSN 1868-3851

© Frank & Timme GmbH Verlag für wissenschaftliche Literatur
Berlin 2011. Alle Rechte vorbehalten.

Das Werk einschließlich aller Teile ist urheberrechtlich geschützt. Jede Verwertung außerhalb der engen Grenzen des Urheberrechtsgesetzes ist ohne Zustimmung des Verlags unzulässig und strafbar. Das gilt insbesondere für Vervielfältigungen, Übersetzungen, Mikroverfilmungen und die Einspeicherung und Verarbeitung in elektronischen Systemen.

Herstellung durch das atelier eilenberger, Taucha bei Leipzig.
Printed in Germany.
Gedruckt auf säurefreiem, alterungsbeständigem Papier.

www.frank-timme.de

Inhaltsverzeichnis

CHRISTIAN REUTLINGER, NADIA BAGHDADI UND
JOHANNES KNIFFKI
Die soziale Welt quer denken – einleitende Betrachtungen 7

Teil I Transnationalisierung der sozialen Welt und der Sozialräume

LUDGER PRIES
Transnationalisierung der sozialen Welt als Herausforderung und Chance 17

CHRISTIAN REUTLINGER
Transnationale Sozialräume: Zur (neuen) Bedeutung von Ort und Raum
in der Sozialen Arbeit 37

JOHANNES KNIFFKI
Lokale Folgewirkungen transnationaler Prozesse 63

Teil II Transnationale Lebenswelten und Netzwerke

JANINE DAHINDEN
Wer entwickelt einen transnationalen Habitus?
Ungleiche Transnationalisierungsprozesse als Ausdruck
ungleicher Ressourcenausstattung 83

GIANNI D'AMATO
Transnationale Praktiken von Migrantinnen und Migranten in der
Schweiz und Europa 109

CHRISTINE RIEGEL
Biografien im transnationalen Raum 125

CHRISTIAN REUTLINGER UND BETTINA BRÜSCHWEILER
Doppelt „Daneben" und „Draußen" – Was meint in der Rede von der
Parallelgesellschaft eigentlich „parallel" zur Gesellschaft? 149

Teil III Soziale Unterstützung und Soziale Arbeit

NADIA BAGHDADI UND MANDY SCHÖNE
Familie an der Schnittstelle von Transnationalismus, sozialer
Unterstützung und Care 183

JOHANNA KRAWIETZ UND WOLFGANG SCHRÖER
Transnationale Sorge im lokalen Dienstleistungsmix – Neue
Forschungsperspektiven Sozialer Arbeit 207

MARINA RICHTER
Eine transnationale Brille für die Soziale Arbeit? 221

Autorinnen und Autoren 229

CHRISTIAN REUTLINGER, NADIA BAGHDADI UND
JOHANNES KNIFFKI

Die soziale Welt quer denken – einleitende Betrachtungen

Schweizerische Studierende in Barcelona, osteuropäische Dienstmädchen in Österreich, deutsch-polnische Wanderarbeiter, Geldtransfers maghrebinischer Migrantinnen in ihre Herkunftsländer, Forschende in EU-Projekten, das Internationale Rote Kreuz, Greenpeace und Al-Qaida haben eines gemeinsam: ihre Tätigkeiten, Vernetzungen und Orientierungen durchqueren nationale Grenzen, d.h. sie sind transnational.

Unsere Lebens-, Arbeits- und Organisationsformen scheinen zunehmend von Grenzüberschreitungen beeinflusst zu werden. Soziale Zusammenhänge bzw. Beziehungs- und Austauschnetzwerke spannen sich über und entwickeln sich jenseits von Nationalstaaten (vgl. Pries 2008). Zurückzuführen sind diese Entwicklungen darauf, dass die Zirkulation von Menschen, Waren, Geld, kulturellen Symbolen und Praktiken durch die Globalisierung und die verbesserten informations- und verkehrstechnischen Möglichkeiten zugenommen hat. Dabei sind diese Verflechtungen nicht nur wirtschaftlicher, sondern verstärkt auch sozialer Natur, wie die aktuelle Finanzkrise veranschaulicht. Beispiele wie Armut, Flucht und Vertreibung von Menschen aus bestimmten Gebieten zeigen eindrücklich die Internationalisierung von sozialen Problemlagen im Zuge der Globalisierung.

Vor diesem Hintergrund deutet vieles darauf hin, dass die Vorstellung einer Welt voller kleiner lokaler, regionaler und nationaler Kisten, die neben- oder ineinander (d.h. im Sinne eines „Matrjoschka-Prinzips", vgl. Reutlinger 2008) angeordnet sind, immer weniger den aufgezeigten Verflechtungen und Zusammenhängen entspricht. Viele Prozesse und Phänomene können wir mit tradierten Betrachtungsvorstellungen einer „Kistchen-Brille" nur ungenügend beschreiben bzw. (be)greifen. Die beschriebenen Beispiele verdeutlichen, dass es eine Erweiterung der Perspektiven bedarf, wie Glick Schiller, Basch und Blanc-Szanton (1992) wegweisend für die Migrationsforschung forderten. Damit wird eine Ebene fokussierbar, welche quer bzw. zwischen diesen, von uns in der Regel als normal empfundenen Einheiten angesiedelt ist und die vielfältigen Vergesellschaftungsformen und die damit verbundenen Herausforderungen einzubeziehen vermag. Mit dem (auf)fordernden Titel des vorliegenden Buches: *Die soziale Welt quer denken* soll es gelingen genau an dieser Zwischenebene anzusetzen und insbesondere für Soziale Arbeit relevante Perspektiven aufzuzeigen. Bei allen Versuchen der Gegenstandsbestimmung muss einem natürlich bewusst sein, dass eine wie auch immer quergedachte oder querstehende Soziale Welt ebenso ein Konstrukt bzw. das Resultat von Versgesellschaftungsprozessen ist, wie die vermeintliche Welt nebeneinanderstehender Kistchen – im Sinne einer sich „in der Linie befindlichen" oder „hochkanten" Sozialen Welt. Gerade dieses Bewusstsein ermöglicht es jedoch über ein Wechselspiel von Dekonstruktion und Konstruktion, Normalitätsfolien im Allgemeinen und solche, auf welche sich die Soziale Arbeit bezieht, kritisch zu hinterfragen (vgl. Kessl/Plössner 2010). Tradierte Perspektiven und scheinbar unumstossbare Tatsachen können dadurch auch umgekrempelt werden. Daraus folgt aber nicht, nationalstaatlich orientierten sozialen Sicherungssystemen, Quartiersbezug, Regionalisierung usw. jegliche Bedeutung abzusprechen; diese sind als territorialer Bezug und Orientierungsgrösse weiterhin relevant (vgl. Lorenz 2010) und strukturieren gleichzeitig mit transnationalen Vergesellschaftungsformen Soziale Arbeit.

Der vorliegende Sammelband soll dazu beitragen, zentrale transnationale Entwicklungen zu verstehen, die soziale Welt im aufgezeigten Sinne „quer denken" zu lernen und daraus neue Perspektiven für Soziale Arbeit aufzuzeigen.

Quer denken der sozialen Welt – Anmerkungen zum Entstehungskontext

Ausgangspunkt des vorliegenden Buches war eine Summerschool und eine darin integrierte Tagung zum Themenkreis „Transnationalisierung und Soziale Arbeit", welche die FHS St.Gallen, Hochschule für Angewandte Wissenschaften, Fachbereich Soziale Arbeit in Kooperation mit der Alice Salomon Hochschule Berlin (ASH) im Sommer 2009 in Rorschach am Bodensee durchgeführt hatte. Den Veranstaltungen lag die hinter der beschriebenen Perspektiverweiterung stehende Haltung des notwenigen Querdenken-Müssens bzw. -Könnens zu Grunde.

In einer Woche intensivstem Austausch fragten die Teilnehmerinnen und Teilnehmer der Summerschool kritisch nach den Implikationen von transnationalen Prozessen für Konzepte wie soziale Unterstützung, Zugehörigkeit und dem Verhältnis von sozialem und geografischem Raum. Hintergrund ist die Tatsache, dass transnationale Prozesse, insbesondere belastende Folgewirkungen „vor Ort", Soziale Arbeit vor neue Herausforderungen stellen (vgl. Homfeldt/Schröer/Schweppe 2008). Die Entstehung, Auswirkung und Bekämpfung solcher Herausforderungen sind jedoch nicht nur lokal, sondern auch in einem internationalen Kontext zu verstehen und anzugehen. Wir stellen als Antwort auf transnationale Entwicklungen eine Internationalisierung von sozialpolitischen Bemühungen fest, beispielsweise im Rahmen der Europäischen Union. Verbände und Netzwerke der Sozialen Arbeit leisten hierbei wichtige Lobbyarbeit für soziale Anliegen. Sozialarbeiterinnen und Sozialarbeiter brauchen zusätzliche Kompetenzen, um mit aktuellen Herausforderungen und Anforderungen umgehen zu können.

Die bisherigen Konzepte basieren hauptsächlich auf einer nationalräumlich definierten Gesellschaft; diese werden den gezeigten Veränderungen jedoch nicht vollumfänglich gerecht. Eine transnationale Öffnung trägt transnationalen Entwicklungen Rechnung und stellt zugleich die Chance dar, national geprägte Denk- und Erklärungsmuster zu erweitern. Ziel der Analysen und Diskussionen von konkreten Projekten, theoretischen Ansätzen und Handlungskonzepten war die Herausarbeitung der Anforderungen, die sich aus Transnationalisierungsprozessen für die Soziale Arbeit – als Disziplin und Profession – ergeben.

Neben einer systematischen Standortbestimmung der Diskussion, welche in diesem Band festgehalten ist, spiegelt die Veröffentlichung die zunehmend „transnationale Verfasstheit" von Bildungs- und Forschungsinstitutionen (vgl. Bauschke-Urban 2010). Im Zusammenhang mit der verstärkten internationalen Einbettung und Ausrichtung von Bildungseinrichtungen ergeben sich einerseits wichtige Impulse zur fachlichen und institutionellen Weiterentwicklung. Andererseits sind sie zunehmend mit der Herausforderung konfrontiert, Europäische Reformen umzusetzen und dadurch den Austausch von Studierenden und Lehrenden zu fördern (Stichwort Bologna). Internationale Kooperation ist ausserdem oftmals Voraussetzung für die Teilnahme an nationalen und europäischen Forschungsprogrammen.

Eine Internationalisierung bedeutet inhaltlich in Ausbildung und Forschung eine grenzüberschreitende und vernetzte Perspektive in der Analyse sozialer Zusammenhänge und den damit verbundenen professionellen Lösungen zu entwickeln. Das heisst u.a. die Auseinandersetzung mit global-lokal

Dialektiken, die Befassung mit Themen wie Migration, Armut oder alternative Entwicklungsformen und den entsprechenden professionellen Grundverständnissen sozialpädagogischen und sozialarbeiterischen Handelns. Schliesslich ist eine Universität oder Fachhochschule heute zunehmend gezwungen, sich auf einem international gewordenen Markt von Bildungsanbietern mit einem so genannten „Alleinstellungsmerkmal" zu positionieren. In Anbetracht dieser strategisch-konzeptionellen Aufgabe erachtet der Fachbereich Soziale Arbeit der FHS St.Gallen den Transnationalismus-Ansatz als unabdingbar, um diese vielfältigen Herausforderungen einlösen zu können. Dieser Ansatz eignet sich besonders gut zur Verknüpfung von Mobilität und Austausch mit konkreten inhaltsbezogenen, fachlichen Anliegen.

Aufbau und Inhalt des Bandes

Der Sammelband gliedert sich in drei Teile. Der erste Teil zur „Transnationalisierung der sozialen Welt und der Sozialräume" enthält grundlegende theoretische Überlegungen wie die Konzepte von Gesellschaft und Raum unter transnationalen Bedingungen (neu) zu denken sind.

Ludger Pries führt in seinem Beitrag „Transnationalisierung der sozialen Welt als Herausforderung und Chance" in die Thematik des Sammelbandes ein. Er beleuchtet die gegenwärtig stattfindende Internationalisierung und Transnationalisierung von Gesellschaft anhand der Veränderungen der internationalen Migration. Der Vergleich zwischen den klassischen Formen der Migration – Auswanderung und Rückkehrmigration – und neueren Formen – zirkuläre Migration – verdeutlicht, dass Raumvorstellungen einer kritischen Prüfung unterzogen werden müssen. Der Blick auf Familie und Rimessen, die Geldrücküberweisungen von Migrierten in ihre Herkunftsländer, verdeutlicht darüber hinaus, dass transnationale Migration eng mit Familien- bzw. Haushaltstrategien verwoben sind und sich wechselseitig beeinflussen. Um diese vielfältigen Muster grenzüberschreitender Verflechtungsbeziehungen fassen zu können, plädiert Pries für ein pluridimensionales Mehrebenenmodell.

An der Notwendigkeit zur kritisch-reflexiven Überprüfung bisheriger Raumvorstellungen (oben beschrieben als „Kistchen-Brille" oder „Matrjoschka-Prinzip"), welche Soziale Arbeit in ihren Ansätzen und Vorstellungen meist unhinterfragt und unreflektiert mitträgt und dadurch weiter aufrecht erhält, setzt der Beitrag „Transnationalisierung von Sozialräumen" von *Christian*

Reutlinger an. Durch Transnationalisierungs- und speziell Transmigrationsprozesse rückt die Frage der Bedeutung von Ort und Raum für Soziale Arbeit im Sinne einer sich verändernden pädagogischen Ordnung des Räumlichen neu als eine ernst zu nehmende Herausforderung auf die Tagesordnung. Im Beitrag wird die Erklärungskraft existierender raumtheoretischer Konzeptionen ausgelotet und die Herausforderungen für Soziale Arbeit benannt, die daraus resultieren, dass sich heute Sozialräume vermehrt „quer" und „zwischen" den normalisierenden Kistchen aufspannen.

Wie sich transnationale Prozesse auf der lokalen Ebene auswirken, wird in *Johannes Kniffkis* Beitrag „Lokale Folgewirkungen transnationaler Prozesse" vertieft. Diese Frage sei gerade für die Soziale Arbeit besonders wichtig, da sie sich in ihrer Praxis lokal verortet. Kniffkis Ausführungen basieren auf der Annahme, dass Transnationalisierungsprozesse nur in (transkulturellen) Kontakten und Begegnungen und damit in Kommunikation und Interaktion, als Wissenstransformationen, beobachtbar sind. Basierend auf der Diskursanalyse einer solchen Alltagssituation kann seine Annahme bestätigt werden. Für die Soziale Arbeit leitet er daraus die Erkenntnis ab, dass ihre Interventionen auf Wissenstransformationen abzielen müssen. Es geht also darum Veränderungsprozesse zu ermöglichen und Begegnungen zu gestalten und nicht darum Differenzen zu harmonisieren oder zu integrieren.

Im zweiten Teil des Sammelbandes „Transnationale Lebenswelten und Netzwerke" stehen die Akteurinnen und Akteure und ihre transnationalen Welten, Praktiken und Beziehungsnetzwerke im Vordergrund. Die Beiträge enthalten Ergebnisse und Erkenntnisse aus verschiedenen empirischen Studien.

Janine Dahinden beschäftigt sich mit ungleichen Transnationalisierungsprozessen und wirft in ihrem Beitrag die Frage auf „Wer entwickelt einen transnationalen Habitus?". Anlass dieser Frage nachzugehen, ist die Feststellung des Paradoxes, dass trotz einer allgemeinen Zunahme transnationaler Orientierungen – auch unter nicht-migrierten Personen – nicht alle Einwanderergruppen transnational aktiv sind. Anhand von Studienergebnissen zeigt sie, dass Transnationalisierung die ungleiche gesellschaftliche Verteilung von Ressourcen widerspiegelt. In diesem Sinne könne von einer Transnationalisierung sozialer Ungleichheiten gesprochen werden. Interessant ist in diesem Zusammenhang der Anschluss an Assimilationstheorien: Diese können Dahinden folgend als Theorien der sozialen Mobilität und damit der sozialen

Ungleichheit fruchtbar gemacht werden, insofern sie von ihrem nationalen Bezugsrahmen entkoppelt werden.

Gianni D'Amato diskutiert in seinem Beitrag „Transnationale Praktiken von Migrantinnen und Migranten in der Schweiz und Europa" zentrale Ergebnisse einer europäischen Studie. Ziel der Studie war es, den Umfang transnationaler Aktivitäten verschiedener Einwanderergruppen im wirtschaftlichen, soziokulturellen und politischen Bereich ländervergleichend zu evaluieren. Ähnlich wie Dahinden kann D'Amato in allen Ländern ungleiche Transnationalisierungsprozesse feststellen. So sind Personen mit hohem sozio-ökonomischem Status und hohem Bildungskapital am stärksten in transnationale Aktivitäten involviert. Transnationalität kann aber auch als Reaktion auf eine schwierige Ausgangslage – z.B. ein markanter Unterschied der Möglichkeiten zwischen dem Herkunfts- und Ankunftsland oder ein unsicherer Aufenthaltsstatus – interpretiert werden.

Im Mittelpunkt von *Christine Riegels* Beitrag stehen, wie der Titel verspricht, „Biografien im transnationalen Raum". Sie geht der Frage nach, welche biografischen Gestaltungsmöglichkeiten der transnationale Raum Subjekten eröffnet. Sie lotet das Potenzial transnationaler Lebensräume am Beispiel einer jungen Frau aus, die als Tochter eines Arbeitsmigranten und einer Arbeitsmigrantin in Deutschland aufgewachsen ist. Riegel zeigt, dass und wie (Trans-)migration eine Neujustierung des Lebens in biografischen Übergängen ermöglichen kann. Der transnationale Raum eröffne, insbesondere jungen Erwachsenen aus Migrationsfamilien, erweiterte Perspektiven der Lebensgestaltung und könne deshalb als Zukunftsressource gewertet werden.

Christian Reutlinger und Bettina Brüschweiler zeigen in ihrem Beitrag „‚Daneben' und ‚Draussen' – Was heisst eigentlich ‚parallel' zur Gesellschaft?" beispielhaft auf, dass im öffentlich-politischen Diskurs zwar verstärkt über „Parallelgesellschaften" geredet wird, dass jedoch kaum hinterfragt wird, ob mit dieser Rede die dahinter stehenden Phänomene bzw. sozialpädagogischen Herausforderungen veränderter transnationaler Prozesse überhaupt beschreibbar werden. Neben der Dekonstruktion des „Gebildes" Parallelgesellschaft und einer kritischen raumtheoretischen Überprüfung, was denn genau „parallel" zur Gesellschaft meint, zeigen die Autorin und der Autor aus einem transnationalen Zugang Perspektiven auf, wie Soziale Arbeit an bzw. mit den dahinter liegenden Herausforderungen produktiv umgehen kann.

Im dritten Teil des Sammelbandes wird ein Kernthema der Sozialen Arbeit aufgenommen, nämlich die „Soziale Unterstützung". In den beiden letzten Beiträgen steht denn auch die Soziale Arbeit im Fokus der kritisch-reflektiven Auseinandersetzungen.

In „Familie an der Schnittstelle von Transnationalismus, sozialer Unterstützung und Care" ergründen *Nadia Baghdadi und Mandy Schöne* die gegenseitigen Anschlussmöglichkeiten von Transnationalismus-Forschung und sozialer Unterstützungs- bzw. Care-Forschung. Sie halten das Beispiel von „Familie" als besonders geeignet um das gegenseitige Potenzial zu ergründen, da diese Thematik in beiden Forschungssträngen zentral ist. Die Autorinnen argumentieren, dass die soziale Unterstützungs- und Care-Forschung lange in einem nationalen Referenzrahmen verhaftet geblieben sei und deshalb der Ergänzung um eine grenzüberschreitende Analyseebene bedürfe. Umgekehrt könne die Transnationalisierungsforschung von der Unterstützungs- und Careforschung profitieren, insbesondere werde sie mit neuen Fragen und Analysemodellen bereichert, zum Beispiel im sozialpsychologischen Bereich. Die gegenseitigen Erweiterungsmöglichkeiten illustrieren sie exemplarisch am Beispiel der „global care chains".

„Globale Versorgungsketten" sind auch bei *Johanna Krawietz und Wolfgang Schröer* Anstoss für ihre Überlegungen. In ihrem Beitrag „Transnationale Sorge im lokalen Dienstleistungsmix" zeigen sie, dass sich ein neuer lokaler Dienstleistungsmix im Bereich der Alterspflege etabliert hat. Anhand von Beispielen und aktuellen Studien belegen sie, dass zunehmend eine Mischung von öffentlichen, privaten, zivilgesellschaftlichen und marktwirtschaftlichen Anbietern Betreuungs- und Versorgungsleistungen erbringen. Hierbei sind die etablierten professionellen Sozialen Dienstleistungen zunehmend mit transnationalen Versorgungsstrukturen verwoben. Dies stellt die Infrastruktur sozialer Dienste vor neue Herausforderungen. Allerdings sei das Wissen in diesem Bereich noch unzulänglich. Krawietz und Schröer skizzieren deshalb Forschungsgebiete und -fragen, die für die Soziale Arbeit relevant sind und die zukünftig untersucht werden müssten.

Marina Richter rundet den Band mit Reflexionen zur Nützlichkeit von Transnationalismus-Ansätzen für die Soziale Arbeit ab. Wie der Titel „Eine transnationale Brille für die Soziale Arbeit?" bereits andeutet, überträgt sie Welschs Bild der transkulturellen Brille (Welsch 1997), zur Versinnbildlichung des Perspektivenwechsels, auf die Debatten um Transnationalisierung. Mit dieser Brille betrachtet Richter die Praxis der Sozialen Arbeit und verdeutlicht, dass sie fruchtbare Impulse gibt: sie „fokussiert den Blick, führt ihn über Bekanntes hinaus und ermöglicht dadurch ein ‚Trans-Verständnis'" (Richter i.d.B.). Richter diskutiert mögliche Übersetzungen von der Theorie in die Praxis und zwar in drei möglichen Feldern: a) die KlientInnen der Sozialen Arbeit; b) die SozialarbeiterInnen selbst und c) die Soziale Arbeit als Organisation.

Ihr Beitrag entstand im Gegensatz zu den anderen Beiträgen nicht aus einem Vortrag, sondern aus der Diskussion im Rahmen des Workshops „Transnationale Forschungsperspektiven – ein Erkenntnisgewinn?".

Literatur

BAUSCHKE-URBAN, CAROLA (2010): *Im Transit*. Transnationalisierungsprozesse in der Wissenschaft. Wiesbaden: VS Verlag für Sozialwissenschaften.

GLICK SCHILLER, NINA/BASCH, LINDA/BLANC-SZANTON, CRISTINA (Hrsg.)(1992): *Towards a Transnational Perspective on Migration:* Race, Class, Ethnicity, and Nationalism Reconsidered. New York: The New York Academy of Sciences.

HOMFELDT, HANS GÜNTHER/SCHRÖER, WOLFGANG/SCHWEPPE, CORNELIA (Hrsg.) (2008): *Soziale Arbeit und Transnationalität*. Herausforderungen eines spannungsreichen Bezugs. Weinheim: Juventa.

KESSL, FABIAN/PLÖSSER, MELANIE (2010): *Differenzierung, Normalisierung, Andersheit. Pädagogik und Gesellschaft.* Soziale Arbeit als Arbeit mit den Anderen. Wiesbaden: VS Verlag.

LORENZ, WALTER (2010): „Sozialarbeit in Europa". In: TREPTOW (Hrsg.), S. 51-61.

PRIES, LUDGER (2008): *Die Transnationalisierung der sozialen Welt.* Frankfurt am Main: Suhrkamp Verlag.

REUTLINGER, CHRISTIAN (2008): *Raum und soziale Entwicklung.* Kritische Reflexion und neue Perspektiven für den sozialpädagogischen Diskurs. Weinheim: Juventa Verlag.

SCHNEIDER, IRMELA/THOMSEN, CHRISTIAN W. (Hrsg.) (1997): *Hybridkultur.* Medien Netze Künste. Köln: Wienand.

TREPTOW, RAINER (Hrsg.) (2010): Internationaler Vergleich und Soziale Arbeit. Theorie, Anwendung und Perspektive. Bremen: Europäischer Hochschulverlag. (Nachdruck der Originalausgabe von 1996).

WELSCH, WOLFGANG (1997): „Transkulturalität. Zur veränderten Verfassung heutiger Kulturen". In: SCHNEIDER ET AL. (Hrsg), S. 61–91.

Teil I Transnationalisierung der sozialen Welt und der Sozialräume

LUDGER PRIES

Transnationalisierung der sozialen Welt als Herausforderung und Chance

Für Millionen von Jahren lebten die Menschen als Jäger und Sammler hauptsächlich nomadisch, indem sie von Ort zu Ort zogen und ihren jeweiligen Nahrungsquellen folgten. Die sesshafte Lebensweise ist eine recht neuartige Erfindung, die erst seit einigen Tausend Jahren mit den verbesserten Methoden von Landwirtschaft, Bewässerung und Viehzucht ermöglicht wurde. Aber überall auf der Welt führten technische Entwicklungen, klimatische Veränderungen und soziale Innovationen immer wieder zu räumlicher Mobilität einzelner Menschen, von Sippen oder ganzen Völkerstämmen. Vor allem mit der Industrialisierung, Urbanisierung und Individualisierung der menschlichen Lebensräume seit dem 18. Jahrhundert gingen enorme Wanderungsbewegungen von Millionen Menschen – vom Land in die Stadt, aus der alten in die neue Welt etc. – einher.

Gleichzeitig vermittelte der aufkommende Nationalismus den Eindruck, alle Menschen seien mehr oder weniger eindeutig und dauerhaft jeweils einem nationalstaatlichen Container zuzuordnen. Im Namen von Nationen und Staaten wurden Weltkriege geführt, und die meisten Menschen der Welt können sich noch heute ziemlich klar als einer Nationalgesellschaft zugehörig einordnen. Inzwischen ist die ganze Welt vermessen und in nationalstaatliche Territorien aufgeteilt. Die Anzahl der unabhängigen Staaten, die Teil der ‚Vereinten Nationen' (sic: es heißt nicht ‚Vereinte Menschheit' oder ‚Vereinte Stämme' oder ‚Vereinte Völker'!) sind, wuchs in den letzten dreißig Jahren von etwa 150 auf knapp 200 an. Alle Menschen scheinen – russischen Puppen gleich – jeweils zunächst in lokale (Gemeinde), dann nationale (Staat und Gesellschaft) und schließlich globale (menschheitliche) Sozialräume eingebunden zu sein.

Allerdings machen verschiedene weitere Entwicklungen die Dinge weitaus komplizierter. Dies gilt speziell für die Tendenz einer Transnationalisierung von Lebenspraktiken und Lebensräumen. Damit ist eine Lebensweise gemeint, die durchaus in nationalstaatliche ‚Containerräume' eingewoben ist, allerdings über Grenzen hinweg in *mehrere* lokale und nationalgesellschaftliche Lebensräume *gleichzeitig*. Die Transnationalisierung der sozialen Welt von Menschen zeigt sich daran, dass sich diese nicht entweder dem einen *oder* dem anderen ‚Containerraum' zugehörig fühlen, sondern in *ihrem* transnationalen Sozialraum zuhause fühlen. Dass solche transnationalen Lebensweisen von großer und wachsender Bedeutung sind, zeigen anschaulich einige Beispiele aus dem öffentlichen Leben.

Diese werden im Folgenden zunächst dargestellt (Abschnitt 1), um anschließend nach einem kurzen Rückbezug auf die klassischen Formen der Migration (Abschnitt 2) das spezifisch Neue transnationaler Wanderungsprozesse herauszuarbeiten (Abschnitt 3). Dies wird zunächst am Beispiel der Geldrücküberweisungen von Migranten gezeigt, die seit den 1990er Jahren sehr stark an Bedeutung zugenommen haben und auf transnationale Haushaltsstrategien hinweisen (Abschnitt 4). Eine Analyse des migrationsrechtlichen Status von Einreisenden in den wichtigsten OECD-Ländern lässt sich ebenfalls als Beleg dafür interpretieren, dass grenzüberschreitende familiäre Netzwerkbeziehungen einen Großteil des Migrationsgeschehens insgesamt bestimmen (Abschnitt 5). Vor diesem Hintergrund realgesellschaftlicher Entwicklungen muss – so wird abschließend argumentiert – ein erweitertes Verständnis der Internationalisierung von Vergesellschaftungsprozessen entwickelt werden (Abschnitt 6).[1]

1 Transnationale Migration und Fußball

Bei der Fußballeuropameisterschaft 2008 schoss im Spiel Deutschland gegen Polen der in Polen geborene und inzwischen in Deutschland eingebürgerte Lukas Podolski das entscheidende Tor für die deutsche Mannschaft – und kickte damit Polen aus dem Turnier. Nach dem Spiel ging er zum polnischen Fanblock und begrüßte dort den polnischen Teil seiner Familie. Dann feierte er mit seinen deutschen Mannschaftskollegen den Sieg. Umgekehrt kämpfte der in Deutschland geborene und normalerweise für Schalke 04 spielende Hamit Altintop bei diesem Wettbewerb für die Türkei, das Land seiner Vorfah-

---

[1] Teile der folgenden Ausführungen wurden in gekürzter Form veröffentlicht in: Le Monde Diplomatique, No. 4/2008, 20-25; ich danke Patricia Pielage für Hilfe bei der Literaturrecherche. Aus Gründen der Lesbarkeit wird hier und im Folgenden die grammatisch männliche Form verwendet, auch wenn Männer und Frauen gemeint sind.

ren und seiner Staatsbürgerschaft. Durch seinen Einsatz im Spiel gegen die Tschechische Republik wurde er zum türkischen Nationalhelden. Nach der Niederlage der türkischen gegen die deutsche Mannschaft beglückwünschte er seine deutschen Fußballerkollegen. Große internationale Sportereignisse mobilisieren Leidenschaften und Gefühle, die offensichtlich nicht mehr ganz einfach in nationale Schachteln zu verpacken sind. Zu vielfältig sind inzwischen die Lebenswege und Lebensorientierungen vieler Menschen.

Internationale Migration ist ein Schlüssel für das Verständnis dieser tief greifenden Veränderungsprozesse, die häufig mit dem Schlagwort Globalisierung belegt werden. Etwa zweihundert Millionen Menschen leben und arbeiten gegenwärtig – wie Lukas Podolski – in einem anderen als ihrem Geburtsland. Sie sind also nach der klassischen Definition internationale Migranten. Mindestens doppelt so viele dürften – wie Hamit Altintop – in einem anderen Land als dem Geburtsland ihrer Eltern leben, ohne offiziell als Migranten gezählt zu werden.

Neben dieser internationalen Migration von etwa einer halben Milliarde Menschen, die direkt oder in der Elterngeneration ihren dauerhaften Wohnsitz über Ländergrenzen hinweg veränderten, ist auch die interne Migration von großer Bedeutung. Denn die Abgrenzung zwischen internationaler und Binnenmigration sagt häufig wenig über den tatsächlichen Wechsel von Sozialräumen aus: Der Arzt oder Professor, der 75 Kilometer von Freiburg nach Basel zieht, gilt als internationaler Migrant – auch wenn sich an seinem lebensweltlichen Umfeld, seinem Freundeskreis und den Gewohnheiten vielleicht nicht viel ändert. Dagegen zählt der Verkaufsmanager oder Techniker, der 5.000 Kilometer von Boston in Massachusetts nach San Diego in Kalifornien wechselt, als interner Migrant – obwohl er wahrscheinlich einen einschneidenden Wechsel seiner Arbeits-, Sprach- und Lebensgewohnheiten erfährt. In China und Indien hat die Binnenmigration inzwischen die Größenordnung von Hunderten von Millionen erreicht.

Dauerhafte Veränderungen des Wohnsitzes und des Sozialraums betreffen gegenwärtig mehr als eine Milliarde Menschen. Das ist weitaus mehr, als die Vereinten Nationen als internationale Migranten ausweisen. Aber nicht nur zahlenmäßig gewinnt Migration im Zusammenhang von Globalisierung an Bedeutung. Auch die Formen der grenzüberschreitenden Wanderungen und die daraus entstehenden Lebensweisen der Menschen ändern sich, werden komplexer. Podolksi und Altintop sind nicht die Einzigen, die sich sehr differenziert und vielleicht auch mit inneren Widersprüchen in und zwischen verschiedenen Nationalgesellschaften verorten. Über die letzen Jahrhunderte wurde Migration als eine Ausnahmeerscheinung im Leben der Menschen aufgefasst. Als das Typische sah man ein sesshaftes Leben an einem Wohnort und die subjektive Zugehörigkeit zu einer (nationalen) Gesellschaft an. Interne Migration wurde als notwendiger vorübergehender Tribut eingeschätzt, den Industrialisierung und Urbanisierung forderten. Internationale Migration war demzufolge vor allem demographischen und gesellschaftlichen Verwerfungen geschuldet, die im Modernisierungsprozess der Nationalgesellschaften als unvermeidlich erachtet wurden.

Am Beginn des 21. Jahrhunderts nun zeigt sich, dass immer mehr Menschen auf sehr komplexe Weise ihre Lebensbezüge über viele verschiedene Orte, häufig auch Landesgrenzen hinweg aufspannen. Sie migrieren real zwischen verschiedenen Plätzen hin und her. Sie arbeiten mittels Internet und anderer Kommunikationsmedien mit Menschen an beliebigen Orten auf dem Globus zusammen. Durch Urlaubsreisen, Ausbildung oder Arbeitsaufenthalte knüpfen sie soziale Beziehungen über Ländergrenzen hinweg. Familiennetzwerke erstrecken sich verstärkt über viele Orte und Länder hinweg. Die Zukunftspläne und Lebensstrategien vieler, vor allem junger, Menschen sind nicht mehr auf eine Nationalgesellschaft beschränkt. Wie die Beispiele von Podolski und Altintop zeigen können auch die Identitäten und subjektiven Selbstverortungen vielschichtig und pluri-lokal sein.

All dies sind Ausdrucksformen einer zunehmenden Internationalisierung und Transnationalisierung der sozialen Lebenswelten von Menschen. Globalisierung erschöpft sich eben nicht auf multinationale Konzerne oder auf internationale Waren- und Kapitalströme. Die Internationalisierung von Gesellschaftszusammenhängen betrifft im 21. Jahrhundert tatsächlich viel mehr als nur die Wirtschaft und die Bedrohungen des Klimawandels. Gäbe es nur dies, so wären alle Apelle an kosmopolitane Verantwortung naives Wunschdenken. Die frohe oder zumindest hoffnungsschwangere Botschaft ist: Neben und mit der wirtschaftlichen Globalisierung intensivieren sich auch Grenzen überschreitende soziale und kulturelle Lebenswelten und transnationale Sozialräume. Die globalen politischen Gestaltungsmöglichkeiten lassen sich realistisch nur ermessen, wenn die verschiedenen Formen und Dimensionen der gegenwärtigen Internationalisierungsprozesse beachtet und ausgeleuchtet werden. Dies lässt sich an den Veränderungen in den Formen internationaler Migration verdeutlichen.

2 Klassische Formen und Vorstellungen internationaler Migration

Migration ist so alt wie die Menschheit. Nimmt man etwa nur die letzten 150.000 Jahre der Entwicklung des *homo sapiens sapiens*, dann machte die nomadische Daseinsweise mehr als neun Zehntel dieser Geschichte aus. Erst mit der Erfindung des Ackerbaus konnten Menschen über sehr viele Generationen an ein und demselben ‚Platz' sesshaft werden. Aber selbst in den letzten Jahrtausenden haben Naturkatastrophen, Epidemien und kriegerische Auseinandersetzungen immer wieder große Menschengruppen zur Migration *getrieben*. Neben diesen 'push'-Faktoren waren zu allen Zeiten auch 'pull'-Faktoren wirksam, die Menschen einem Magneten gleich aus ihrer Herkunftsregion *weggezogen* haben. Abenteuerlust spielte hier ebenso eine Rolle wie die Verheißungen des schnellen Glücks etwa im kalifornischen Goldgräberrausch der ersten Hälfte des 19. Jahrhunderts.

Fernwanderungen über die Grenzen von Feudalreichen, Nationalgesellschaften oder Kontinenten hinweg nahmen bis ins 20. Jahrhundert vor allem die Form von Auswanderung oder von Rückkehr-Wanderung an. Diese internationale Migration war in der Regel teuer (viele Monats- oder gar Jahreslöhne), langwierig (viele Wochen etwa von Europa nach Amerika) und nicht ungefährlich (wegen Krankheiten und Überfällen). Mit dem Aufkommen der modernen Nationalstaaten wurden seit dem 17. Jahrhundert nach und nach – für viele Länder erst im 19. oder 20. Jahrhundert – auch systematische Zugangskontrollen zum Staatsterritorium und entsprechende Reisepässe entwickelt, die die grenzüberschreitende Migration ebenfalls erschwerten. Die großen Wanderungsbewegungen etwa im 19. und zu Beginn des 20. Jahrhunderts von Europa nach Amerika waren überwiegend *Auswanderungen* im Sinne eines einmaligen und endgültigen Wechsels von einem Land in ein anderes. Ein nicht unerheblicher Teil – in Italien oder Schweden ein Fünftel bis ein Drittel – dieser Migranten kehrte allerdings auch wieder in das Herkunftsland zurück (vgl. z.B. Bade 1992; Smith 1997).

All dies führte zu einem Verständnis der räumlichen Mobilität von Menschen in konzentrischen Kreisen. Russischen Puppen ähnlich gibt es demnach eine lokale Ortsmobilität innerhalb von Gemeinden, eine landesinterne Wanderung und eine internationale Fernmigration. Es verfestigte sich ein Denken in ‚nationalen Containergesellschaften': Die Menschen verbringen normalerweise ihr ganzes Leben in Gemeinden; sie wechseln aufgrund äußerer Zwänge

(Arbeitslosigkeit etc.) durch interne Migration eventuell zwischen verschiedenen Gemeinden oder Städten; sie migrieren nur unter Ausnahmebedingungen international. Verbunden war hiermit auch die Vorstellung relativ dauerhafter und homogener Identitäten: die Menschen entwickeln eine Lokal- und Regionalidentität (z.B. als Hamburger oder Bayern) und fühlen sich einer Nation und Nationalgesellschaft kulturell zugehörig (vgl. Pries 2008).

Fast alle sozialwissenschaftlichen Theorien des 20. Jahrhunderts gehen von einer solchen vorherrschenden und einheitlichen Bindungswirkung von Gesellschaften als Nationalgesellschaften aus. Podolskis und Altintops haben da keinen Platz. Sie werden als Ausnahme- und Problemfälle eingestuft, die spätestens nach einigen weiteren Generationen ihren festen Platz in einem ‚Nationalcontainer' gefunden haben werden. Von ihnen wird erwartet, dass sie irgendwann angeben können, ‚wo sie eigentlich hingehören', welchem Nationalstaat gegenüber sie letztlich loyal sein wollen. Dieses Modell des nationalgesellschaftlichen Containerdenkens ist nun keineswegs völlig falsch. Es beschreibt gut die Lebenserfahrungen und die Lebenspläne der meisten Menschen dieser Welt. Es kann auch die Typen der Auswanderer und der Rückkehr-Migranten angemessen charakterisieren: Erstere wechseln dauerhaft und verbindlich von einer Nationalgesellschaft in eine andere, Letztere kehren dauerhaft und verbindlich wieder in ihre Herkunftsgesellschaft zurück.

Wie aber soll man diejenigen Migranten bezeichnen, die sehr häufig auch über große Entfernungen und über viele Generationen zwischen verschiedenen Nationalstaaten hin- und herpendeln? Wie soll man Migrationswirklichkeiten charakterisieren, in denen sich Netzwerke von Großfamilien über viele Generationen und mehrere Länder aufspannen? Wie würde man die Podolskis und die Altintops typisieren, wenn sie auf die Frage „Fühlst Du Dich nun als Deutscher oder als Pole bzw. Türke?" antworten: „Ich fühle mich teils/teils und ich möchte nicht gezwungen werden, nur eine nationale Identität, nur einen Pass zu haben. Ich wurde mit 18 Jahren ja auch nicht gezwungen, mich zwischen meinem Vater und meiner Mutter zu entscheiden. Warum muss ich mich zwischen Deutschland und Polen bzw. der Türkei entscheiden?" Hier reicht das Modell der Emigration und der Rückkehr-Migration nicht mehr aus (vgl. Pries 2006 und 2007).

3 Neue Formen transnationaler Migration

Im 21. Jahrhundert werden internationale Migrationsprozesse immer komplexer. Schnelle und relativ preiswerte Kommunikationsmöglichkeiten lassen die Entfernungen schrumpfen. Sie tragen die Bilder vom guten und satten Leben ebenso um den Globus wie die Zeugnisse von Krieg, Elend und Hunger. Es entsteht eine ‚gefühlte Nähe' privater wie auch öffentlicher Ereignisse, die sich Tausende von Kilometern entfernt ereignen. Das verbesserte Wissen um die Möglichkeiten und Ressourcen in anderen Ländern und die bestehenden persönlichen Netzwerke machen grenzüberschreitende Migration wahrscheinlicher. Erschwingliche und relativ sichere Transportmöglichkeiten (inklusive gut organisierter Schlepperbanden) machen Wanderungen auch über große Entfernungen vergleichsweise kalkulierbar. Neben diesen 'pull'-Faktoren wirken gewaltsam ausgetragene ethnische Konflikte, die fortschreitende Auflösung traditioneller ländlicher Sozialmilieus sowie ökologische Faktoren wie Bodenerosion und Wasserknappheit als 'push'-Faktoren für Migration.

Neben die Emigration und die Rückkehr-Migration tritt immer stärker eine Form von *transnationaler Migration* (vgl. Pries 1998). Diese ist idealtypisch dadurch gekennzeichnet, dass sich die Lebenspraxis und die Lebensprojekte der ‚Transmigranten', also ihre ‚sozialen Räume', zwischen Wohnorten bzw. ‚geographischen Räumen' in verschiedenen Ländern aufspannen. Es entstehen neue Formen der Grenzziehung von sozialen Räumen, die nicht mehr mit den Schneidungen der territorialen bzw. geographischen Räume übereinstimmen. Solche transnationalen Familien wurden für die Migrationsräume Mexiko-USA und Polen-Deutschland nachgewiesen. Dabei wechseln verschiedene Familienmitglieder ihre Rollen und Wohnorte, ohne den Sozialraum ihrer transnationalen Familie zu wechseln. So kehrt z.B. der zunächst aus Mexiko migrierte Familienvater zum Hausausbau und zur Agrararbeit nach Mexiko zurück; die Mutter bereits etwas größerer Kinder verlässt anschließend den Haushalt im mexikanischen Dorf zur Haushaltsarbeit in den USA. Nicht selten migrieren auch beide Elternteile und überantworten die Kindererziehung und Haushaltsführung in Mexiko den (Groß-)Eltern; später migriert eventuell das älteste Kind und trägt durch Geldrücküberweisungen den Hauptteil der Haushaltsausgaben auch für den mexikanischen Teil der Familie. Das Kind kann aber auch zum Studium oder zum Gelderwerb nach Mexiko zurückkommen, und sein Großvater kann erneut aufbrechen, um als Gärtner in den USA zu arbeiten.[2]

Im Falle der traditionellen Emigration werden die Geldrücküberweisungen in das Herkunftsland mit der Zeit immer geringer: Zunächst unterstützt man eventuell die Eltern oder Geschwister im Herkunftsland; spätestens beim eigenen Hausbau oder in der nächsten Generation hören die regelmäßigen Geldüberweisungen der Auswanderer auf. In der transnationalen Migration dagegen spielen Geldrücküberweisungen eine dauerhafte und bedeutende Rolle; sie sind Teil transnationaler Familienstrategien, in denen über mehrere Generationen hinweg Geldüberweisungen etwa zur Kindererziehung oder Universitätsausbildung über Ländergrenzen hinweg getätigt werden.

4 Zunehmende transnationale Haushaltsstrategien

Weltweit lässt sich seit den 1970er Jahren eine sehr starke Zunahme der Geldrücküberweisungen aus Migration feststellen. Sie haben sich seitdem auf knapp 100 Mrd. US-Dollar verzehnfacht. Im gleichen Zeitraum hat sich die Zahl der weltweiten Migranten nur etwas mehr als verdoppelt. Natürlich muss man die vorliegenden Daten vorsichtig interpretieren. Sie beruhen allesamt auf Schätzungen, weil die Geldrücküberweisungen nicht eindeutig erfasst werden können. In Absolutwerten führt Mexiko die Liste der Empfängerländer mit etwa 14 Mrd. US-Dollar im Jahre 2004 an. Für Länder wie Lesotho, Jordanien, Bosnien-Herzegowina, Albanien, Nicaragua, Jemen, Moldawische Republik, El Salvador und Jamaika repräsentieren die Migrantenüberweisungen mehr als ein Zehntel des gesamten Bruttosozialproduktes. Für viele dieser Länder rangieren die Arbeitsmigrationsüberweisungen unter den drei wichtigsten Quellen für die Einnahme ausländischer Devisen überhaupt. Selbst für ein touristisch so entwickeltes und mit über 100 Mio. Einwohnern sehr großes Land wie Mexiko rangieren die Deviseneinnahmen aus Migrantenüberweisungen in ihrer Bedeutung vor den Einnahmen aus dem Tourismus! Große Entwicklungs- und Schwellenländer wie Albanien, Bangladesh, Brasilien, Kolumbien, Kroatien, Dominikanische Republik, Indien, Mexiko oder Marokko nehmen aus Arbeitsmigration mindestens das Doppelte, manche sogar

---

2 Für die Migration zwischen Polen und Deutschland vgl. z.B. Palenga-Möllenbeck 2005.

mehr als das Zehnfache im Vergleich zu den Nettozuflüssen aus Entwicklungshilfe ein (vgl. World Bank 2006).

Schwierigkeiten bei der Erfassung der Geldüberweisungen aus Arbeitsmigration ergeben sich unter anderem dadurch, dass diese vielfach informell erfolgen. In Indien und Pakistan spielt z.B. das sogenannte Hawala-System eine große Rolle. Hierbei wird allein auf Vertrauen und persönliche Bekanntschaft beruhend ein bestimmter Geldbetrag in einer bestimmten Währung an einem beliebigen Ort der Erde einem Hawala-Beauftragten gegeben, und dieses Geld wird wesentlich zeitnäher als offizielle Banktransfers in einer anderen (oder auch der gleichen) Währung an einem beliebigen anderen Ort des Globus mit vergleichsweise geringen Gebühren durch einen anderen Hawala-Beauftragten der angegebenen Person ausgezahlt. Neben diesem Hawala-System gibt es andere informelle Geld- und Warentransportnetze, die z.B. im kulturellen Zusammenhang der chinesischen *Guanxi*-Verwandtschafts- und Personenbeziehungen oder des lateinamerikanischen *compadrazgo*-Patensystems organisiert werden.

Diese vielfältigen Transportmechanismen für Waren, Kapital und Dienstleistungen bewegen sich zwischen legaler Formalität (z.B. übliche Banküberweisungen), legitimer Informalität (z.B. Hawala-System) und klandestiner Illegalität (z.B. Geldwäsche aus illegalen Schlepper- oder Drogengeschäften). Von den auf Vertrauen basierenden Familien- und Verwandtschaftsbeziehungen einfacher Arbeitsmigranten bis zu den auf Macht fußenden Anweisungsstrukturen der organisierten Kriminalität und des internationalen Terrorismus bilden sich vielfältige und hochgradig ausdifferenzierte transnationale ökonomische Austauschstrukturen heraus. Effiziente Kontrollen aller dieser Transportmechanismen sind unmöglich. Je umfangreicher die informellen und die illegalen Transferformen werden, desto stärker wird das Prinzip staatlicher Souveränität und Hoheit ausgehöhlt. Neben den Nationalstaaten sind auch die internationalen Wirtschaftsunternehmen in diese komplexen Austauschstrukturen eingewoben.

So hat z.B. die *Western Union* Bank durch hohe Gebühren für Migrantenüberweisungen von den USA nach Lateinamerika profitiert – nicht zuletzt, weil auch irreguläre Migranten hier Überweisungen tätigen können, ohne ein eigenes Bankkonto in den USA zu haben. Traditionelle familiär-verwandtschaftliche Netzwerkstrukturen wie die chinesischen *Guanxi* können zum Fundament für durchaus beachtliche transnationale Handelsketten und Wirtschaftsorganisationen werden. Umgekehrt können internationale Konzerne durchaus mit Absicht und strategischem Kalkül die transnationalen Strukturen organisierter Kriminalität z.b. für den Absatz und Vertrieb von (unversteuerten) Zigaretten oder die Be- bzw. Entsorgung umweltschädlicher Materialen benutzen. Konzerne werden umgekehrt auch Opfer von Bestechungs- und Schutzgeldforderungen. Die Bedeutung transnationaler Migration zeigt sich schließlich auch für politische Parteien, Nationalregierungen und Kommunalverwaltungen in den Herkunftsländern. So führen Präsidentschaftskandidaten in Mexiko ihren Wahlkampf nicht nur zuhause, sondern auch in den USA. Sie machen Werbetouren für Landentwicklungsprojekte in mexikanischen Kommunen bei den Arbeitsmigranten in New York und werben dort für Stimmen. Ähnlich gehen senegalesische Politiker nach Paris, um die dortigen Arbeitsmigranten für sich und zur Beeinflussung der Wähler in den Herkunftsgemeinden zu gewinnen.

Transnationale Familien- und Haushaltsstrategien im Zusammenhang von Arbeitsmigration bauen einerseits auf bereits bestehenden transnationalen Organisationen, Kommunikationsmöglichkeiten, etablierten Kanälen für Geld-, Waren- und Personenverkehr sowie auf bestehenden traditionellen sozialen Institutionen (wie der *Hawala*, den *Guanxi* oder dem *compadrazgo*) auf. Andererseits entwickeln sie diese auch weiter, tragen zu ihrer Stabilisierung und zu ihrem Formwandel bei. Ohne globale Kommunikations- und Transportmöglichkeiten gäbe es wesentlich weniger transnationale Migration. Aber ohne transnationale Migration würde auch wesentlich weniger ‚Funktionsmasse' für die Stabilisierung globaler Kommunikations- und Transportmöglichkeiten bestehen. Gleichzeitig gilt, dass internationale Migration schon immer in erster Linie familiäre Migration war.

5 Familien in Migration – Migration in Familien

„Für eine lange Zeit war die Familie die vergessene Form der Migration."[3] Internationale Migrationsprozesse wurden und werden vorwiegend als die Bewegung von Individuen über nationalstaatliche Grenzen hinweg untersucht. Berücksichtigt man, dass sehr viele Migrationstheorien auf der Grundlage ökonomischer Betrachtungsweisen entwickelt wurden, so ist dieser Umstand nicht verwunderlich. Denn die meisten ökonomischen Theorien basieren auf

---

3 IOM 2008: 153; Übersetzung L.P.; vgl. auch Pflegerl/Trnka 2005.

einem Menschenbild des *homo oeconomicus* und modellieren individuelle Entscheidungen. Die Dominanz individualistischer Erklärungsansätze wird auch verständlich angesichts der Tatsache, dass der allergrößte Teil der weltweiten internationalen Migranten – je nach Definition etwa drei Viertel bis vier Fünftel – Arbeitsmigrantinnen und Arbeitsmigranten sind. Diese wandern tatsächlich häufig zunächst allein für befristete Arbeitsaufenthalte in ein anderes Land mit der Absicht, später in ihr Herkunftsland zurückzukehren oder aber die Familie nachzuholen.

Auch wenn also ein Großteil der internationalen Migration oberflächlich betrachtet individuell erfolgt, so ist aus soziologischer Perspektive doch immer wieder darauf hingewiesen worden, dass die Entscheidungen zur Wanderung meistens kollektiv und im Familienverband getroffen werden und dass grenzüberschreitende Migration in ihrer Dynamik eng mit Familienzyklen (Geburt von Kindern, Versorgung der Elterngeneration, Einkommensgenerierung etc.) analysiert werden muss.[4] In einer wesentlich erweiterten Perspektive wird die Migrantenfamilie heute „als fließend und ständig neu zusammengesetzt und ausgehandelt, als über Raum und Zeit sich anpassende" verstanden (IOM 2008: 154). Bei genauerer Betrachtung unterstützen die Zahlen zum internationalen Migrationsgeschehen diese Sichtweise.

Von den insgesamt etwa 200 Millionen internationalen Migranten, die zu Beginn des 21. Jahrhunderts nicht in dem Land lebten, in dem sie geboren wurden, ist nur eine Minderheit als jenseits familiärer Zusammenhänge wandernd zu verstehen. Solche individuelle Arbeitsmigration kommt vor allem dort vor, wo – wie etwa im Rahmen von ‚Gastarbeiter'-Migration oder zirkulärer Migration – befristete Arbeitsaufenthalte ohne längerfristige Verwurzelung in der Ankunftsregion von den Migrierenden gewünscht und von der Ankunftsregion erwartet werden (wie etwa bei der traditionellen Gastarbeitsmigration in Deutschland, im Nahen Osten oder in südostasiatischen Ländern). Aber der allergrößte Teil selbst solcher befristeter und restringierter formal individuellen Wanderungsbewegungen erfolgt im Rahmen von familiären Reproduktionsstrategien. Vor allem dort, wo Länder aktiv qualifizierte Arbeitskräfte anwerben, wird die Mitwanderung von ‚begleitenden Familienmitgliedern' ausdrücklich geduldet. Dies gilt auch für die Auslandsentsendung von Führungskräften durch Unternehmen oder von Fachkräften im Rahmen technischer Zusammenarbeit mit Entwicklungsländern.

---

4 Vgl. in klassischer Weise schon Thomas/Znaniecki 1958; neuerdings Boyd 1989; Nauck/Settles 2001.

Überall dort, wo Menschen in Paarbeziehungen, in Kleinfamilien oder großfamiliären Strukturen leben, werden die Entscheidungen zur Migration eines Mitglieds dieser Familien fast immer von mehreren Familienmitgliedern beeinflusst bzw. getroffen; diese Entscheidungen orientieren sich nicht nur an den Interessen des Migrierenden, sondern an den Präferenzen und Notwendigkeiten des gesamten Familienverbandes. In dieser erweiterten Perspektive ist auch die sogenannte Gastarbeiter-Migration nach Deutschland oder etwa die polnische Arbeitsmigration nach England während der 1990er Jahre und die mexikanische Arbeitswanderung in die USA in der zweiten Hälfte des 20. Jahrhunderts fast immer familiäre Migration, insofern auch bei der Wanderung nur Einzelner diese nur im familiären Kontext verstehbar und erklärbar ist.

Nimmt man eine solche breite Definition von ‚Migration im Familienkontext', so ist nur ein geringer Teil der internationalen Migration nicht unmittelbar familiär bestimmt. Hierzu zählt z.B. die hauptsächlich individuelle Abenteurer-Migration oder die von religiösen Verbänden stimulierte Missions-Migration. Letztere ist zwar vielleicht nicht familiär, allerdings auch nicht individuell, sondern durch Organisationen bestimmt – so wie auch die Auslandsentsendung von Führungskräften (vgl. Minssen 2009). Berücksichtigt man, dass generell fast alle grenzüberschreitenden Wanderungsprozesse in familiäre Lebensstrategien und Entscheidungsstrukturen eingebunden sind, so lassen sich bei näherer Betrachtung vor dem Hintergrund der neueren Forschung zumindest fünf spezifische Typen der familiären Migration unterscheiden (vgl. auch IOM 2008: 155ff).

Der erste und in seiner qualitativen wie quantitativen Bedeutung herausragende Typus lässt sich als *individuelle Migration aus familiären Gründen* bezeichnen. Hierbei wandern ein oder mehrere Familienmitglieder aus Gründen und auf der Grundlage von Entscheidungen, die im Wesentlichen familiärer Natur sind. Beispiele sind die klassische ‚Gastarbeiter'-Migration zum Zwecke des zusätzlichen Gelderwerbs für den Familienhaushalt im Herkunftsland oder die von der Familie beschlossene Ausbildungsmigration eines Jugendlichen. Eine zweite Form familiärer Migration ist die sogenannte *Familienzusammenführung*. In Deutschland wurde sie vor allem ab den 1980er Jahren ermöglicht, nachdem deutlich wurde, dass aus vielen ‚Gastarbeitern' dauerhafte Einwanderer geworden waren. Wie die Tabelle 1 zeigt, ist der Nachzug von Familienmitgliedern in fast allen Einwanderungsländern quantitativ von sehr großer Bedeutung.[5] Sie macht für viele OECD-Länder ein Drittel oder sogar mehr als die Hälfte der gesamten dauerhaften Einwanderung (also jenseits von Tourismus) aus.

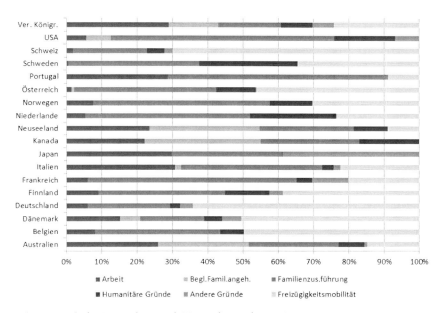

Tab. 1: Dauerhafte Einwanderer nach Einwanderungskategorie 2006

Ein dritter Typus familiärer Migration bezieht sich auf die sogenannten *mitreisenden Familienangehörigen*. Dieser Migrationstypus ist zahlenmäßig nicht so bedeutsam wie die bisher vorgestellten. Er tritt in der Regel bei der Migration qualifizierter Fachkräfte auf, die aufgrund ihrer Arbeitsmarktposition als Bedingung für ihre eigene Wanderung die Mitreise ihrer Familienangehörigen aushandeln können. Dieser Migrationstypus spielt in klassischen Einwanderungsländern wie den USA, Kanada oder Australien eine beachtliche Rolle. Hier ist der Anteil mitreisender Familienangehöriger fast genauso groß wie der Anteil von Arbeitsmigranten selbst (vgl. Tabelle 1). Mitreisende Familienange-

---

5 In sehr vielen Verfassungen von Nationalstaaten und durch die Menschenrechte (Artikel 12) ist die Familie als eine wesentliche Grundeinheit von Gesellschaften besonders geschützt. Deshalb ist das Recht auf Familienzusammenführung nur in äußerst restriktiven ‚Gastarbeiter'-Ländern wie im Nahen Osten oder in Südostasien gegenwärtig (noch) stark eingeschränkt.

hörige fallen dagegen für die allermeisten EU-Mitgliedsländer kaum ins Gewicht. Dies gilt im Übrigen auch für die Kategorie der dauerhaften (individuellen) Einwanderung wegen Arbeit, in der weitgehend die oben als erste genannte Kategorie der individuellen Migration aus familiären Gründen enthalten sein dürfte.[6]

Ein vierter Typus familiärer Migration lässt sich als *Migration zur Familienbildung* bezeichnen. Hierzu zählen etwa die Heiraten von Arbeitsmigranten mit Partnern (in der Regel Ehefrauen) aus dem Herkunftsland. In diesen etwa für die Türkei und nordafrikanische Länder als Herkunftsregionen sehr wichtigen Formen familiärer Migration wechseln Ehepartner aus der Herkunftsregion bzw. aus verwandtschaftlichen Netzwerken der Arbeitsmigranten in das Ankunftsland (etwa Deutschland oder Frankreich) (Nauck 2001). Seit den 1990er Jahren haben auch Heiraten von Deutschen mit Partnerinnen oder Partnern aus südostasiatischen Ländern oder etwa der Karibik an Bedeutung gewonnen (Ruenkaew 2003; Lauser 2005). Da die einwandernden Menschen häufig ohne genauere Kenntnisse der Sprache und Besonderheiten des Ankunftslandes kommen, ergeben sich nicht selten starke psychische Spannungen und innerfamiliäre Abhängigkeitsprobleme. Eine andere Form der ‚Migration zur Familienbildung' entsteht, wenn ein Tourist, Arbeitsmigrant oder Student bei einem Auslandsaufenthalt eine neue Partnerin bzw. einen neuen Partner kennenlernt und sich hieraus eine neue dauerhafte Beziehung mit veränderten Migrationsabsichten ergibt. Diese Form der Migration zur Familienbildung sollte nicht unterschätzt werden. Für bestimmte kleinere Herkunftsländer und Ankunftsregionen kann sie durchaus von großem Gewicht sein. So wird berichtet, dass seit 1990 etwa 100.000 vietnamesische Frauen taiwanesische Männer geheiratet haben (IOM 2008: 156). Schätzungsweise mehr als 10.000 russische Frauen migrieren jährlich zur Heirat in die USA (ebd.).

Ein fünfter Typus familiärer Migration lässt sich als *Migration unterstützter Verwandter* bezeichnen. Sie kommt vor allem in Einwanderungsländern zum Tragen, in denen die bereits länger angesiedelten Einwanderer Verwandte zur Einwanderung vorschlagen können (etwa Geschwister oder volljährige Kinder). Dieser Typus von familiärer Migration dürfte in Zukunft für diejenigen

---

6 Allerdings sind hier auch die Fälle der individuellen Migration *ohne* familiäre Gründe einbezogen, weil diese Unterscheidung zwar für den hier interessierenden Zusammenhang von Familie und Migration relevant ist, aber keine Entsprechung in den OECD-Kategorien hat; vgl. OECD 2008: 35ff.

(OECD-)Länder von größerer Bedeutung werden, die aufgrund demographischen Wandels oder anderer Faktoren dringend auf aktive Zuwanderung angewiesen sind.

Zusammengefasst zeigt sich, dass familiäre Migration insgesamt die weitaus dominante Form von grenzüberschreitender Wanderung überhaupt ist. Je nach Migrationsbedingungen und -politiken der Herkunfts- und Ankunftsländer sowie der persönlichen Lebensstrategien sind die skizzierten Typen familiärer Migration jeweils von unterschiedlicher Bedeutung. Auch in Zukunft dürfte grenzüberschreitende Migration vor allem im familiären Zusammenhang erfolgen. Deshalb ist Migrationspolitik auch immer Familienpolitik, und die Familienpolitik beeinflusst die Bedingungen und Dynamiken von Migration. Vor diesem Hintergrund erschließt sich die potentielle zukünftige Entwicklungsdynamik von transnationaler Migration. Diese kann im 21. Jahrhundert auf seit Generationen gewachsene grenzüberschreitende familiäre (und organisationale) Netzwerkstrukturen und neuerdings auch auf qualitativ und quantitativ erweiterte Transport- und Kommunikationstechnologien aufbauen. Hierdurch erweitern sich die Strukturen und Dynamiken der Internationalisierung von Vergesellschaftungsprozessen ganz erheblich.

6 Internationalisierung als mehrdimensionales und Mehrebenenmodell

Transnationale Migration und transnationale Familien- und Haushaltsstrategien sind eng miteinander verbunden und verstärken sich wechselseitig. Sie stehen in enger Wechselbeziehung zur Internationalisierung von Finanzströmen und Wirtschaftsorganisationen – auch wenn sie weniger sichtbar und schwieriger messbar sind. Für ein tieferes Verständnis der gegenwärtigen Internationalisierungsprozesse insgesamt muss diese ‚Transnationalisierung von unten' einbezogen werden. Die *ökonomische* Dimension von Internationalisierung – etwa in der Form von Finanzkapitalflüssen – hängt eng mit der *sozialen* Dimension alltäglicher transnationaler Lebenswelten und Geldrücküberweisungen zusammen. Die *politische* Dynamik in einzelnen Nationalstaaten ist direkt verknüpft mit transnationalen sozialen und ökonomischen Faktoren wie etwa Migrantenwählerstimmen und Deviseneinnahmen aus Migration. Schließlich bestehen in aller Regel auch Wechselwirkungen zwischen der ökonomischen, der politischen, der sozialen und der *kulturellen*

Dimension von Internationalisierung, wie die Beispiele der *Hawala*, der *Guanxi* und des *compadrazgo* oder auch transnationaler Musik- und Kleidungsmoden zeigen. Gerade weil die ökonomische, die politische, die soziale und die kulturelle Dimension von Internationalisierungsprozessen eng miteinander verwoben sind, können auch deren Gefährdungen und Chancen nur in einer mehrdimensionalen Perspektive angemessen erörtert werden.

Neben der Differenzierung und dem Zusammendenken der ökonomischen, der politischen, der sozialen und der kulturellen Dimension von Internationalisierung ist die Unterscheidung der vielfältigen Raumbezüge von Internationalisierung wichtig. Denn bei aller zunehmenden Internationalisierung sind die konkreten alltäglichen Lebenswelten der Menschen doch immer an konkrete *Orte* und *Regionen* gebunden – sie sind nicht ‚de-lokalisiert', wie einige Globalisierungstheoretiker glauben machen wollen. Für viele Aspekte von Internationalisierung (z.B. die rechtliche Rahmenordnung und die wohlfahrtsstaatlichen Teilhaberechte der Menschen) hat der ‚Containerraum' des *Nationalstaates* noch immer eine erhebliche und zum Teil sogar noch wachsende Bedeutung. Jenseits der Nationalstaaten bilden sich mehr oder weniger verbindliche *supranationale* Kooperationsstrukturen heraus, die aber meistens nur eine der erwähnten Dimensionen von Internationalisierung betreffen. Hierzu zählen etwa die Organisation Afrikanischer Staaten (vorwiegend politische Dimension), der Nordamerikanische Freihandelspakt (vorwiegend ökonomische Dimension) und die Europäische Union (alle vier Dimensionen). Der umfassendste Raumbezug schließlich betrifft den gesamten *Globus*. Phänomene wie die Erderwärmung oder die Menschenrechte können sinnvoll nur auf dieser Ebene betrachtet werden.

Diese bisher betrachteten Raumbezüge der Internationalisierung (lokal, regional, national, supranational und global) repräsentieren ein Modell absoluter Containerräume, in dem Zwiebelringen oder den Russischen Puppen gleich kleinere Räume in größere eingeschachtelt und aufgehoben sind. In der Internationalisierungsforschung wurden aber auch noch drei Idealtypen von Raumbezügen nachgewiesen, die – beruhend auf relationalen Raumvorstellungen – gleichsam quer zu den Zwiebelringen bzw. ineinander verschachtelten Puppen gedacht werden. Unter dem Stichwort der *Glokalisierung* werden Phänomene betrachtet, die einen direkten Bezug von spezifischen Orten oder Regionen zu globalen Prozessen betreffen – etwa die Auswirkung der globalen Erderwärmung auf die Lebensbedingungen im Ganges-Flussdelta. Als *Diaspora-Internationalisierung* wird die Ausbreitung und Intensivierung der Bezüge zwischen einem ‚Mutterland' und seinen räumlich weit verteilten lokalen ‚Dependancen' bezeichnet. Religiöse Organisationen, diplomatische Korps oder die Beziehungen politischer Flüchtlinge zu ihrem Herkunftsland entsprechen in der Regel solchen Diaspora-Beziehungen. Schließlich beschreibt *Transnationalisierung* eine idealtypische Internationalisierungsform, bei der sich ein relativ stabiler und verdichteter Sozialraum über mehrere Flächenräume (z.B. nationalstaatliche Territorien) hinweg erstreckt, ohne – wie im Falle der Diaspora – ein steuerndes Zentrum aufzuweisen. Transnationale Sozialräume können im Rahmen internationaler Migrationsprozesse, aber auch aus anderen Formen internationaler Profit- oder Non-Profit-Organisationen entstehen.

Diese Beispiele zeigen: Sozialräume können sich – wie im Falle transnationaler Familien – über mehrere geographische Räume hinweg aufspannen, sie können aber auch – wie im Falle von Nationalgesellschaften in Nationalstaaten – den Russischen Puppen gleich passgenau ineinander verschachtelt sein. Im 19. und 20. Jahrhundert herrschte ein absolutes Raumdenken vor. Danach sind geographisch-physische Flächenräume (als souveräne und geschlossene nationalstaatliche Territorien) und Sozialräume menschlicher Verflechtungsbeziehungen ‚doppelt exklusiv ineinander verschachtelt': In einem Flächenraum (als nationalstaatlichem Territorium) kann es nur einen und genau einen Sozialraum (als sozial, kulturell und politisch homogen verfasste Nationalgesellschaft) geben. Umgekehrt benötigen dieser Anschauung zufolge dauerhafte Sozialräume immer genau einen kohärenten Flächenraum.

Wenn sich die Beziehungen zwischen solchen nationalgesellschaftlichen Containerräumen intensivieren (ohne dass sich die Grenzen der nationalen Container auflösen), so kann man vom Idealtypus einer *Inter-Nationalisierung* sprechen (z.B. die UNO oder die OECD). Dehnt sich der geographische und sozialräumliche Bezugshorizont einfach nur aus (ohne dass es zu einer ‚Entbettung' von Sozialraum und Flächenraum käme), so kann man idealtypisch von der Internationalisierungsebene der *Supranationalisierung* sprechen (wie z.B. im Falle der EU). Bezieht sich diese flächen- und sozialräumliche Ausdehnung auf die gesamte Welt, so kann man dies den Idealtypus *Globalisierung* nennen. Reklamieren regionalistische Bewegungen innerhalb bestehender Containerstaaten den nationalstaatlich-nationalgesellschaftlichen Raumbezug für sich, so entspricht dies dem Idealtypus einer *Re-Nationalisierung* (solche Tendenzen sind auch im 21. Jahrhundert und bei der Gleichzeitigkeit von

Globalisierungsprozessen zu beobachten, wie die Beispiele des Irak oder die Spannungen zwischen der VR China und Taiwan zeigen).

In der Perspektive eines relationalen Raumkonzeptes müssen Flächenräume und Sozialräume nicht unbedingt in einer doppelten Ausschließlichkeit ineinander verschachtelt sein. Vielmehr kann sich ein Sozialraum über mehrere Flächenräume hinweg erstrecken oder es können in einem Flächenraum mehrere Sozialräume ‚aufgeschichtet' sein. Als Idealtypen der Internationalisierung lassen sich die bereits erwähnten Formen der Glokalisierung, Diaspora-Internationalisierung und Transnationalisierung nennen.

Betrachtet man Internationalisierung tatsächlich als mehrdimensionales und Mehrebenenmodell, so zeigen sich vielfältige und häufig auch widersprüchliche Muster grenzüberschreitender Verflechtungsbeziehungen. Supranationale, globale, inter-nationale, re-nationalisierte, glokale, diasporische und transnationale Beziehungen bestehen nebeneinander und sind ineinander verwoben. Nimmt man dieses *pluridimensionale Mehrebenensystem* ernst, so wird die weitere Internationalisierung wahrscheinlich weder zu einer Weltregierung nach dem nationalstaatlichen Muster noch zum gesetzeslosen Dschungelkapitalismus führen. Ihre Konturen wird diese *Governance der Internationalisierung* nicht zuletzt aus den Visionen und Strategien der unterschiedlichen international vernetzten Akteursgruppen gewinnen.[7] Die damit geforderte soziale Innovation ist die vielleicht größte Herausforderung für das 21. Jahrhundert. Transnationale Migration wird dabei eine wichtige Triebkraft sein.

---

[7] Für den Bereich der grenzüberschreitenden Regulierung von Arbeit, Beschäftigung und Partizipation vgl. hierzu Pries 2010.

Literatur

BADE, KLAUS J. (Hrsg.) (1992): *Deutsche im Ausland. Fremde in Deutschland.* Migration in Geschichte und Gegenwart. München: C.H. Beck.

BOYD, MONICA (1998): Family and personal networks in international migration. In: *International Migration Review* 23.3, S. 638-670.

IOM (INTERNATIONAL ORGANISATION FOR MIGRATION) (2008): *World Migration 2008.* Managing Labour Mobility in the Evolving Global Economy. Geneva: IOM.

KLEIN, THOMAS (Hrsg.) (2001): *Partnerwahl und Heiratsmuster.* Sozialstrukturelle Voraussetzungen der Liebe. Opladen: Leske+Budrich.

LAUSER, ANDREA (2005): Transnationale Subjekte zwischen Deutschland und Philippinen: ethnologische Perspektiven am Beispiel philippinscher Heiratsmigration. In: *Zeitschrift für Ethnologie* 130.2, S. 273-292.

MINSSEN, HEINER (2009): *Bindung und Entgrenzung.* Eine Soziologie international tätiger Manager. München/Mering: Hampp.

NAUCK, BERNHARD (2001): „Generationenbeziehungen und Heiratsregimes – theoretische Überlegungen zur Struktur von Heiratsmärkten und Partnerwahlprozessen am Beispiel der Türkei und Deutschland". In: KLEIN (Hrsg.), S. 35-55.

NAUCK, BERNHARD/SETTLES, BARBARA H. (2001): Immigrant and ethnic minority families: An introduction. In: *Journal of Comparative Family Studies* 32.4, S. 461-464.

NOWICKA, MAGDALENA (Hrsg.) (2007): *Von Polen nach Deutschland und zurück.* Die Arbeitsmigration und ihre Herausforderungen für Europa. Bielefeld: Transcript.

OECD (ORGANIZATION FOR ECONOMIC COOPERATION AND DEVELOPMENT) (2008): *International Migration Outlook.* Annual Report 2008 Edition. Paris: OECD.

PALENGA-MÖLLENBECK, EWA (2005): „Von Zuhause nach Zuhause" – Transnationale Sozialräume zwischen Oberschlesien und dem Ruhrgebiet. In: PRIES (Hrsg.) (2005), S. 227-250.

PFLEGERL, JOHANNES/TRNKA, SYLVIA (Hrsg.) (2005): *Migration and the Family in the European Union.* Wien: ÖIF (Schriftenreihe des Österreichischen Instituts für Familienforschung). Heft 13.

PRIES, LUDGER (2010): *Erwerbsregulierung in einer globalisierten Welt.* Wiesbaden: VS Verlag.

– (2008): *Die Transnationalisierung der sozialen Welt.* Sozialräume jenseits von Nationalgesellschaften. Frankfurt/M.: Suhrkamp.

– (2007): „Migration und transnationale Inkorporation in Europa". In: NOWICKA (Hrsg.) (2007), S. 109-132.

– (2006): Verschiedene Formen der Migration – verschiedene Wege der Integration. In: *neue praxis. Zeitschrift für Sozialarbeit, Sozialpädagogik und Sozialpolitik.* Sonderheft 8, S. 19-28.

– (Hrsg.) (2005): *Zwischen den Welten und amtlichen Zuschreibungen.* Neue Formen und Herausforderungen der Arbeitsmigration im 21. Jahrhundert. Essen: Klartext-Verlag.

– (1998): „ ‚Transmigranten' als ein Typ von Arbeitswanderern in pluri-lokalen sozialen Räumen. Das Beispiel der Arbeitswanderungen zwischen Puebla/Mexiko und New York". In: *Soziale Welt* 49, S. 135-150.

– (Hrsg.) (1997): *Transnationale Migration*. (Soziale Welt Sonderband 12). Baden-Baden: Nomos.

RUENKAEW, PATAYA (2003): *Heirat nach Deutschland*. Motive und Hintergründe thailändisch-deutscher Eheschließungen. Frankfurt/New York: Campus.

SMITH, ROY (1997): "Reflections on Migration, the State and the Construction, Durability and Newness of Transnational Life". In: PRIES (Hrsg.) (1997), S. 197-220.

THOMAS, WILLIAM I./ZNANIECKI, FLORIAN (1958): *The Polish Peasant in Europe and America*. Vol. 2. New York: Dover Publications (Originalausgabe 1918-1921).

WORLD BANK (2006): *Global Economic Prospects*. Economic Implications of Remittances and Migration. Washington: World Bank.

CHRISTIAN REUTLINGER

Transnationale Sozialräume: Zur (neuen) Bedeutung von Ort und Raum in der Sozialen Arbeit[1]

Neue technische Möglichkeiten und der Ausbau weltweiter Transport- und Kommunikationsstrukturen sind mitverantwortlich, dass sich Prozesse der internationalen und globalen Verflechtung seit dem zweiten Weltkrieg beschleunigen und verdichten. Ursprünglich an nationalgesellschaftliche Realitäten gebundene Wissens- und Handlungsformen verlaufen zunehmend quer zu den nationalstaatlichen und -gesellschaftlichen Grenzen (siehe Pries i.d.B.). Orte oder Lokalitäten werden einerseits globalisiert, indem sie mit „entfernten Orten in solcher Weise miteinander verbunden werden, daß Ereignisse am einen Ort durch Vorgänge geprägt werden, die sich an einem viele Kilometer entfernten Ort abspielen, und umgekehrt" (Giddens 1995: 85). Andererseits werden Orte als Ausgangspunkte oder Standorte beispielsweise für Kapitalströme unverzichtbar, sobald sich diese materialisieren (vgl. Reutlinger 2006). Eine zunehmende Internationalisierung des Kapitals und die globale Homogenisierung von Waren und Lebensstilen scheinen zu einer Neujustierung der bisherigen Ordnung in lokale, regionale, nationale, supranationale wie globale Räume zu führen (vgl. Kessl/Reutlinger 2007; 2010b).

Neue Medien machen es weiter möglich, große geografische Distanzen fast ohne Zeitverlust zu überwinden. Räumliche und zeitliche Entfernungen scheinen bedeutungslos zu werden und Entfernungsräume zu „schrumpfen". Die raumzeitliche Abstandsvergrößerung bewirkt eine Dehnung der sozialen Interaktionsformen, was David Harvey als „Raum-Zeit-Kompression" (1989) beschrieben hat. Es entstehen komplexe Beziehungen zwischen *lokalen Beteiligungsweisen*, die eine gleichzeitige Anwesenheit der Beteiligten voraussetzt, und der *Interaktion über Entfernungen*, die anwesende und abwesende Betei-

---

[1] Beim vorliegenden Beitrag handelt es sich um eine überarbeitete und aktualisierte Fassung des Beitrags „Dazwischen und quer durch – Ort und Raum als Herausforderungen für die Soziale Arbeit in Zeiten verstärkter Transnationalisierung", erschienen im Band Wagner, Leonie/Lutz, Ronald (Hrsg.) (2009): Internationale Perspektiven Sozialer Arbeit. Dimensionen – Themen – Organisationen. Wiesbaden: VS-Verlag für Sozialwissenschaften, S. 73-98.

ligte verbindet (vgl. Giddens 1995: 84ff.). *„Damit verbunden ist die Entstehung transnationaler Kulturen sowie weltweiter Netze sozialer Interaktionen"* (Werlen 2000: 384).

Die verbesserte soziale und räumliche Mobilität und die Option, menschliche Beziehungen virtuell gestützt auch über große geografische Distanzen hinweg aufrechtzuerhalten, die Bedeutungslosigkeit regionaler Differenzen, räumlicher Barrieren oder der Einzigartigkeit konkreter Regionen werden als Beweis für das „Ende der Geographie" gewertet (vgl. kritisch Oßenbrügge 2006a). Entgegen dieser Diagnose wird im vorliegenden Beitrag davon ausgegangen, dass die globalisierten, scheinbar entterritorialisierten und verflüssigten Prozesse bezogen auf die Frage des Raumes weder sein Verschwinden noch einfach die räumliche Ausdehnung sozialer Beziehungen bedeuten, sondern einen *tiefgreifenden Wandel im Verhältnis von Gesellschaft und Raum*. Um heute soziale Beziehungen verorten, die Beweglichkeit im Raum und die Bedeutung geografischer Distanzen erfassen zu können, aber um auch die (neue) Wichtigkeit von Orten (Lokalitäten – siehe Dahinden i.d.B.) und Grenzüberschreitungen hinreichend in sozialwissenschaftliche Überlegungen einbeziehen zu können, bedarf es neuer Perspektiven und Konzepte – auch in der Sozialen Arbeit.

Im vorliegenden Artikel stehen deshalb die räumlichen Implikationen einer „Transnationalisierung der sozialen Welt" (vgl. Pries 2008; Mau 2007; Sklair 2001) für die Soziale Arbeit im Zentrum. Eröffnet wird der Beitrag mit drei Beispielen. Diese dienen dazu, die Herausforderungen eines zeitgemäßen Umgangs mit Ort und Raum in Zeiten verstärkter Transnationalisierung für die Soziale Arbeit herauszuarbeiten. Die aus Transnationalisierungsprozessen resultierende veränderte Ordnung des Räumlichen steht im Fokus des zweiten Teils. Dazu wird das Transnationalisierungskonzept anhand der Diskussion um Transmigration hinsichtlich seiner räumlichen Dimensionen ausgelotet. Im dritten Teil wird geprüft, welche Erklärungskraft die beiden raumtheoretischen Konzeptionen *Raum der Ströme* (Manuel Castells) und *Transnationale Sozialräume* (Ludger Pries) zur Beschreibung der aus den transnationalen Beziehungs- und Verflechtungszusammenhängen resultierenden *Strukturebenen* oder *sozialen Felder* haben. Will Soziale Arbeit sich „im Zeitalter der Transnationalisierung" positionieren und erneut Möglichkeitsräume für die Menschen eröffnen, bedarf es einer *reflexiven räumlichen Haltung*. Mit entsprechenden Vorschlägen eines zeitgemäßen Umgangs mit Ort und Raum in der Sozialen Arbeit werden die Ausführungen mit einer Skizzierung einer ermöglichenden Perspektive abgeschlossen.

1 Beispiele transnationaler Verflechtungen und Raum

Beispiel 1: Neue (Ver)Mischungen – DISNEYLANDIA von Jorge Drexler [2]

„Sohn russischer Immigranten verheiratet in Argentinien mit einer jüdischen Malerin, verheiratet sich zum zweiten Mal mit einer afrikanischen Prinzessin in Mexico.
Hindumusik geschmuggelt durch polnische Zigeuner wird ein Hit im Innern von Bolivien. [...]
Japanische Laternen und amerikanische Kaugummis auf den koreanischen Märkten in São Paulo.
In Chile eingebürgerte Armenier suchen ihre Verwandten in Äthiopien.
Kanadische Fertighäuser hergestellt mit Holz aus Kolumbien.
Japanische Multinationale gründen Fabriken in Hongkong und produzieren mit Rohstoffen aus Brasilien um auf dem amerikanischen Markt konkurrenzfähig zu sein.
Griechische Literatur angepasst für chinesische Kinder in der Europäischen Union.
Schweizer Uhren gefälscht in Paraguay verkauft durch Dealer im mexikanischen Stadtteil von Los Angeles. [...] Irakische Kinder geflüchtet vom Krieg erhalten kein Visum auf dem amerikanischen Konsulat in Ägypten um ins Disneyland eintreten zu dürfen"[3] (Jorge Drexler 2006).

Das erste Beispiel illustriert, dass sich vermeintlich klare Zugehörigkeiten durch die zunehmenden globalen Verflechtungen von der jeweiligen (nationalen) Verortung zu lösen scheinen, neu miteinander kombiniert bzw. kombinierbar werden und sich dadurch neue (Ver)mischungen herausbilden. Durch diese Verflechtungszusammenhänge entstehen an konkreten Orten und Lokalitäten neue Mischformen aus Bisherigem, Neuem und aus der Spannung entstehendem Drittem (vgl. Kniffki i.d.B.). Bisher Handlungssicherheit vermittelnde und Orientierung gebende Einheiten und die damit verbundenen Homogenisierungsvorstellungen, welche der sozialen Realität zu Grunde

---

2 Der in Spanien lebende uruguayische Musiker und Liedermacher Jorge Drexler besingt in seinen Liedern u.a. die neuen Herausforderungen im Zusammenleben unterschiedlicher Kulturen und Religionen. Sein Zugang ist insofern „trans", als dass er Uruguays Musik (Candombe, Murga, Milonga), mit Bossa Nova, Popmusik, Jazz und Elektronischer Musik verbindet.
3 Der vorliegende Text von der CD 12 segundos de oscuridad (12 Sekunden Dunkelheit) (2006) wurde durch den Autor übersetzt.

gelegt wurden, werden immer problematischer. Damit liegt eine Herausforderung für die Soziale Arbeit darin, in Kontexten, in welchen Menschen hinsichtlich sozialer, kultureller und ethnischer Herkunft, Religion, Behinderung, sexueller Orientierung, aber auch sozialem Status, Bildung uvm. (vgl. Essed 1996) immer vielfältiger und diverser werden, neue adäquate soziale und räumliche Einheiten zu finden, die weiterhin Orientierung vermitteln und professionelles Handeln ermöglichen.

Beispiel 2: Transnationale soziale Netzwerke – Polens „Eurowaisen"

Seit dem Beitritt Polens zur EU 2004 haben sich polnische Bürgerinnen und Bürger in grosser Zahl insbesondere nach England und Irland aufgemacht, um da eine besser bezahlte Erwerbsarbeit zu finden. Je nach Schätzungen pendeln seither zwischen einer und zwei Millionen Polinnen und Polen im schrankenlosen Europa hin und her. In letzter Zeit werden in der polnischen Öffentlichkeit verstärkt die sozialen Folgen dieser massiven Wanderbewegungen insb. durch mediengerecht aufgearbeitete Einzelschicksale thematisiert: So bleiben die Kinder der Transmigrantinnen und -migranten bei Verwandten (Grosseltern, Onkel und Tanten, Geschwister) zurück oder sind auf sich alleine gestellt. Finden die Eltern in England gemeinsam ein neues Leben, oder geht der eine Elternteil eine neue Partnerschaft ein, droht der Kontakt zu den Kindern ganz abzubrechen („die vergessenen Kinder polnischer Wanderarbeiter"). Zusammen mit denjenigen Kindern, die auf keine verwandtschaftliche Unterstützung zählen können und seit dem Weggang des Vaters und/oder der Mutter in staatlichen Kinderheimen leben (nach Schätzungen ca. die Hälfte der zurückgebliebenen 100.000 Kinder[4]) bilden sie die so genannten „Eurowaisen", d.h. durch die Transmigration vereinsamte und/oder traumatisierte Kinder. Ihnen wird nachgesagt, dass sie verstärkt unter Schulversagen, Alkoholmissbrauch, Gewalt und psychischen Krankheiten wie Depression leiden würden (vgl. bspw. Lesser 2008; Korte 2008; Petrich-Hornetz 2009).

Neben der Illustration von versagenden transnationalen Beziehungs- und Unterstützungsnetzen zwischen Eltern und Kindern verdeutlicht das zweite Beispiel, wie Prozesse an einem Ort (gravierende) Auswirkungen auf die Prozesse an einem anderen Ort haben können. Neben der Herausforderung,

---

4 Angestoßen durch den Film „Eurowaise", welcher in Polen eine Welle der Entrüstung in Gang setzte, untersuchte die „Stiftung Europäisches Recht" das Phänomen (vgl. http://wyborcza.pl/1,76842,5202193,110_tys__eurosierot.html). Dennoch sind die Zahlen mit Vorsicht zu genießen – an dieser Stelle sollen nicht so sehr die Zahlen im Vordergrund stehen, sondern vielmehr die sich aus den Transnationalen Verflechtungszusammenhängen ergebenden Herausforderungen.

wie man solche interdependente Prozesse in den Blick bekommt, stellt sich für Soziale Arbeit die Herausforderung sich (neu) verorten bzw. positionieren zu müssen. Ins Zentrum rückt die Frage, wo man bei der Bearbeitung der Sozialen Frage überhaupt agieren kann und soll. Des Weiteren werden im zweiten Beispiel die Grenzen einer, auf einen internationalen Vergleich zielenden Sozialen Arbeit deutlich. Die Herausforderung besteht darin, an diesen quer verlaufenden Beziehungs- und Unterstützungsnetzwerken anzusetzen und die räumlichen Implikationen dieser Prozesse aufeinander zu beziehen.

Beispiel 3: Sowohl-als-Auch-Wirklichkeiten – Glück im Stall

„Es gibt Schweizer Bauern, die keine Frau mehr suchen müssen. Sie haben ihre Polin bereits gefunden. Iwona, Honorata, Anja, Agnieszka und Genoveva arbeiten hart und sind glücklich. (…) Viele Schweizer Bauern haben ihre Blicke von Schweizer Bäuerinnen weggelenkt – nachdem immer mehr Frauen sich von ihnen scheiden liessen oder gar nicht erst einen von ihnen heirateten. Nachdem sie daheim in den letzten Jahren mit Nichtachtung gestraft wurden und zur Einsamkeit gezwungen waren, sind sie nun auf dem globalisierten Ehe- und Arbeitsmarkt fündig geworden. Und zufrieden. Peter etwa, der seine Agnieszka im Emmental fand, sagt, dass so eine Heirat nicht etwa eine Notlösung sei. Nein, nach Polen zu heiraten sei nicht nur schön, weil man eine neue Kultur kennenlerne, sondern auch viel besser als „nur über den Miststock". Für ihn sei klar: «Die Schweizer Frauen müssen sich selber an der Nase nehmen. Die heutigen Frauen wollen alles: Beruf, Kinder, einen Hof und dann auch noch auswärts arbeiten – aber keine Einschränkungen in Kauf nehmen.» Ihre Ansprüche seien mit dem bäuerlichen Leben nicht vereinbar (…).

Begriffe wie binationale Ehe, interkulturelle Kommunikation, Integration, Selbstverwirklichung oder Emanzipation fallen nicht an den mit Wachstüchern bedeckten, langen Tischen. Und werden sie hin und wieder von aussen ins Gespräch geworfen, dann wird ihnen mit Schulterzucken begegnet. Mit Schweigen, ungläubigem Blick. Die meisten hier scheinen sich in vielem, was das gemeinsame Leben und Arbeiten betrifft, einig zu sein. Dass seine Verantwortung draussen und ihre drinnen liegt. Dass die Arbeit bei jedem Wetter vorgeht. Dass sie auf ein Vereinsleben verzichtet, so lange die Kinder klein sind.

Einig scheinen sich viele Paare auch in anderen Punkten. Wer ans Telefon geht: sie. Wer zusagt, ob man bei diesem Interview mitmacht: sie. Wo die kirchliche Trauung stattfindet: in Polen. Und wo man sich trotz allem uneinig ist, sucht man einen Kompromiss. Und feiert Weihnachten nach polnischer und Ostern nach Schweizer Tradition. Oder einigt sich, wie Iwona und Daniel Nussbaumer aus Mümliswil, darauf, dass einen Abend er, am anderen sie die drei kleinen Kinder ins Bett bringt. Dass es so kam, wie es heute ist, überrascht Iwona noch immer" (Jäggi 2008: 11ff.).

Deutlich wird im dritten Beispiel, dass heute Vergesellschaftungen an Eindeutigkeit verlieren und man zunehmend mit der Herausforderung von Gleichzeitigkeit von Ungleichzeitigkeit konfrontiert ist. Worauf kann oder soll eine Normalisierung überhaupt zielen? Welches sind die (eindeutigen) Orientierungsrahmen? Gibt es diese unter den aktuellen gesellschaftlichen Bedingungen überhaupt noch? Das Beispiel verweist eher darauf, dass sich die Menschen in ihrem Alltag eine Normalität schaffen, die dazwischen liegt, d.h. sich alltäglich aus mehreren scheinbar homogenen Töpfen bedienen und daraus sich ihre Realität konstituieren (vgl. Schöffel u.a. 2010). Eine raumtheoretische Herausforderung für die Soziale Arbeit liegt deshalb darin, wie man mit dieser Gleich- oder Vielzeitigkeit umgehen kann. Die Orientierung liegt demnach nicht mehr länger an einem scheinbar homogenen, als „normal" empfundenen Extrempol, sondern dazwischen, da wo die Menschen ihren Alltag konstituieren, oder etwas wissenschaftlicher, wo sie ihre „alltäglichen Geografien machen" (Werlen/Reutlinger 2005).

2 Transnationalisierung, Transmigration und Raum – Anmerkungen zur veränderten Ordnung des Räumlichen

Transnationalität verweist auf die eingangs skizzierten veränderten Raum-Zeit-Prozesse, die quer zur nationalstaatlich geprägten „Ordnung des Räumlichen" (Kessl/Reutlinger 2007) verlaufen (vgl. bspw. Khagram/Levitt 2008), indem mit diesem Konzept die grenzüberschreitenden Kreisläufe von Menschen, Waren, Geld, Symbolen, Ideen und kulturellen Praktiken fokussiert werden (siehe Pries i.d.B.). Die Ausbildung von politischen Entscheidungsstrukturen oberhalb und quer zu den nationalstaatlichen Instanzen lassen sich nach Franz-Xaver Kaufmann (1998) als Prozesse der *Transnationalisierung* beschreiben. Diese grenzt er von der *Internationalisierung*, d.h. der Etablierung grenzüberschreitender ökonomischer Prozesse ab. Unter *Globalisierung* im engeren Sinne versteht Kaufmann die Zunahme weltumspannender Prozesse, vor allem in den Sphären der Kommunikation und der Entstehung eines weltweiten Bewusstseins. Transnationalität ist demzufolge in Ergänzung zum Diskurs um Globalisierung oder als gleichberechtigtes Konzept der „gegenwärtigen Debatte um Entgrenzung und Internationalisierung" (Mau 2007: 27), nicht als Alternative zu betrachten (Pries 2008). Insbesondere die Zuwendung zu alltagsweltlichen Beziehungsgeflechten und grenzüberschreitenden Interaktionsformen von Subjekten und Akteursgruppen (auch Transnationalisierung „von unten") lässt sich dabei von der Betrachtung der makroökonomischen Ströme und Kreisläufe in der „Rede von der Globalisierung" (auch Transnationalisierung „von oben") abgrenzen (Kessl/Reutlinger 2010). Ulrich Beck unterscheidet weiter zwischen „aktiver" und „passiver" Transnationalisierung von Personen, Bevölkerungsgruppen oder ganzen Ländern (Beck 2008: 21).

Zu den „aktiven Transnationalisierern [...] gehören ganz unterschiedliche Gruppen: die globalen Eliten, die nicht mehr nur in Kategorien nationaler Räume denken und handeln; große Teile der jüngeren Generation (quer zu Bildungsabschlüssen), die bewußt transnational leben, entsprechend mobil sind, internationale Bildungspatente erwerben, Freundschaftsnetzwerke knüpfen [...]; schliesslich Migranten, die die Chance der Globalisierung nutzen, z.B. indem sie den Familienverband als soziale Ressource einsetzen. Auf der anderen Seite dieser Spaltung steht die abstiegsängstliche globale Mitte, die Transnationalisierung passiv erleidet: die äusserst heterogene Mehrheit derjenigen, die ihre materielle Existenz territorial definiert und angesichts der Bedrohung ihres Lebensstandards auf die Stärkung territorialer Grenzen und die Schärfung nationaler Identität pochen, den Schutz des Staates einklagt" (ebd.: 22f.).

Durch die Verbindung unterschiedlicher Orte und Kontexte zwischen und jenseits bisheriger geographischer und gesellschaftlicher Grenzen werden *neue biografische, räumliche und institutionelle Strukturmuster*, eine soziale Welt erzeugt, die sich quer oder jenseits bisheriger orientierungsgebender Einheiten verortet. Dabei verschwinden im Konzept der Transnationalität die bisherigen räumlichen Bezüge oder Einheiten wie beispielsweise „das Nationale" oder „das Lokale" nicht einfach, sondern sie sind weiterhin als Strukturierungsprinzipien vorhanden. Dies ist insofern entscheidend, als dass Transnationalisierung als relationales Konzept, immer die Konstruktion und Dekonstruktion des Nationalen voraussetzt – ohne Nationalisierung keine Transnationalisierung (vgl. Mau 2007: 21ff.; Pries 2008). Diese Gleichung scheint manchmal (zu) westlich geprägt zu sein und zu homogenisiert aufgefasst zu werden. Das Verhältnis ist jedoch keine simple Dichotomie (vgl. kritisch Bommes 2003). Zudem wird in der Perspektive der Transnationalisierung („Trans-Brille" vgl. Reutlinger 2008) auch nicht von einer Vereinheitlichung des Sozialen ausgegangen. „Das Nationale" und „das Soziale" wirken weiter, doch werden sie in ihrer Thematisierung nicht mehr als die entscheidenden Bezüge gewertet, sondern neue Strukturebenen werden relevant. Diese neuen Muster beruhen „auf Zugehörigkeitsgefühlen, auf gemeinsamen Vorstellungen und Überzeugungen, auf ökonomischen, politischen, kulturellen und/oder sozialen Verflechtungen oder Arbeits- und Herrschaftszusammenhängen sowie den hierauf bezogenen Organisationsformen" (Schweppe 2009: 195). Betroffen von der zunehmenden Transnationalisierung sind folglich sowohl die Alltagsbezüge der Menschen d.h. die Lebenspraxen/-stile, Identitäten von Akteurinnen und Akteuren wie auch die Praktiken Sozialer Arbeit und die sozialen und politischen Bezüge (Homfeldt/Schweppe/Schröer 2008).

Ein Hauptfokus des Diskussionszusammenhangs um die Transnationalisierung der sozialen Welt liegt im Bereich der Transmigration (vgl. Geisler 2002; Landolt 2004, Portes et al. 1999, Schweppe 2009). Transmigration lässt sich dabei definieren „as the processes by which immigrants forge and sustain multi-stranded social relations that link together their societies of origin and settlement. We call these processes transnationalism to emphasize that many immigrants today build social fields that cross geographic, cultural, and political borders" (Basch, Schiller und Blanc-Szanton 1994: 6).
Als Transmigrantinnen und Transmigranten werden Menschen bezeichnet, die sich dauerhaft durch verschiedene soziale Kontexte bewegen. Sie handeln, entscheiden, sorgen und identifizieren sich in Netzwerken, die sie an mehrere „Gesellschaften" gleichzeitig binden (vgl. Faist 1998, 2000; Landolt 2004).

Indem bei der Transmigrationsdiskussion die plurilokalen ökonomischen, sozialen, organisatorischen und politischen Bindungen ins Zentrum geraten, verabschiedet man sich von der klassischen Vorstellung von Migration als einmalige und unidirektionale Wanderung von Personen oder Gruppen von einem Nationalstaat in den anderen. Bildlich meint das klassische Verständnis von Migration, die dauerhafte oder für eine bestimmte Zeit begrenzte Wanderung – im Sinne der Verschiebung eines menschlichen Körpers – von einer nationalstaatlichen Schachtel (d.h. „Kultur", „Gesellschaft") in eine andere. Dieser klassische Migrationsdiskurs stellte die Frage in den Vordergrund, was Menschen von ihrer Schachtel wegzugehen drängt (Pushfaktoren) bzw. wovon Menschen durch eine andere Schachtel angezogen werden (Pullfaktoren) und als Kernproblem von Migration wurde die Angleichung (Assimilation/Integration) von Migratnnen und Migranten an die „Einwanderungsgesellschaft" definiert (vgl. Hamburger 2005). Die dahinter liegende Raumvorstellung ist die eines Behälters oder Schachtel, welche die sozialen Verhältnisse umgibt. Das Territorium bzw. der Flächenraum (oder der dreidimensionale euklidische Raum) scheint eine eigene Realität zu haben und steht als unumgängliche Voraussetzung für alle menschlichen Tätigkeiten. Albert Einstein (1960: XIII) hat diese „absolutistische" Raumvorstellung mit der Kurzformel „Container" verbildlicht, was in der deutschen Rezeption mit „Behälterraum" übersetzt wird.

Unter den aktuellen gesellschaftlichen Bedingungen scheint der Typ des Transmigranten immer mehr an Bedeutung zu gewinnen, Migration wird zunehmend zur Transmigration[5] (Pries 2001; 2008).

„In dieser Perspektive auf Transnationalismus und Transmigration und durch die mit ihr verbundenen Rekonzeptonalisierungen von Gesellschaft, Gemeinschaft und Nationalstaat erhält Migration einen neuen Stellenwert in der sozialwissenschaftlichen Diagnose gegenwärtiger sozialer Transformationen" (Pries 2001: 53).

Als Konsequenz von Transmigration kann die Lebensführung der Menschen nicht mehr nach der klassischen Vorstellung der Auswanderung aus einem Herkunftsland und der Einwanderung in eine Zielgesellschaft beschrieben werden. Vielmehr wandern die Migrantinnen und Migranten in ihrem Lebenslauf oftmals mehrfach und die alltäglichen Bezüge sind nicht mehr „uni-" oder „bidirektional" sondern mehrfach „multidirektional" (Faist 2000; Mau 2007; Pries 2008) – durch die Aufrechterhaltung ihrer sozialen Beziehungen spannen sie ein über mehrere Orte verteiltes Netz. Entscheidend ist nun die Annahme, dass es sich durch diese neuen Austausch- und Vernetzungsbeziehungen nicht nur um eine Ausdehnung von Herkunftsgemeinden und tradierten sozialen Netzwerken, sondern um *eine eigenständige Strukturbildung, um eigene Strukturzusammenhänge transnationaler Sozialräume oder sozialer Felder* (social fields) handelt. An Transmigrationen kristallisieren sich soziale

---

5 Dabei ist hervorzuheben dass es sich bei Transmigration nicht um ein neues Phänomen handelt, vielmehr hat durch die allgemeine globale Verflechtung der Prozesse sowohl die Intensität zugenommen als auch die Unterschiedlichkeit der Formen des Austausches. Letzteres hat wiederum einen Einfluss auf die Vielfalt der neuen Mischungen (Portes et. al 1999). Abzugrenzen ist dieser Migrationstypus zu Diaspora-Migranten, weil sie nicht durch den Rückbezug auf eine Einheit stiftende Instanz, wie ein Land oder eine Religion zusammengehalten werden (siehe dazu genauer die hilfreiche Unterscheidung von Pries 2008).

staatsgrenzenübergreifende System- bzw. Strukturbildungen in den Bereichen der Ökonomie, der Politik, des Rechtes, des Gesundheitssystems oder der Ausbildung aber auch Organisationen und Netzwerke heraus und sie ermöglichen u.a. ihre Dauerhaftigkeit. Als Resultat bilden sich Netzwerk und „transnationale Räume" bzw. „transnationale Sozialräume" (social fields), als neue Form der Vergesellschaftung, heraus. Diese neuen Strukturebenen, welche im folgenden Abschnitt genauer betrachtet werden sollen, liegen quer zu den bisherigen räumlichen Bezügen, aber auch zu den bisherigen Ordnungen des Räumlichen.

3 Vom „Raum der Ströme" und vom „Transnationalen Sozialraum" oder: Gibt es eine Transnationalisierung von „oben" und eine von „unten"?

In den Diskussionen darüber, wie die aus den neuen globaler werdenden und grenzüberschreitenden Verflechtungsbeziehungen (sei dies von Menschen, Waren, Geld, Symbolen, Ideen oder kulturellen Praktiken) resultierenden *Strukturebenen* oder *sozialen Felder* (social fields) sichtbar gemacht werden können, wird in der Regel mit der *Netzwerk-Metapher* gearbeitet. Betrachtet werden dabei die (neuen) Verflechtungs- oder Vernetzungszusammenhänge zwischen mehreren Subjekten, (Akteurs)Gruppen bzw. Elementen (Unternehmen, Regionen, Städten). Anhand von zwei, sich auf unterschiedliche Relationen beziehenden, raumtheoretischen Zugängen soll dies in der Folge illustriert werden:

Der globalisierte, informatisierte Verflechtungszusammenhang als „Raum der Ströme": Bei der Begründung seiner Theorie des Aufstiegs der „Netzwerkgesellschaft" vertritt Manuel Castells[6] die These, dass Unternehmen und soziale Organisationen traditionell an einem Ort verwurzelt bzw. gebunden waren. Zentral ist für Castells die Unterscheidung zwischen Ort und Raum:

---

6 Castells schließt seine Überlegungen am Raumverständnis David Harveys an. Nach Harvey können Zeit und Raum nicht unabhängig von sozialem Handeln verstanden werden. „Raum ist ein materielles Produkt und steht in Beziehung zu anderen materiellen Produkten – einschließlich Menschen – die in (historisch) bestimmten sozialen Beziehungen stehen und so den Raum mit einer Form, einer Funktion und sozialem Sinn ausstatten" (Harvey 1990: 204). David Harvey betont nicht wie Castells die Verflüssigung, sondern vielmehr die Verdichtung des Raumes – als Raum-Zeit-Kompression. Daraus resultieren vielschichtige Raum-Zeit-Konfigurationen mit

Ort: „*Ein Ort zeichnet sich dadurch aus, dass seine Form, seine Funktion und seine Bedeutung innerhalb der Grenzen eines physischen Zusammenhangs eigenständig sind*" (ebd.: 479).

Raum: Raum ist nicht einfach eine Widerspiegelung der Gesellschaft, sondern ihr Ausdruck. „Der Raum ist keine Fotokopie der Gesellschaft, er ist Gesellschaft. Räumliche Formen und Prozesse werden durch die Dynamik der gesamten gesellschaftlichen Struktur geformt. Dazu gehören auch widersprüchliche Tendenzen, die sich aus Strategien und Konflikten zwischen sozialen Akteuren ergeben, die ihre entgegengesetzten Interessen und Werte verfolgen. Außerdem beeinflussen soziale Prozesse den Raum, indem sie auf die gebaute Umwelt einwirken, die von früheren sozialräumlichen Strukturen ererbt worden ist. Raum ist kristallisierte Zeit" (ebd.: 466).

Durch die Dynamiken der Informationstechnologie und den weltweiten Austausch wird dieser traditionelle *Raum der Orte* („space of place") zunehmend durch den *Raum der Ströme* („space of flows") abgelöst (Castells, 1996/2001). Dieser neue Raum „ist durch die technologische und organisatorische Fähigkeit gekennzeichnet, den Produktionsprozess auf verschiedene Standorte aufzuteilen […]. Der Raum ist […] in einer Hierarchie von Innovation und Fertigung organisiert, die in globalen Netzwerken zusammengeschlossen sind. […] Der neue industrielle Raum wird von Informationsströmen organisiert, die ihre territorialen Komponenten gleichzeitig zusammenfügen und trennen" (Castells 2001: 442ff.).

Die damit entstehende Netzwerk- und Informationsgesellschaft findet ihre räumliche Form in einem *Raum der Ströme*:

„*Der Raum der Ströme ist die materielle Organisation von Formen gesellschaftlicher Praxis, die eine gemeinsame Zeit haben, soweit sie durch Ströme funktionieren. […] Es sind Ströme, die die räumliche Form und die räumlichen Prozesse definieren*" (Castells 2001: 467/464).

---

vielfältigen Überlagerungen, Übergängen und Spannungsbeziehungen, die eine große Herausforderung für eine sozialwissenschaftliche Theorie des Raumes darstellen. Raum wird damit auch in der soziologischen Diskussion (wieder) zum Thema („Wiedereintritt des Raumes" in die Soziologie Ahrens 2001).

Mit der Aufnahme der Netzwerkmetapher gelingt es Castells demnach, die neue Strukturebene als Raum der Ströme zu beschreiben und dadurch sichtbar zu machen. Der Raum der Ströme charakterisiert sich insbesondere durch drei Haupteigenschaften:

- Erstens durch eine neue technologische Infrastruktur, die ähnlich dem Eisenbahnnetz in der industrialisierten Welt nun aus dem Kreislauf elektronischer Vermittlungen bestehe. Das Netzwerk der Informations- und Kommunikationstechnologie stelle inzwischen also die materielle Basis der Interaktionsprozesse dar. In dieses neue Netzwerk werden nach Castells auch die institutionellen Strukturen eingefügt.
- Zweitens werde der Raum der Ströme durch dessen Knoten und Zentren markiert, das heißt unterschiedlichen Orten, denen unterschiedliche Funktionen zukommen, die sich wiederum durch die Funktion des gesamten Netzwerks bestimmen. Regionen und Örtlichkeiten verschwinden nicht, „sondern sie werden in internationale Netzwerke integriert, die ihre dynamischen Sektoren miteinander verknüpfen" (ebd.: 438).
- Drittens charakterisiere den Raum der Ströme die räumliche Organisation der herrschenden Führungseliten. Diese füllten die direktiven Funktionen aus, weshalb sie räumlich im Unterschied zu der lokalen Verortung „einfacher Leute" auch kosmopolitisch verankert seien. Dadurch komme es zur Ausbildung eines relativ abgeschlossenen eigenen Herrschaftsraumes, der verschiedene Orte der Welt, wie internationale Hotels und VIP-Lounges an Flughäfen, miteinander verbinde.

Mit der Betrachtung des „Raumes der Ströme" wird es möglich, die gegenwärtigen transnational verlaufenden Verflechtungs- und Beziehungszusammenhänge (Netzwerke) raumtheoretisch zu beschreiben. Fokussiert werden hier jedoch eher ökonomische und kommunikationstechnische Akteurinnen und Akteure (wie bspw. Unternehmen oder Finanzinstitutionen). Für sie scheint die Diagnose zuzutreffen, dass sie miteinander durch ihre Austauschbeziehungen ein scheinbar ortlos, frei fließend, weltweites Netz, einen Raum im Sinne von Castells spannen. Zu prüfen wäre allerdings, ob der Ort, wenn sich die Prozesse materialisieren, nicht gerade im Sinne eines Standortes eine neue zentrale Bedeutung erlangt.

Die zweite hier vorgestellte raumtheoretische Diskussion setzt an der Betrachterebene der Beziehungs- oder Vernetzungsrelationen von sozialen, politischen oder kulturellen Akteurinnen und Akteure bzw. Phänomenen an, d.h. sie zielt auf eine eher alltagsweltliche Ebene bspw. von sozialen Unterstützungs- oder Familiensystemen von Transmigrantinnen und Transmigranten (vgl. Fernández de la Hoz 2004; vgl. Mau 2007). Durch den Fokus auf die alltäglichen Praktiken bzw. die subjektive Handlungsmächtigkeit der Akteure (Agency) ist dieser zweite Zugang für die Soziale Arbeit besonders anschlussfähig (vgl. Homfeldt/Reutlinger 2009b). Dieser zweite Diskussion widerspricht der Vorstellung einer Enträumlichung des Sozialen bzw. eines Ortloswerden der Welt vehement.

„The transnationalist discourse insists on the continuing significance of borders, state policies, and national identities even as these are often transgressed by transnational communication circuits and social practices" (Smith 2001: 3).

Ausgangspunkt ist hier Unterscheidung zwischen Flächenraum und Sozialraum, wie sie bspw. Ludger Pries vornimmt (vgl. Pries i.d.B.).

Die grenzüberschreitenden Verflechtungsbeziehungen als Transnationaler Sozialraum[7]: In seiner Grundlegung der „Transnationalisierung der Sozialen Welt" zeigt Ludger Pries auf, dass die „Brennweite" der Sozialwissenschaften bislang auf Nationalstaaten und Nationalgesellschaften eingestellt war, „die in ihrem Inneren durch endogene Faktoren den gewünschten sozialen Wandel anstoßen und realisieren sollten und konnten" (Pries 1999: 39). Geht man jedoch von der zunehmend global gewordenen Welt aus, in der zunehmend Prozesse des „Dazwischen" relevant werden und sich neue Mischungen herausbilden, gilt es auch die „Brennweiteneinstellung" der Sozialwissenschaften zu verändern. Pries plädiert dafür, die „alltagsweltlichen Lebenszusammenhänge ‚normaler Menschen' (das heißt: nicht nur von Politikern oder Aktivisten) in den Mittelpunkt [zu stellen], die sich über mehrere Orte (also plurilokal) und über mehrere ‚nationalgesellschaftliche Behälter' (also transnational)

---

7   Sarah Mahler erweitert die Palette, mit denen diese neuen Strukturzusammenhänge beschrieben werden können, folgendermaßen (1998): „transnational social field", „transnational migrant circuit", „binational society", „global ethnoscape" usw.

aufspannen" (ebd.: 41). Empirische Ansatzpunkte hierfür liegen in der oben erwähnten Transmigrationsdiskussion, die deutlich macht, dass heute immer mehr Menschen in ihren biographischen Gestaltungsbezügen auf transnationale Muster zurückgreifen (vgl. Cyrus 2008). Indem sie auf Herkunfts- und Ankunftsregionen aufbauen und diese im Sinne „transstaatlicher Räume" (vgl. Faist 2000) miteinander verbinden (allerdings heben sich die Bedeutung dieser Begriffe bei einigen Autorinnen und Autoren der Transnationalismus-Diskussion auf), bedeuten solche neuen Kontexte mehr als die Addition beider (vgl. Pries 2000). Entscheidend ist dabei, dass sich durch die Beziehungsgefüge „eigenständige, dichte und dauerhafte Konfigurationen aus sozialer Praxis, Symbolsystemen *und* Artefakten" (Pries 2008: 229) herausbilden. Dies bedeutet, dass immer mehr (normale) Menschen in ihren Alltagsbezügen zunehmend in so genannten *Transnationalen Sozialräumen* agieren[8].

Sieben Merkmale charakterisieren nach den Überlegungen Ludger Pries die Natur der transnationalen pluri-lokalen Verflechtungszusammenhänge (Pries 2008: 285f.):

- Erstens stehen die über mehrere nationalräumliche Container verteilten Teile der Transnationalen Sozialräume nicht in einem systematischen Hierarchie- oder Abhängigkeitsverhältnis bzw. in keiner eindeutigen Zentrums-Peripherie-Beziehung;
- Zweitens werden sie durch diskursive Verhandlungen und durch Berufung auf symbolische Gemeinsamkeiten zusammengehalten;
- Drittens kann sich die Aufgabenteilung zwischen den ortsgebundenen Teileinheiten im Zeitlauf stark verändern;
- Viertens sind sie auf private Akteure und Akteursgruppen und auf Organisationen, nicht aber vorrangig auf Staaten und staatliche Einrichtungen bezogen;
- Fünftens weist die Konfiguration der flächenräumlichen Teileinheiten kein klares hegemoniales Zentrum auf;

---

8 Zwar liegen die jeweiligen Orte jeweils in verschiedenen Staaten (deshalb auch trans*national*), jedoch werden durch diese plurilokale Lebensweise auch andere geographische, ethnische, soziale oder kulturelle Grenzen überwunden. „We define „transnationalism" as the process by which immigrants forge and sustain multi-stranded social relations that link their societies of origin and settlement. We call these processes transnationalism to emphasize that many immigrants today build social fields that cross geographic, cultural and political borders. [...] An essential element is the mulitiplicity of involvements that transmigrants sustain in both home and host societies. We are still groping for all language to describe these social locations" (Basch u.a. 1994:6).

- Sechstens beziehen sie sich auf ihre Dauerhaftigkeit und die Dichte der sie tragenden Verflechtungsbeziehungen, d.h. hinsichtlich ihrer Intensität und Zeitlichkeit stabile Vergesellschaftungszusammenhänge;
- Siebtens sind sie Nationalstaatsgrenzen übergreifend und pluri-lokal.

Mit der Fokussierung Transnationaler Sozialräume wird die sogenannte doppelte Verschachtelung, bei welcher ein Flächenraum und ein Sozialraum exklusiv ineinanderpassen, das heißt ein Sozialraum genau ein Territorium „okkupiert" („doppelt exklusive Verschränkung von Flächenraum (Nationalstaat) und Sozialraum (Nationalgesellschaft)" Pries 2008: 103) in zwei Richtungen grundlegend hinterfragt.

1. *Aufstapelungsthese*: Einerseits können sich in derselben „Flächenextension tendenziell sehr unterschiedliche, nicht miteinander in Beziehungen stehende und früher sich einander flächenräumlich ausschließende soziale Räume aufstapeln" (ebd.: 106). In demselben Flächenraum können sich mehrere Sozialräume befinden.

2. *Ausdehungsthese*: Andererseits findet eine pluri-lokale Ausdehnung von Sozialräumen über mehrere Flächenräume statt. Diese „pluri-lokalen Sozialgefüge" oder transnationalen sozialen Felder werden neben den tradierten lokal, regional oder lokal gefassten Container-Sozialeinheiten, wie Gemeinden, Gemeinschaften und Gesellschaften zunehmend bedeutsam (ebd.: 226).

Raum ist für Ludger Pries „sobald Menschen davon sprechen, immer schon gedachter, gemachter, zugerichteter, angeeigneter oder unter Nutzen- und Nutzungsaspekten wahrgenommener Raum", d.h. immer schon Sozialraum. Flächenraum lässt sich als „eine in und durch menschliche Aktivitäten strukturierte Lagerelation von Elementen" definieren (ebd.: 81) und Sozialraum als „relationales Ordnungsgefüge von Artefakten, Sozialer Praxis und Symbolsystemen" (ebd.: 91) aufschließen. Neben der *sozialen Dimension* sind für einen Sozialraum die *flächenräumliche Dimension* (Merkmale wie Entfernung, Ausdehnung, Verteilung, Richtung, Dichte, Differenz etc. von Elementen) sowie die *Zeitlichkeitsdimension* (jede Raumvorstellung ist historisch gewachsen und jede Positionsveränderung im Raum kostet Zeit) konstitutiv. Das Ziel von Pries Ansatz liegt in der Herausarbeitung der Bedeutung der geographischräumlichen Dimension von Vergesellschaftung im 21. Jahrhundert (ebd.: 78).

Fazit

Mit den beiden Raumkonzepten *Raum der Ströme* und *Transnationale Sozialräume* wurden Möglichkeiten aufgezeigt, wie sich die aus den verstärkten Vernetzungsbeziehungen resultierenden neuen Strukturzusammenhänge bzw. sozialen Feldern, die sich global bzw. grenzenüberschreitend aufspannen, beschrieben werden können. Folgt man der Argumentation von Michael P. Smith und Luis Eduardo Guarnizo (1999) so könnte man den *Raum der Ströme* „oben", d.h. in Anlehnung an die „Transnationalisierung von oben" (transnationalism from above) positionieren, da hier die Handlungen transnationaler Konzerne und Nationalstaaten (durch Kontrolle und Herrschaft des Kapitals) beschrieben wird. Den aus den politischen, kulturellen und sozialen transnationalen Praktiken von „einfachen Menschen" resultierenden *Transnationalen Sozialraum* könnte man – parallel zur Diskussion um eine „Transnationalisierung von unten" – „unten" positionieren. In dieser einfachen oben-unten-Unterscheidung besteht die Gefahr Transmigrantinnen und Transmigranten als „Akteurinnen" bzw. „Akteure" einer „Globalisierung von unten" hochzustilisieren. In dieser ist die Vorstellung eines „guten" gegensystemischen „Sozialraums der Nicht-Gebundenen", die permanent unterwegs sind und dadurch ein Netzwerk gegen den „bösen" Kapitalismus bilden, problematisch. Wollte man das Potential des Blickes auf diese Zwischenebenen für die Soziale Arbeit ausloten, würde es der Herausarbeitung der damit verbundenen raumtheoretischen Herausforderungen bedürfen.

4 Transnationale Sozialräume und Soziale Arbeit – Herausforderungen aus raumtheoretischer Perspektive

„Trans" verweist sowohl auf die Bewegung über Grenzen hinweg, wie auf quer zu tradierten Einheiten liegende Prozesse. Gleichzeitig wird damit die Veränderung des Charakters einer Sache (Ong 2005: 11), sowie auf die Entstehung eines Dritten impliziert. Durch diese mehrfache Bedeutung hat die Weltbetrachtung durch die „Trans-Brille" gute Chancen, „dem heutigen Weltzustand und seiner Komplexität gerecht zu werden" (Welsch 2005: 340). Mit dieser Perspektive gelingt es vor allem Mehrdeutigkeit, Komplexität und Widersprüchlichkeit als Voraussetzungen anzunehmen, indem sie zum Gegenstand gemacht werden. Wie gelingt es unter den Bedingungen einer zunehmenden Transnationalisierung, weiterhin Möglichkeitsräume für alle Menschen zu öffnen? Und wie können die in den drei Eingangsbeispielen aufgezeigten Fragen beantwortet werden? Im Sinne eines Angebotes sollen hierzu abschliessend die damit verbundenen raumtheoretischen Herausforderungen für die Soziale Arbeit umrissen werden.

Globaler oder internationaler Blick bedeutet nicht nur ein „Nebeneinander von Schachteln"
Wengleich heute Soziale Arbeit durch die zunehmenden und widersprüchlichen Prozesse wie Globalisierung, Internationalisierung oder Europäisierung ihren Blick verstärkt international ausrichtet (vgl. Schweppe 2005, Beiträge i.d.B.), scheint man in der Diskussion in einer Raumvorstellung zu verharren, in welcher verschiedene Länder (Nationalstaaten) und Communities (lokale Gemeinschaften) noch immer wie Schachteln nebeneinander stehen würden: Trotz der „Internationalisierung der Welt" scheint Soziale Arbeit weiterhin in Containerräumen gefangen zu bleiben (vgl. hierzu die „sozialpädagogische Rede von der Sozialraumorientierung" Kessl/Reutlinger 2010a). So wird bspw. Europa „noch häufig als ein Großraum gesehen, in dem unterschiedliche Kleinräume – Container – mit unterschiedlichen Landesfahnen nebeneinander stehen, in denen sich die Menschen bewegen und unterschiedliche Systeme vorherrschen" (Schröer 2004: 220). Städte werden neu geschnitten und „benachteiligte Stadtteile" als „Soziale Räume" ausgeschieden. Dadurch drohen soziale Probleme verdinglicht und Menschen mit ihren Handlungsspielräumen auf den nahräumlichen Container beschränkt zu werden (vgl. Reutlinger 2005).

Zwar ist die Ausweitung auf internationale Perspektiven, die Erfahrungen aus einem Land für ein anderes Land zugänglich macht, heute dringend notwendig. In Zeiten verstärkter Transnationalisierung ist die internationale Perspektive jedoch nicht hinreichend, da die quer zur bisherigen Ordnung des Räumlichen verlaufenden Ebenen sich ausserhalb des Blickfeldes befinden.

„Die Soziale Arbeit bedarf somit der Öffnung hin zu transnationalen Kontexten. […] Eine interkulturelle Methodenreflexion und der Rückgriff auf die internationale vergleichende Forschung können diesbezüglich zwar hilfreich sein, reichen aber nicht aus, weil sie gerade nicht vorrangig auf jene Schnittmenge zwischen zwei Gesellschaften zielen, innerhalb deren Wissen und Handeln in transnationalen Kontexten hergestellt wird" (Homfeldt/Schröer/Schweppe 2008: 19f.).

Die „nationale Identität überschreitenden Herausforderungen" liegen nun darin, Soziale Arbeit „anders", d.h. zunehmend den entgrenzenden und vernetzten weltweiten Prozessen entsprechend, zu begründen (Homfeldt/ Brandhorst 2004: 2). Ansatzpunkt hierfür sind in der Diskussion um eine Transnationale Soziale Arbeit zu finden (vgl. insbesondere Homfeldt/Schröer/ Schweppe 2008), welche insbesondere die Frage Sozialer Unterstützung, als „in einem Gefüge von Vermittlung und Aneignung sowie Gestaltung grenzüberschreitender sozialer Welten [...], durch die die subjektive Handlungsmächtigkeit der Akteure in ihrem jeweiligen Netzwerken gestärkt wird", untersucht (Homfeld/Schröer/Schweppe 2008b: 221). Diese Perspektive setzt voraus, dass Sozialräume nicht einfach gegeben sind, sondern erst in sozialen Praxen (Vergesellschaftung) hervortreten und sich herausbilden (Mau 2007: 86): Räume werden aus der Anordnung, Bewegung und Relationierung von Dingen und Menschen konstituiert (Löw 2001).

Die Welt ist heute nicht ungebunden und frei fliessend, sondern neue pluri-lokal verortete Vergesellschaftungsformen manifestieren sich
Die Diskussion um Transnationale Sozialräume hat weiter verdeutlicht, dass das Soziale und die Sozialräume immer weniger flächenräumlich gebunden, begrenzt und fokussiert sind, und dass sich diese Kongruenz immer mehr auflöst. Jedoch befindet sich die ganze Welt nicht einfach nur in einem Fließ- und Entgrenzungsprozess (wie dies im Raum der Ströme verbildlicht wurde), sondern Flächen-, Sozial- und Zeiträume bilden neue Kombinationen heraus (Noller 2000: 21; Pries 2008: 109), neue Begrenzungen materialisieren sich, Orte und „Lokalitäten" (Dahinden 2009; i.d.B.) erhalten neue Bedeutungen. Die „Emanzipation vom Raum" bedeutet damit „die Aufladung der räumlichen Dimension, weil für alle Arten von sozialen Beziehungen und Interaktionen ganz entscheidend ist, welchen Raumbezug sie letztlich haben" (Mau 2007: 8). Raum muss deshalb grundlegend neu gedacht werden, indem das Verhältnis von territorialem (Ort) und Sozialraum neu bestimmt wird.

Soziale Arbeit steht damit vor der Herausforderung, aus dem räumlichen Bezugssystem im Sinne des „Gehäuse des Nationalstaates" (Luutz 2005) ausbrechen zu müssen. Dieser Ausbruch führt jedoch nicht zur Raumlosigkeit (Enträumlichung), sondern der nationalstaatliche Rahmen bleibt nach wie vor relevant (Mau 2007: 8).

„Um diese Raumkonfigurationen des Sozialen angemessen verstehen zu können, müssen die unterschiedlichsten geographischen Bezugsebenen – das Lokale, das Mikroregionale, das Nationale, das Makroregionale und das Globale – miteinander kombiniert werden, anstatt das Eine (z.B. das Nationale) durch das Andere (z.B. das Globale) ersetzen zu wollen" (Pries 2008: 131).

Das „Aufstapeln von Räumen" ist nicht mit dem Aufschichten von Containern in einem Hafen gleichzusetzen
Durch die Fokussierung der durch Beziehungs- und Kontaktnetze erzeugten neuen Felder/Räume besteht in den aufgezeigten raumtheoretischen Ansätzen (*Raum der Ströme* und *Transnationale Sozialräume*) die Gefahr, dass die entstehenden Strukturzusammenhänge wiederum (zu) verdinglicht betrachtet werden. Insbesondere durch die Aufstapelungshypothese könnte man den Eindruck bekommen, dass – ähnlich wie bei einem Hafen – an einem Ort, einem Flächenraum unterschiedliche Transnationale Sozialräume aufeinander gebaut werden. Zwar gibt es im Hafenbeispiel unterschiedliche Schichten von Sozialraumcontainern und unterschiedliche Positionen, jedoch bleiben soziale Probleme (wie bspw. soziale Ungleichheiten), die sich nicht in der Raumdimension fassen lassen, verdeckt (Bommes 2003). Hilfreich ist hier der Fokus auf die Ordnungen des Räumlichen bzw. die mit den Transmigrationsprozessen zusammenhängenden (Neu)Ordnungen. Mit der Verknüpfung des Raumbegriffs mit dem Begriff der Ordnung ist Raum nicht als a priori Tatsache gegebenen, sondern besteht in den Beziehungen von Phänomenen zueinander, als „Relationen von Verknüpfungen" (Löw 2001). Raum wird als „eine relationale (An)Ordnung von Körpern, welche unaufhörlich in Bewegung sind" verstanden, „wodurch sich die (An)Ordnung selbst ständig verändert". Indem Räume *„als ständig (re)produziertes Gewebe sozialer Praktiken"* (Kessl/Reutlinger 2010a: 15) verstanden werden, gelingt es, die Ambivalenz zwischen „Materialität und sozialer Konstruiertheit des Raumes" auszubalancieren (Ahrens 2006: 235).

„Anstelle der Annahme, der Raum habe eine vorgegebene Existenz, geht es um die Lagenbeziehungen und Positions- und Stellenverhältnisse, um die entdeckten und hergesellten Beziehungen von Menschen und Gütern zueinander. (...) Im Bewusstsein darüber, dass Raumordnungen auch anders ausfallen können, öffnet man sich so einen Spielraum für verschiedene „Geographien"" (ebd.).

Die damit verbundenen Herausforderungen stehen im Zentrum der so genannten sozialpädagogischen Sozialraumforschung, indem diese von den räumlichen Praktiken („Geographien") ausgeht und deren Gestalt als „Formate des Räumlichen" aufschliesst (vgl. Kessl/Reutlinger 2010b). Dahinter liegt die Überlegung, dass räumliche Zusammenhänge als Teil menschlichen Tuns permanent (re)konstruiert, räumliche Formate also neu hergestellt oder bestätigt werden.

„Räumliche Formate sind somit zugleich das Ergebnis als auch die Voraussetzung sozialer, politischer und kultureller Gestaltung, denn diese Gestaltungsprozesse können immer nur verortet stattfinden, also in Bezug auf gegebene räumliche Zusammenhänge und zugleich finden diese innerhalb dieser Prozesse ihre Bestätigung oder werden verändert. [...] (Vor)herrschende Raumordnungen, wie nationalstaatliche Territorien prägen soziale Zusammenhänge ganz entscheidend. Zugleich sind sie das Ergebnis von Strukturierungsvorgängen, also Formatierungsprozessen, sie können also nicht als quasi überhistorisch gegebene Verortungen angesehen werden" (Kessl/Reutlinger 2009b: 91).

Nicht nur ein neues Raumverständnis, sondern ein neues Verständnis von Ort und Lokalität ist nötig
Gemeinhin wird Ort als Raumstelle an der Erdoberfläche betrachtet, welche man durch geographische Länge und Breite genau bestimmen kann. Die aufgezeigten Prozesse wie die Raum-Zeit-Kompression führen nun verstärkt zur Herausforderung, auch „Ort" (place) „translocal" zu denken (Smith 2001). In einer raumtheoretischen Hinsicht erweiterten Form wird Ort „als besondere Konstellation sozialer Beziehungen unterschiedlicher Reichweiten, die sich [an dieser Stelle] treffen und verweben" aufgeschlossen (Oßenbrügge 2006a: 12).

"The uniqueness of a place, or a locality, in other words is constructed out of particular interactions and mutual articulations of social relations, social processes, experiences and understandings, in a situation of copresence, but where a large proportion of those relations, experiences and understandings are actually constructed on a far larger scale than what we happen to define for that moment as the place itself, whether that be a street, a region or even a continent" (Massey 1991: 66).

Letztere Definition geht davon aus, dass sich soziale Beziehungen zu Orten verräumlichen, was zur Folge hat, dass diese eher zu Treffpunkten oder lokalen Schauplätzen werden (Giddens 1995; Werlen 1995). „Locality" ist nach den Überlegungen von Arjun Appadurai (1996: 178) eher „relational and contextual rather than scalar or spatial" zu verstehen.

"I see it as a complex phenomenological quality, constituted by a series of links between the sense of social immediacy, the technologies of interactivity, and the relativity of context. This phenomenological quality, which expresses itself in certain kinds of agency, sociality, and reproducibility, is the main predicate of locality as a category (or subject) that I seek to explore"(ebd.).

An diesem Verständnis von Ort bzw. Lokalität kann eine ermöglichende Perspektive Sozialer Arbeit anschließen. Die raumtheoretische Herausforderung besteht darin zu verstehen, wie Lokalität, aber auch Gemeinschaft und Region geformt und gelebt wird, welche lokalen und globalen Anteile damit verbunden sind (vgl. Reutlinger 2008). Ausgangspunkt einer ermöglichenden Perspektive bilden damit die „räumlichen, sozialen Praktiken der Akteure in dialektischem Verständnis zu strukturellen Beharrungskräften" sowie indem Entwicklung von „lokalen Akteuren selbst vorangetragen wird" und „kein von außen übergestülptes Konzept mehr ist" (Hamedinger 1998: 254ff.). Der gelebte Raum (lived space – vgl. Soja 1996), d.h. die räumlichen Praxen (Geographien und transnational place-making vgl. Smith 2001) rücken ins Zentrum des Interesses und müssen als Möglichkeitsraum aufgeschlossen werden.

Zum Schluss noch einmal die Frage der Verortung Sozialer Arbeit angesichts der Neuordnung des Räumlichen
Soziale Arbeit ist auch unter entgrenzten und globalen Bedingungen immer an einen konkreten Ort gebunden (vgl. Kessl/Maurer 2005). Die Herausforderung besteht deshalb darin, sich aktiv und explizit verorten zu müssen und zu können. Dies gelingt, indem einerseits ein Wissen über die Bedeutung der konkreten Orte für die verschiedenen Handelnden auf den unterschiedlichen politischen, praktischen und alltäglichen Ebenen vorhanden ist. Andererseits kann eine Verortung nur stattfinden, wenn man sich bewusst macht, welche Ressourcen in einem Ort stecken, welche durch ihn verbaut werden und wie diese oder andere unzugänglichen Ressourcen im Sinne einer Erweiterung

oder Eröffnung von Handlungsoptionen für die Akteure genutzt werden können. Im Prozess der Verortung werden damit neue Positionen, die die spezifische Situation der beteiligten Akteure auszeichnen, möglich (vgl. Kessl/Reutlinger 2010a: 128).

„Der Ort wird damit als eine Verhandlungsressource betrachtet [...]: ein Ort, an dem sich die herrschenden Verteilungs-, Arbeits- und offiziellen Zugehörigkeitsmodelle reflektieren und von dem aus sich Zugangsmöglichkeiten ebenso wie Schließungsmechanismen eröffnen" (ebd.).

Die raumtheoretische Herausforderung liegt also darin, in zunehmend transnational werdenden Realitäten, die professionellen Errungenschaften halten zu können, bei der gleichzeitigen Notwendigkeit zur kritisch-reflexiven (Neu)Positionierung. Gefordert ist deshalb eine entsprechende räumliche Haltung (Kessl/Reutlinger 2010a).

Literatur

AHRENS, DANIELA (2006): „Zwischen Konstruiertheit und Gegenständlichkeit – Anmerkungen zum Landschaftsbegriff aus soziologischer Perspektive". In: INSTITUT FÜR LANDSCHAFTSARCHITEKTUR UND UMWELTPLANUNG (Hrsg.), S. 229-240.
– (2001): *Grenzen der Enträumlichung*. Weltstädte, Cyberspace und transnationale Räume in der globalisierten Moderne. Opladen: Leske und Budrich.
ALLOLIO-NÄCKE, LARS ET AL. (Hrsg.) (2005): *Differenzen anders denken*. Bausteine zu einer Kulturtheorie der Transdifferenz. Frankfurt a.M.: Campus.
APPADURAI, ARJUN (1996): *Modernity at large*. Cultural Dimension of Globalization. Minneapolis; London: University of Minnesota Press.
BASCH, LINDA/GLICK SCHILLER, NINA/BLANC SZANTON, CRISTINA (1994): *Nations Unbound*: Transnational Projects, Postcolonial Predicaments, and Deterritorialized Nation-States. Amsterdam: Gordon and Breach Publishers.
BECK, ULRICH (2008): *Die Neuvermessung der Ungleichheit unter den Menschen*: soziologische Aufklärung im 21. Jahrhundert; Eröffnungsvortrag zum Soziologentag „Unsichere Zeiten" am 6. Oktober 2008 in Jena. Frankfurt/Main: Suhrkamp.
BECK, ULRICH/KIESERLING, ANDRE (Hrsg.) (2000): *Ortsbestimmung der Soziologie*. Wie die kommende Generation Gesellschaftswissenschaft betreiben will. Baden-Baden: Nomos-Verlags-Gesellschaft.
BIRD, JON/CURTIS, BARRY/PUTNAM, TIM/ROBERTSON, GEORGE (Hrsg.) (1993): *Mapping the Futures*. Local Cultures, Global Change. London, Routledge.

BOMMES, MICHAEL (2003): „Der Mythos des transnationalen Raumes. Oder: Worin besteht die Herausforderung des Transnationalismus für die Migrationsforschung?" In: *Thränhardt, Dietrich/Hunger, Uwe* (Hrsg.) (2003), S. 90-116.

CASTELLS, MANUEL (2001): *Der Aufstieg der Netzwerkgesellschaft.* Teil 1 der Trilogie. Das Informationszeitalter. Opladen: Leske und Budrich.

CYRUS, NORBERT (2008): „Soziale Unterstützung für Wanderarbeiterinnen und Wanderarbeiter". In: HOMFELDT ET. AL. (Hrsg.), S. 81-95.

DAHINDEN, JANINE (2009): „Neue Ansätze in der Migrationsforschung. Die transnationale Perspektive". In: *terra cognita. Schweizer Zeitschrift zu Integration und Migration* 15, S. 16-19.

DRILLING, MATTHIAS/SCHNUR, OLAF (Hrsg.) (2009): *Governance der Quartiersentwicklung.* Theoretische und praktische Zugänge zu neuen Steuerungsformen. Wiesbaden: VS-Verlag.

DZIERZBICKA, AGNIESKA/SCHIRLBAUER, ALFRED (Hrsg.) (2006): *Pädagogisches Glossar der Gegenwart.* Wien.

ESSED, PHILOMENA (1996): *Diversity: gender, color and culture.* Amherst: University of Massachusetts Press.

FAIST, THOMAS (2000a): „Grenzen überschreiten. Das Konzept transstaatliche Räume und seine Anwendungen". In: DERS. (Hrsg.) (2000b), S. 9-56.

– (Hrsg.) (2000b): *Transstaatliche Räume.* Politik, Wirtschaft und Kultur in und zwischen Deutschland und der Türkei. Bielefeld: transcript Verlag.

– (1998): *International Migration and Transnational Social Spaces*: Their Evolution, Significance and Future Prospects. Bremen: Institut für Interkulturelle und Internationale Studien.

FERNÁNDEZ DE LA HOZ, PALOMA (2004): *Familienleben, Transnationalität und Diaspora.* ÖIF Materialien Heft 21.

GIDDENS, ANTHONY (1995): *Konsequenzen der Moderne.* Frankfurt a.M.: Campus.

GUARNIZO, LUIS EDUARDO/SMITH, MICHAEL PETER (1998): "The Locations of Transnationalism". In: SMITH/GUARNIZO (Hrsg.), S. 3-34.

GÜNZEL, STEPHAN (Hrsg.) (2010): *Handbuch Raum.* Stuttgart/Weimar: Verlag J.B. Metzler.

HAMBURGER, FRANZ (2005): „Migration". In: OTTO HANS-UWE/THIERSCH, HANS (Hrsg.): *Handbuch Sozialarbeit/Sozialpädagogik.* Neuwied: Kriftel, S. 1211-1222.

HAMEDINGER, ALEXANDER (1998): *Raum, Struktur und Handlung als Kategorien der Entwicklungstheorie.* Eine Auseinandersetzung mit Giddens, Foucault und Lefèbvre. Frankfurt/Main; New York: Campus.

HARVEY, DAVID (1990): *The Condition of Postmodernity.* Oxford: Blackwell Publishers

– (1989): *The Urban Experience.* Baltimore, Maryland: Johns Hopkins University Press.

HOMFELDT, HANS GÜNTHER/BRANDHORST, KARIN (Hrsg.) (2004a): *International vergleichende Soziale Arbeit.* Hohengehren: Schneider.

– (Hrsg.) (2004b): SOZIALE ARBEIT IN EUROPA. Hohengehren: Schneider.

HOMFELDT, HANS GÜNTHER/REUTLINGER, CHRISTIAN (2009a): „Sozialer Raum, soziale Entwicklung und transnationale Soziale Arbeit". In. DIES. (Hrsg.), S. 102-125.

– (Hrsg.) (2009b): *Soziale Arbeit und Soziale Entwicklung.* Hohengehren: Schneider.
HOMFELDT, HANS GÜNTHER/SCHRÖER, WOLFGANG/SCHWEPPE, CORNELIA (Hrsg.) (2008): *Soziale Arbeit und Transnationalität. Herausforderungen eines spannungsreichen Bezugs.* Weinheim und München: Juventa.
– (2008a): „Transnationalität und Soziale Arbeit – ein thematischer Aufriss". In: DIES. (Hrsg.), S. 7-24.
– (2008b): „Transnationalität, soziale Unterstützung und agency". In: Dies. (Hrsg.), S. 219-234.
INSTITUT FÜR LANDSCHAFTSARCHITEKTUR UND UMWELTPLANUNG – TECHNISCHE UNIVERSITÄT BERLIN (Hrsg.) (2006): *Perspektive Landschaft.* Berlin: Wissenschaftlicher Verlag Berlin.
JÄGGI SARAH (2008): „Glück im Stall". In: *Das Magazin* 34, S. 11-17 (unter: http://dasmagazin.ch/index.php/gluck-im-stall/).
KAUFMANN, FRANZ-XAVER (1998): „Globalisierung und Gesellschaft". In: *Aus Politik und Zeitgeschichte,* B 18/1998, S. 3-10.
KESSL, FABIAN/MAURER, SUSANNE (2005): „Soziale Arbeit". In: KESSL/REUTLINGER/ MAURER/FREY (Hrsg.), S. 111-128.
KESSL, FABIAN/OTTO, HANS-UWE (Hrsg.) (2004): *Soziale Arbeit und Soziales Kapital.* Wiesbaden: VS Verlag.
KESSL, FABIAN/REUTLINGER, CHRISTIAN (2010a): *Sozialraum – eine Einführung.* Wiesbaden: VS Verlag.
– (2010b): „Ökonomischer Raum: Megacities und Globalisierung". In: GÜNZEL (Hrsg.), S. 145-161.
– (2010c): „Format". In: REUTLINGER ET. AL. (Hrsg.), S. 63-70.
– (2009): „Formate des Räumlichen und Raumpolitiken: Vernachlässigte Dimensionen in der Raumforschung". In: DRILLING /SCHNUR (Hrsg.), S. 89-100.
– (2007): „Raum. Räumlichkeit. Raumordnung. Warum wir aktuell so viel vom Raum reden". In: *Schweizerische Zeitschrift für Soziale Arbeit* 2/07, S. 41-60.
KESSL, FABIAN/REUTLINGER, CHRISTIAN/MAURER, SUSANNE/FREY, OLIVER (Hrsg.) (2005): *Handbuch Sozialraum.* Wiesbaden: VS-Verlag.
KHAGRAM, SANJEEV/LEVITT; PEGGY (2008) (Hrsg.): *The Transnational Studies Reader.* Intersections & Innovations. New York und London: Routledge.
KORTE, SYBILLE (2008): *Niemandskinder.* Unter: http://www.berlinonline.de/berlinerzeitung/archiv/.bin/dump.fcgi/2008/1114/horizonte/0002/index.html (gefunden am 24.8.2010).
LANDOLT, PARTICIA (2004): „Eine Abwägung der Grenzen sozialen Kapitals: Lehren aus den transnationalen Gemeinde-Initiativen El Salvadors". In: Kessl/Otto (Hrsg.), S. 21-44.
LESSER, GABRIELE (2008): *Alex allein zuhause.* Polnische Eltern verlassen Kinder. Unter http://www.taz.de/1/politik/europa/artikel/1/alex-allein-zuhause/ (gefunden am 24.8.2010).
LÖW, MARTINA (2001): *Raumsoziologie.* Frankfurt/Main: Suhrkamp.

LUUTZ, WOLFGANG (2005): *Raum, Macht, Einheit*: Sozialphilosophische und politiktheoretische Reflexionen. München: Martin Meidenbauer Verlag.
MAHLER, SARAH J. (1998): "Theoretical and Empirical Contributions Toward a Research. Agenda for Transnationalism". In: SMITH/GUARNIZO (Hrsg.), S. 64-100.
MASSEY, DOREEN (1993): "Power-geometry and a Progressive Sense of Place". In: BIRD ET. AL. (Hrsg.), S. 59-69.
MAU, STEFFEN (2007): *Transnationale Vergesellschaftung*. Die Entgrenzung sozialer Lebenswelten. Frankfurt/Main: Campus.
NOLLER, PETER (2000): „Globalisierung, Raum und Gesellschaft. Elemente einer modernen Soziologie des Raumes". In: *Berliner Journal für Soziologie* 10/1, S. 21-48.
ONG, AIHWA (2005): *Flexible Staatsbürgerschaften*. Die kulturelle Logik von Transnationalität. Frankfurt/Main: Suhrkamp.
OSSENBRÜGGE, JÜRGEN (2006a): „Transnationale soziale Räume und städtische Umbruchprozesse". In: DERS. (Hrsg.), S. 15-19.
– (HRSG.) (2006b): *Umbrüche in afrikanischen Gesellschaften und ihre Bewältigung*. (Afrikanische Studien 22) Münster: Lit.
PETRICH-HORNETZ, ANGELIKA (2009): *Eurowaisen*. Wie immobile Kinder im grenzenlosen Europa abgehängt werden. Unter: http://www.wirtschaftswetter.de/ausgabe92/eurowaisen.html (gefunden 24.8.2010).
PORTES, ALEJANDRO/GUARNIZO, LUIS E./LANDOLT, PATRICIA (1999): "The Study of Transnationalism. Pitfalls and Promise of an Emergent Research Field", in: *Ethnic and Racial Studies* 22/2, S. 217-237.
PRIES, LUDGER (2008): *Transnationalisierung der Sozialen Welt*. Frankfurt/Main: Suhrkamp.
– (2000): „Die Transnationalisierung der sozialen Welt und die deutsche Soziologie". In: BECK/KIESERLING (Hrsg.), S. 51-62.
– (1999): „Transnationale soziale Räume zwischen Nord und Süd. Ein neuer Forschungsansatz für die Entwicklungssoziologie". In: GABBERT ET. AL. (Hrsg.): *Lateinamerika Analysen und Berichte*. Band 23. Migrationen. Bad Honnef, S. 39-54.
PROJEKT „NETZWERKE IM STADTTEIL" (Hrsg.) (2005): *Grenzen des Sozialraums. Kritik eines Konzepts – Perspektiven für Soziale Arbeit*. Wiesbaden: VS Verlag.
REUTLINGER, CHRISTIAN (2008a): *Raum und Soziale Entwicklung*. Kritische Reflexion und neue Perspektiven für den sozialpädagogischen Diskurs. Weinheim und München: Juventa.
– (2008b): „Social development als Rahmentheorie transnationaler Sozialer Arbeit". In: HOMFELDT/SCHRÖER/SCHWEPPE (Hrsg.), S. 235-250.
– (2006): „Standort". In: DZIERZBICKA/SCHIRLBAUER (Hrsg.), S. 254-262.
– (2005): „Gespaltene Stadt und die Gefahr der Verdinglichung des Sozialraums – eine sozialgeographische Betrachtung". In: PROJEKT „NETZWERKE IM STADTTEIL" (Hrsg.), S. 87-108.
REUTLINGER, CHRISTIAN/FRITSCHE, CAROLINE/LINGG, EVA (Hrsg.) (2010): *Raumwissenschaftliche Basics*. Eine Einführung für die Soziale Arbeit. Wiesbaden: VS-Verlag.

SCHÖFFEL, JOACHIM/REUTLINGER, CHRISTIAN/OBKIRCHER, STEFAN/LINGG EVA (2010): *S5-Stadt – Kontur einer alltäglich gelebten Agglomeration.* Unter www.s5-stadt.ch.
SCHRÖER, WOLFGANG (2004): „Entgrenzung und Soziale Arbeit in Europa – Perspektiven für die sozialpädagogische Forschung". In: HOMFELDT/BRANDTHORST (Hrsg.), S. 219-229.
SCHWEPPE, CORNELIA (2009): „Soziale Arbeit in transnationalen Kontexten. Das Beispiel transnationalen Sorgens". In: HOMFELDT/REUTLINGER (Hrsg.), S. 194-205.
– (2005): „Internationalität als Erkenntnispotential in der Sozialpädagogik". In: *neue praxis* 6/2005, S. 575-587.
SKLAIR, LESLI (2001): *The Transnational Capitalist Class.* Oxford: Blackwell Publishing.
SMITH, MICHAEL P. (2001): *Transnational Urbanism. Locating Globalization.* Oxford: Blackwell Publishing.
SMITH, MICHAEL P./GUARNIZO, LUIS EDUARDO (1998) (Hrsg.): *Transnationalism from Below.* New Brunswick, N.J.: Transaction Publishers.
SOJA, EDWARD W. (1996): *Thirdspace. Journeys to Los Angeles and Other Real-And-Imagined Places.* Malden; Oxford: Blackwell Publishing
THRÄNHARDT, DIETRICH/HUNGER, UWE (Hrsg.) (2003): *Migration im Spannungsfeld von Globalisierung und Nationalstaat.* Leviathan Sonderheft 22. Wiesbaden: Westdeutscher Verlag.
WELSCH; WOLFGANG (2005): „Auf dem Weg zu transkulturellen Gesellschaften". In: ALLOLIO-NÄCKE, LARS ET AL. (Hrsg.), S. 314–341.
WERLEN, BENNO (2000): *Sozialgeographie. Eine Einführung.* Bern; Stuttgart; Wien: Haupt.
– (1995): *Sozialgeographie alltäglicher Regionalisierungen.* Band 1. Zur Ontologie von Gesellschaft und Raum. (= Erdkundliches Wissen, Band 116). Stuttgart: Steiner.
WERLEN, BENNO/REUTLINGER, CHRISTIAN (2005): „Sozialgeographie". In: KESSL/REUTLINGER/MAURER/FREY (Hrsg.), S. 49-66.

Johannes Kniffki

Lokale Folgewirkungen transnationaler Prozesse

1 Einleitung

Die Frage lokaler Wirkungen transnationaler Prozesse wird zunehmend zu einer Schlüsselfragestellung in der im internationalen Kontext tätigen Sozialen Arbeit. An vielen sozialen Phänomenen, mit denen sich die Soziale Arbeit beschäftigt, kann deutlich gemacht werden, dass die sozialen Verwerfungen, die lokal virulent sind, mit einem globalen Blick betrachtet, Repräsentationen transnationaler Phänomene sind. Migration (siehe die Beiträge in diesem Band) ist ein prototypisches Beispiel dafür. Dies gilt etwa für die Betrachtung der transnationalen Migration, wie auch der Forschungsfragen, die sich ergeben, wenn sozusagen mit einem transnationalem Blick die sozialen Verhältnisse erforscht werden sollen. Die Frage, wie die Soziale Arbeit darauf reagiert, bzw. reagieren kann, liegt dagegen noch weitgehend im Dunkeln. Wenn davon ausgegangen wird, dass Soziale Arbeit mit ihrer Praxis im Lokalen verortet ist, dann muss die Frage nach den lokalen Folgewirkungen transnationaler Prozesse in die praxeologische und theoriebildende richtige Richtung führen.

Der Ausgangspunkt dieses Beitrags liegt in der zunächst hypothetischen Annahme, dass Transnationalisierungsprozesse ihren Niederschlag in Kontakten und Begegnungen finden. Transnationale Prozesse sind für die Soziale Arbeit in den lokalen, alltäglichen Begegnungen und Kontaktsituationen feststellbar. Insofern lässt sich festhalten, dass die Folgewirkungen transnationaler Prozesse in transkulturellen Begegnungen (Sandten/Schrader-Kniffki/Starck 2007) beobachtbar sind. Die im beruflichen Alltag zu entdeckenden transnationalen Wirkungen sollen sichtbar, beschreibbar und bewertbar gemacht werden. Ob daraus Handlungsoptionen abgeleitet werden können, muss an anderer Stelle, etwa unter dem Begriff der Sozialen Entwicklung, diskutiert werden (vgl. Homfeldt, Reutlinger 2009).

Transnationale Prozesse sind durch eine hohe Komplexität gekennzeichnet (vgl. Pries: 2008, 350). Folgerichtig müssen die lokalen Folgewirkungen komplex sein, zumal diese, wie hier angenommen wird, sich in Kontakten und

Begegnungen widerspiegeln. Wenn unter Transnationalität und Transkulturalität von Lokalität gesprochen wird, dann bedeutet das, dass die geografische Bestimmtheit in der diese Begegnungen und Kontakte stattfinden von sekundärer Relevanz sind. Der zentrale Aspekt liegt auf Kommunikation und Interaktion.

In diesem Beitrag wird anhand eines Gespräches eine Alltagsbegegnung ein Kontakt dargestellt und analysiert. Die diskursanalytische Interpretation der sozialen Repräsentationen soll Auskunft über die Komplexität der Folgewirkungen transnationaler Prozesse geben.

2   Beispiel

Der Pressevertreter einer transnational agierenden sozialen Organisation interviewt eine Teilnehmerin eines Katastrophenpräventionsprogramms in Bolivien. Die Interviewte hat bislang zwei Qualifizierungskurse zu den Themen Sozialraumanalyse und Projektmanagement durchlaufen (vgl. Kniffki 2009). Der Vertreter der Presseabteilung möchte die Wirkung dieser Ausbildung in Erfahrung bringen und befindet sich zu diesem Zweck auf einer Reise durch die Projektgebiete. Zunächst fragt der Journalist (Spr) nach den Katastrophen, welche in der Region des bolivianischen Altiplano auftreten. Im Anschluss daran geht es um die Qualifizierungsmaßnahme und es entwickelt sich zwischen ihm (Spr) und der interviewten Person (I) folgendes Gespräch:

Spr	Cor 10:50	Aja…man spricht so viel über den Klimawandel …
I	Cor 10:51	Ja …
Spr	Cor 10:54	Haben Sie diesen schon erlebt? Oder …
I	Cor 10:56	Ja, viele Veränderungen, letztes Jahr hat es so etwas wie Kartoffeln gegeben, jetzt ist es nur eine kleine Menge …
Spr	Cor 10:57	Ah, und das rührt vom Klimawandel her?
I	Cor 11:01	ja
Spr	Cor 11: 05	Aha, aber was ist denn der Wandel?
I	Cor 11: 10	In früheren Zeiten hat es heftig geregnet, jetzt regnet es genauso heftig, aber es will nicht mehr produzieren. Es regnet nur noch … im letzten Jahr hat es nur im Februar geregnet, jetzt nicht mehr.
Spr	Cor 11:20	Aha, das heißt, sie sind nicht gewachsen?

I	Cor 11:21	ja	
Spr	Cor 11:22	Aha, ok, aaaaah, ja ja doch noch, vielleicht … Was haben Sie im Workshop gelernt?	
I	Cor 11:29	Wir haben gelernt, was unsere Urgroßväter gegessen haben … und was sie getragen haben …[1]	
Spr	Cor 11:35	Was getragen …? (im Sinne von: Welchen Nutzen hat es, das zu wissen?)[2]	
I	Cor 11:42	Ja, welche Kleidung sie getragen haben und was sie gegessen haben … sie haben uns gefragt und wir haben ihnen eine Antwort gegeben …	
Spr	Cor 11:45	Und wozu nutzt das? Was können Sie damit anfangen?	
I	Cor 11:47	… um zu, um zu …	
off	Cor 11: 52	Damit wir wissen, wie sie gelebt haben.	
I	Cor 11:54	Damit wir wissen, wie sie gelebt haben, was sie sich angezogen haben, was sie gegessen haben …	
Spr	Cor 11:56	Aber wozu dient das denn?	
I	Cor 11:58	Um zu entwickeln, was sonst.	
Spr	Cor 11:58	Warum?	
I	Cor 12:02	Weil wir nicht die Vorfahren nicht mehr nutzen, wir essen nicht mehr Chuños … Chairos, nun …	
Spr	Cor 12:07	ahhhh	
Spr	Cor 12:10	Und wenn sie das essen, was kann denn geschehen?	
I	Cor 12:12	Gleich, wir essen das nicht mehr, es schmeckt uns nicht mehr.	
Spr	Cor 12:14	Ahhhhh, also, dann nutzt der Workshop ja nichts.	
I	Cor 12:16	Doch, es ist interessant.	
Spr	Cor12:19	Aha, gut, na dann vielen Dank.	

Die Transnationalität des hier dargestellten Gesprächs besteht darin, dass eine zentraleuropäische, deutsche, international agierende NGO ein Katastrophenpräventionsprogramm in Bolivien, hier in einem indigen-kulturellen Kontext, implementiert. Das heißt, eine transnationale Organisation trifft auf eine indigene Bevölkerung, weil diese den Naturkatastrophen schutz- und machtlos

---

[1] Im Spanischen: […] lo que *usaban* nuestros antepasados." Übersetzt: wie unsere Vorfahren *angezogen* waren,

[2] Der Spr. versteht diese *usaban* im Spanischen: „y que uso tiene esto?" (wozu nützt das?)

ausgeliefert sind. Das Projekt, welches vom deutschen Auswärtigen Amt finanziell unterstützt wird, will die Handlungsmächtigkeit der Bevölkerung angesichts der zunehmenden Bedrohungsszenarien durch Überschwemmungen, Frosteinbrüche etc stärken, indem sie Analyse- und Handlungsinstrumentarien erlernen, die die Bevölkerung befähigt, die eigenen sozialen, kulturellen, ökonomischen und politischen Risikofaktoren zu minimieren. (I) hat an von dieser Organisation entwickelten Workshops teilgenommen, die sie zusammen mit anderen Gruppenmitgliedern ihres Dorfes in die Lage versetzen sollen, ihren jeweiligen Kontext zu analysieren, und um daraus Handlungsaufforderungen in Form von lokalen Projekten abzuleiten. Das Projektdesign ist in den Zielformulierungen offen. Was die Dorfgemeinschaften letztendlich in der Praxis umsetzen werden ist nicht geplant. Als Projektziel formulierte die transnational agierende Organisation die Erweiterung der Handlungsoptionen der Bevölkerung. Bis dato war die Frage nach Klimawandel nicht thematischer Gegenstand der Workshops. Jedoch verknüpft (I) dieses Thema mit der historischen Dimension ihres Kontextes. Begriffe wie Entwicklung, werden relativ unreflektiert übernommen. Man könnte zu der Feststellung kommen, dass die Workshops bisher nicht sehr effektiv waren. Vom Ende, also vom Interesse des Interviewers (Spr) und in Folge auch der internationalen Organisation her gedacht, muss die Frage seines Auftrags, ob ein Lernprozess stattgefunden hat, mit nein beantwortet werden.

Beide miteinander kommunizierenden Akteure gehen davon aus, dass sie ein gemeinsames Wissensrepertoire haben. Warum der Vertreter der Öffentlichkeitsarbeit überhaupt mit der Interviewpartnerin in einen kommunikativen Kontakt tritt, scheint ihr offensichtlich und selbstverständlich zu sein. Sie ist Beteiligte an einem Programm, welches von der Organisation des Interviewers finanziert wird. Und der Interviewer denkt ähnlich. Was beide jedoch trennt, sind die Bedeutungsgehalte der Begriffe, sozusagen die Repräsentationen, welche dieses Programm unverwechselbar machen. Das heißt, die epistemologische Bedeutung des Wissens der Gesprächsbeteiligten um den Sachverhalt *Katastrophenprävention und Klimawandel* sind nicht identisch.

Im Projektantrag dieses Programms – der Antrag ist immaterieller Bestandteil des Diskurses – wird auf den Klimawandel als eine objektive Tatsache verwiesen, um den Antrag zu begründen und letztendlich auch zu legitimieren. Dass (Spr) darauf zu sprechen kommt, ist also nachvollziehbar. Er fragt nach dem Wirkungsbereich von wissenschaftlichem Wissen (Klimawandel) und die Antwort der interviewten Person kommt zunächst aus dem lokalen, indigen definierten, vorwissenschaftlichen Alltag, dem common sense (Regen, der zwar fällt, aber die Kartoffeln sind kleiner als sonst). Sie transformiert nun dieses Alltagswissen (Kartoffelgröße hängt vom Regen ab) in eine soziale Repräsentation, die lautet: offensichtlich ist die Niederschlagsmenge (zuviel Regen) verantwortlich für die geringe Größe der Kartoffeln und sie verknüpft dieses Alltagswissen mit dem wissenschaftlichen Wissen über den Klimawandel. Der Ausbildungsprozess, also die Teilnahme an den Workshops, so lässt sich vermuten, produziert einen „transformativen Kreislauf der Wissensformen und Wissensbestände" (Flick 1995a: 73).

Ähnliches können wir an der Sequenz über die Vorfahren erkennen: die Tradition, die Mythen und auch Religion, welche in dieser indigenen Kultur ebenfalls Wissen konstituiert, können von der kollektiven Ebene „... weil *wir die Vorfahren nicht mehr nutzen* ..." (Cor 12:02) in eine vorwissenschaftliche Alltagsebene „... wir essen keine Chuños ... mehr (Cor 12:02) transformiert werden. Die interviewte Person (I) ist in die Lage versetzt in der Welt zu handeln und ihre kognitiven Aktivitäten in ihre Kultur einzubinden.

Mit dem strategischen Hintergrund des Projekts muss angenommen werden, dass die Mitglieder ihrer Dorfgemeinschaft ebenfalls diesen Wissenstransformationsprozess vollzogen haben und sich somit als soziale Gruppe mit dieser, nun sozialen Repräsentation, von anderen abzugrenzen wissen. Diese Annahme ist insofern beträchtlich, da es nicht um das Wissen und Handeln des Individuums geht, sondern um die Beziehungsfähigkeit mit Dritten, d.h. mit den Mitgliedern der Dorfgemeinschaft einerseits und mit (Spr) andererseits. Die Beziehungsfähigkeit wird durch den Prozess der Konstruktion von Wissen hergestellt.

Anderseits bleibt der Interviewer in seiner durch Subjekt – Objekt getrennten Logik verhaftet. Aus der wiederholten Frage ..., *was haben die Workshops gebracht ...?* und die Verknüpfung seiner Aussagen durch die hesitativen Verzögerungen (*äääääh*) wird deutlich, dass er eine eindeutige Antwort auf seine zielgenauen Fragen nicht erhalten hat, bzw. über die Bedeutung der Gehörten nachdenken muss. Er argumentiert auf der Ebene wissenschaftlichen, objektiven Wissens (Klimawandel) und über seine sozialen Repräsentationen, nach der nur über eine adäquate wissenschaftlich fundierte Antwort zu Fragen wissenschaftlichen Wissens eine Aussage über das Gelingen der Ausbildungen zu erreichen ist. Dass dies, entgegen den bisherigen Vermutungen, durch die Workshops produziert wurde, können wir mit Hilfe diskursanalytischer Verfahren herleiten.

Es geht der Diskursanalyse nicht um die Entdeckung der ‚wahren Dinge', sondern um die Codes mittels derer die Wahrheiten erst entstehen und definiert werden. Chantal Mouffe und Ernesto Lacau weisen darauf hin, dass ein Diskurs:
1. „ein Ensemble differenzieller Positionen und Aussagen ist
2. kein vereinheitlichendes Prinzip oder absolutes Zentrum haben kann,
3. das durch den *relationalen Charakter all seiner Elemente gesichert wird* (kursiv im Original)" (Moebius2005: 130).

Der transkulturelle Diskurs, der hier eröffnet wird, konstituiert sich aus einer Gemengelage unterschiedlicher „Einflüsse". Einerseits sind es Wissenstatbestände der direkten Gesprächspartner (I) und (Spr) und anderseits sind es die Netzwerke, die die Gesprächspartner sozusagen unsichtbar in das Gespräch einbringen: (Spr) und die Welt der internationalen NGO verknüpft mit zentraleuropäischen Wissensbeständen und (I) bringt ihre Dorfgemeinschaft ein, die Projektgruppen und deren Netzwerke, die sich im Rahmen des Projektes gebildet haben und deren, meist indigenen Wissensbestände.

Es ist die Differenz nach Innen – die Wissensbestände von (I), (Spr) und (off) – und nach Außen – die Wissensbestände aus den jeweiligen sozialen Verflechtungen von (I) und (Spr) –, die gleichsam notwenig sind, damit dieser Diskurs entstehen kann. Denn es kann nicht damit gerechnet werden, dass dieses Gespräch mit anderen Gesprächsteilnehmern in der Art stattfinden könnte. Damit wird deutlich: eine Bedingung für das Entstehen des Diskurses ist: „die Beziehung zum Anderen" (Moebius 2005: 131).

Der erste Eindruck täuscht, dass beide aneinander vorbeireden. (I) gibt dem Interviewer (Spr) die Stichworte. Am Beispiel des lexikalen Missverständnisses lässt sich verdeutlichen, wie die Wissenstatbestände um das Thema *Klimawandel* aufeinander abgestimmt werden. Auch wenn der Interviewer (Spr) das Wort *usar*, welches (I) im Sinne von *Kleidung tragen* verstand, im Sinne von *welchen Zweck es hat* gebraucht, zwingt (I) (Spr) ihr Thema auf. Dass dieser Hinweis erst durch die Stimme im *off* möglich wird, weist dieser dritten Person eine strategisch mächtige Rolle zu. Sie beeinflusst das Gespräch, weil die Person glaubt, sie müsse etwa die Ehre der Befragten retten. Diese dritte Person übernimmt eine manipulative Rolle, denn ohne diese Intervention, wäre das Gespräch möglicherweise schon früher beendet gewesen, oder hätte weitere Wendungen möglich gemacht. Dies ist ein zentraler Moment:

was auch immer geschieht, es hinterlässt „Spuren" bei den jeweils anderen Elementen. Das heißt, dieses Gespräch ist nicht abgeschlossen, weil die Identitäten der Elemente, in unserem Beispiel, die drei Sprecher, durch *relationale Positionierung* (kursiv i.O.) (Moebius 2005: 133) aufeinander angewiesen sind. Die Identitäten der drei Personen sind immer offen, unvollständig und verhandelbar (vgl. Moebius 2005: 133). Dies ist in dem Gespräch erkennbar: (Spr) orientiert sich an den Aussagen und Bedeutungen seiner Gesprächspartnerin. Es ist sogar möglich, dass auch bei einem vermeintlichen Missverständnis, dennoch der diskursive Faden aufrecht gehalten werden kann und nicht nur das Gespräch, sondern auch die Bedeutung der Begriffe (hier: usar) mehrfach gedeutet werden. Innerhalb dieses kurzen Gespräches werden Signifikanten neu gebündelt und mit (off) zu neuen Knotenpunkten vernäht. So bekommen Klimawandel und die Vorfahren einen Sinn (Signifikat), der abhängig ist von der sozialen Positionierung der Gesprächspartner. Die Bedeutung beider Begriffe können nur in diesem kontextuellen Zusammenhang verstanden werden. Beide Dispositive (Klimawandel und Vorfahren) werden umgedeutet und weisen einerseits auf das Verstehen der Kultur, als auch auf die kulturelle Praxis hin. Der Konflikt zwischen den drei Gesprächspartnern ist deutlich. Jedoch weist die Tatsache, dass sich beide auf den anderen einlassen, auf ein Aushandeln über die Bedeutung der Begriffe hin. Der Konflikt wird nicht aufgelöst, sondern wird als Ermöglichung neuer Wissensbestände verstanden und kann für die Deutung und das daraus folgende Handeln indiziert sein.

Das Dritte, welches hier entsteht, kann mit einem erweiterten Wissensrepertoire begriffen werden, wobei es darauf ankommt, dass das Wissen durch den Diskurs erzeugt wurde, indem die Wissensbestände des (Spr) (wissenschaftliches Wissen) mit den Wissensbeständen der (I) (vorwissenschaftlich und sozial repräsentativ) diskursiv verknüpft werden. Die Erzeugung dieses Wissens ist der Prozess, der durch Transnationalisierung und gleichzeitiger transkultureller Begegnung entsteht.

Zusammenfassend lässt sich festhalten:
1. Lokale Wirkungen transnationaler Prozesse können im Alltags-Diskurs festgestellt werden.
2. Seine Wirkmächtigkeit äußert sich im transformativen Prozess der Wissensbestände.

3. Bedeutungsvoll sind dabei weniger die Eigenschaften bzw. die Transformationen der Individuen/ Akteure/ Subjekte, als vielmehr der Diskurs, also das Wissen, welches in sozialen Konstellationen entwickelt und gepflegt wird.
4. Das heißt, dass es bei der Beobachtung, Beschreibung und Bewertung transnationaler Prozesse darum gehen muss, die Transformationen zwischen den Akteure und deren Abgrenzung nach Außen (zu den eigenen Netzwerkbeziehungen) zu ermöglichen. Das in der Begegnungssituation erzeugte Wissen ist allenfalls nur für den Moment der Begegnung gültig und bewirkt eine Differenzierung zu den an der Begegnung nicht Beteiligten (off und etwa die Dorfmitglieder und die internationale Organisation).
5. Aus der daraus entstehenden Minderheitenposition (die Position der Begegnungspartner im Verhältnis zu den anderen: Dorfgemeinschaft, internationale NGO) lassen sich Meinungen, Glaubenssätze, Haltungen, also Wissen und damit Handeln, verändern. Das heißt, auf diesem Weg, also über den diskursiven Wissenstransformationsprozess, können Minderheiten Mehrheiten in der Weise beeinflussen, als ihre sozialen Repräsentationen verändert werden.

3 Thesen zu den lokalen Folgewirkungen von Transnationalisierungsprozessen

Auf der Grundlage der am obigen Diskursbeispiel entwickelten methodologischen Interpretationen werden im Folgenden Thesen formuliert, die lokale Folgewirkungen transnationaler Prozesse rahmen. Sie sind als Hinweise auf Forschungsfragestellungen zu verstehen, welche die Komplexität transnationaler Prozesse und deren Wirkungen versteh- und beschreibbar machen. Wirkungsbeobachtungen werden zunehmend Bestandteil von Gestaltungsprozessen nicht nur transnational agierender Organisationen (u.a. gtz, kfw, VENRO, aber beispielsweise auch die Stadt Leipzig). Die Thesen gehen davon aus, dass Wirkungen transnationaler Prozesse lokal beobachtbar und deren Ergebnisse nutzbar sind für Evaluationen, Monitoring und Handlungsgestaltung und zwar nicht nur für die transnationalen Organisationen, sondern auch für diejenigen, mit denen infolge der Transnationalisierung in Kontakt und Begegnung getreten wird.

3.1 Transnationalisierung und ihre lokalen Folgen können ohne eine entsprechende Transkulturalisierung nicht wahrgenommen werden.

Ludger Pries zeigt auf, dass wir uns Transnationalisierungsprozesse als eine Spaghetti-Textur vorstellen können (Pries 2002b: 17). Dabei sind die Prozesse zwar in gewisser Weise abhängig vom Spaghettitopf und dem Teller, jedoch spielt sich die transnationale prozessuale Wirkung zwischen wenigstens diesen beiden ab. Sie wird zwar von allen Seiten beeinflusst, jedoch sind die Seiten selbst nicht Gegenstand der Analyse transnationaler Prozesse, sondern die aus der Transnationalisierung entstehenden transkulturellen Begegnungen.

Für die daraus resultierenden Forschungsfragen ist nach Pries die entscheidende Frage danach, was diesen Prozess am Leben erhält (vgl. Pries 1997: 32-33). Für sozialarbeiterisches Handeln muss darüber hinaus die Frage lauten: *ob* und *wie* dieser Prozess *gesteuert* werden kann, und ob und wie in ihn interveniert werden kann. Dass diese transnationale „Struktur" kaum zu fassen ist, ergibt sich aus der Tatsache, dass es hier an einem reflexiven Referenzrahmen fehlt. Unter transnationalen Perspektiven müssen Parameter entwickelt werden, die diese soziale Wirklichkeit fassen, d.h. die erlauben, diese zunächst zu erkennen. Lokale Wirkungsverhältnisse können nicht in der Weise verstanden werden, dass Transnationalität sozusagen auf ein bestimmtes Territorium zurückgezoomt werden könnte. Das Lokale transnationaler Wirkungsverhältnisse sind nicht die Situationen eines bestimmten territorialen Raumes, welcher globalisierte Verhältnisse widerspiegelt. Denn es ist nicht das Territorium, welches diese Prozesse am Wirken erhält, sondern es sind transnationale Prozesse, das heißt es sind die transkulturellen Begegnungen. Der in diesem Zusammenhang gerne zitierte Satz: „Global denken und lokal handeln" erscheint deplaziert, impliziert er doch die Machbarkeit harmonisierender lokaler Verhältnisse und simplifiziert komplexe Verhältnisse, indem behauptet wird, dass sich globale Verhältnisse direkt im Lokalen widerspiegeln.

Aus diesem Grund wird das Konzept der Transkulturalität als Referenzrahmen herangezogen. Drückt die Transkulturalität, wie das Konzept in diesem Beitrag beschrieben wurde, die Intersubjektivität (Foucault 1998: 37) aus, die diese o.g. Spaghettitextur produziert, dann erhält die Frage nach den Folgewirkungen transnationaler Prozesse einen ersten Hinweis: Transnationalisierung und deren Wirkung sind einsehbar in den intersubjektiven Verhältnissen, wobei, angelehnt an die o.g. Metapher der Spaghetti-Textur, die Eigenschaften der Subjekte eine untergeordnete Rolle spielen, wohl aber deren

Beziehungen von Bedeutung sind. Es sei hier allerdings darauf hingewiesen, dass mit Subjekt eben nicht (nur) das Individuum gemeint ist, sondern das Entstehende betrachtet wird und nicht, wer oder was das Entstehende produziert (Kniffki 2006: 167). Transkulturelle Begegnungen unterscheiden sich von anderen Begegnungen dadurch, dass sie durch Fremdheit charakterisiert sind. Die Fremdheit wird nicht dadurch bestimmt, dass eine „fremde" Kultur auf eine andere „fremde" Kultur trifft, sondern sie wird erst dadurch relevant, als dass die Lösungsstrategien der Beteiligten der fremdartigen Situation untereinander differieren. Diese Differenz wird dauerhaft erlebt und ob eine Lösungsstrategie dominiert oder eine hybride Strategie gemeinsam entwickelt wird, ist nicht mehr Gegenstand dieser These.

3.2 Transnationale Wirkungen sind durch „Inkommensurabilität" gekennzeichnet, beinhalten Konflikte und sie sind nicht macht- oder herrschaftsneutral.

Die Herausforderung transnationaler Prozesse in transkulturellen Begegnungen besteht darin

„… eine Antwort auf die Frage [zu geben], wie eine stabile und gerechte Gesellschaft möglich ist, deren freie und gleiche Bürger durch konträre und sogar einander ausschließende religiöse, philosophische und moralische Lehren einschneidend voneinander getrennt sind." (Rawls 1998: 219)

Die Transnationalisierung erhöht die Möglichkeit in konfliktive soziale Situationen zu geraten und mit jeweils Anderen Beziehungen einzugehen, deren Denk- und Handlungsweisen, mit anderen Worten, deren Strukturen und Handlungen nicht mit den jeweils eigenen vereinbar sind. Werden Transnationalisierungsprozesse mit transkulturellen Begegnungen konzeptionell verknüpft, dann muss von einem Verlust an Souveränität gesprochen werden. Dieses Dilemma drückt eine soziale Wirklichkeit aus, die Mario Erdheim mit „Sozialer Tod" (Erdheim 1992: 196) ethnopsychoanalytisch beschreibt und die an anderer Stelle aus der transkulturellen Begegnung mit dem Fremden verdeutlicht wird (Sandten/Schrader-Kniffki/Starck 2007). Transnationale Wirkungsverhältnisse sind keine Assimilierungen und können nicht durch Inkulturations-, Akkulturations- (Ortiz 1983) oder gar Integrationsmaßnahmen normalisiert werden. Asymmetrien bleiben auch unter transnationalen und transkulturellen Betrachtungen bestehen. Damit ist auch zur Kenntnis zu nehmen, dass weder Transnationalisierungs-, noch Transkulturalisierungsprozesse sich in einem politischen Diskurs wieder finden lassen können. Sie sind keine politischen, sondern erkenntnistheoretische Modelle. Die Konfliktträchtigkeit transkultureller Begegnungen weist darüber hinaus auf einen weiteren essentiellen Umstand hin: Transkulturelle Begegnungen sind kollektives Handeln. Als solche beinhalten bzw. erzeugen sie Konflikte.

3.3 Transkulturalität und Transnationalität müssen doppelt kontextualisiert werden.

Doppelte Kontextualisierung bedeutet einerseits die spezifische Ausprägung *kultureller Praktiken*, andererseits jedoch auch das im jeweilig konkreten Kontext vorherrschende Konzept kultureller *Veränderungen* zu berücksichtigen. Mit anderen Worten: Transkulturalität und Transnationalität drücken immer ein Kulturprogramm (Schmidt 2003: 148) aus, welches im jeweiligen historischen, diskursiven und sozialen Kontext (McPherson 2007: 31) relevant ist. Durch die doppelte Kontextualisierung wird der Kontingenz kultureller Praktiken und grundsätzlicher Änderungsbereitschaften Rechnung getragen. Es ist die Anerkennung der Differenz zwischen dem Eigenen und dem Fremden, die ermöglicht, die transkulturelle Begegnung ohne Konsens (Schmidt 2003:149) zu denken. Dies ist unter der Annahme denkbar, dass die doppelte Kontextualisierung gleichzeitig, also nicht linear abfolgend, stattfindet. Wesentlicher Bestandteil der doppelten Kontextualisierung ist die Entscheidung über Unentscheidbarkeiten aufgrund der Ordnung, die diesen innerhalb eines konkreten Kontextes zugewiesen ist. Eine Entscheidung ist also eine (Selbst-) Grenzüberschreitung. Durch sie wird der Entscheidungshandelnde zum Subjekt (Laclau 1999:126). Das heißt, dass die transkulturelle Begegnung, verstanden als kollektives Handeln, grundsätzlich eine Grenzüberschreitung der im kommunikativen Verhältnis Stehenden ermöglicht. Die kulturellen Praktiken, im Sinne von Problemlösungsstrategien (Schmidt 2003:148) ändern sich in dem Maße, wie die Handelnden die Grenzen des jeweils anderen überschreiten.

Die notorische Frage nach Machtverhältnissen in transkulturellen Begegnungssituationen wird bei der doppelten Kontextualisierung in der Form relevant, als dass die kommunikativen und interaktiven Elemente einer Transnationalität und Transkulturalität über den Besitz von Problemlösungsstrategien verfügen, bzw. diese definieren. Die mögliche Inkommensurabilität transkultureller Begegnungen setzt voraus, dass die Machkonstellationen nicht statisch besetzt sind, sondern kontingent und situativ gebunden und deshalb auch Gegenstand und Ergebnis von Aushandlungen sind. Macht- und Herrschaftskonstellationen verändern sich in der transkulturellen Begegnung dadurch, indem etwa *folk sciences* der (I) in vorwissenschaftliches Wissen des (Spr) umwandeln. Grenzüberschreitungen sind demnach die im Diskurs feststellbaren Wissenstransformationen.

3.4 Transnationale und transkulturelle Prozesse finden in Netzwerken statt.

Lokale Wirkungsverhältnisse von Transnationalisierungsprozessen können in und durch Netzwerke „eingesehen" werden. Die Intersubjektivität transnationaler und transkulturelle Prozesse deuten auf ein Beziehungsgefüge hin. Diese relationalen Gefüge sind durch Wissenstransformationen gekennzeichnet, deren Wirkungen über die konkrete transkulturelle Begegnungssituation hinausgehen. Es ist nicht von der Hand zu weisen, dass das beispielhaft aufgeführte Gespräch Wirkungen in die Netzwerke der Gesprächsteilnehmer ((I), (Spr), (off)) haben wird (vgl. Tettschlag 2007). Es sind Netzwerke, die diese Qualitäten ermöglichen. Das heißt nicht, dass alle Netzwerke transkultureller Art sind und es heißt allerdings auch nicht, dass diese Netzwerke nur *weak tie* (Granovetter 1973) Netzwerke sein müssen, welche die angesprochenen Flexibilitäten ermöglichen. Eine lokale Wirkungsbeobachtung transnationaler Prozesse kann über Netzwerkanalyse erfolgreich sein, indem in netzwerktheoretische Analyseinstrumentarien auch Diskurse der sozialen Repräsentationen integriert werden.

3.5 Transnationale Prozesse sind nur steuerbar durch Beschreibung und Bewertung und bedürfen deshalb einer strategischen Positionierung.

Die strategische Positionierung muss am Zusammenspiel von *Theorie – Konzepte – Methoden – Instrumente* (Kniffki 2009) verstanden werden. Die Reziprozität dieser Begriffe macht es erforderlich, dass es schlüssige Verbindungen zwischen ihnen gibt. Die strategische Positionierung im Zusammenhang mit lokaler Wirkmächtigkeit transnationaler Prozesse ist die *soziale*

Entwicklung. Eine eindeutige Positionierung gegen ein positivistisches und lineares, meist auf nachholender Entwicklung basierendes Verständnis ist eine Voraussetzung, um unbestimmbare kommunikative und interaktive Prozesse verstehbar zu machen. Das heißt, die Steuerungsmöglichkeit transnationaler und transkultureller Prozesse ist durch eine strategische Ausrichtung auf soziale Entwicklung (vgl. Homfeldt/Reutlinger 2009; Kniffki 2009) möglich. Demnach müssen jedoch *Theorie – Konzepte – Methoden – Instrumente* im Sinne einer inneren, gleichsam zirkulären Reziprozität auf soziale Entwicklung ausgerichtet sein. Hinsichtlich der strategischen Positionierung ist es notwendig, sich ethischer Grundlagen zu versichern. Denn gerade aufgrund der Kontingenz, der nicht mehr eindeutigen Fixierung auf eine oder mehrere Identitäten und Zugehörigkeiten, dem Konsensverzicht bei gleichzeitiger Aufrechterhaltung und Förderung der Kommunikation und Interaktion, bedarf es einer eindeutigen ethischen Haltung, die Teil der strategischen Positionierung ist. Damit soll deutlich gemacht werden, dass eine Wirkungsbeobachtung einerseits und eine Gestaltung der transnationalen und transkulturellen Prozesse andererseits, nicht vom Ergebnis bzw. einem a priori definierten Ziel her vorgenommen werden kann. Die Beobachtbarkeit der Wirkung transkultureller Prozesse ist eine Momentaufnahme. Die Prozesse müssen so gestaltet sein, dass sie ein offenes Ergebnis ermöglichen. Theorie-Methoden-Konzepte-Instrumente dieses Gestaltungsprozesses müssen sich auf die Ergebnisoffenheit hin analysieren lassen. Mit anderen Worten: sie sind selbst Ergebnis des Aushandlungsprozesses zwischen den Akteuren (vgl. Kniffki 2007: 164).

4 Forschungsmethodisches Vorgehen

Es sind bereits erste Überlegungen angestellt worden, um den Bereich der Transnationalisierung in die Soziale Arbeit aufzunehmen, dort zu analysieren und theoretisch zu untermauern (vgl. etwa Homfeldt/Schröer/Schweppe 2006; Reutlinger 2008). Die Frage, die bislang jedoch nicht beantwortet werden konnte ist: wie können die Wirkungen der Prozesse im Lokalen erstens nachgeprüft werden und zweitens, wie kann in diese interveniert werden? Oder anders ausgedrückt: wie können transnationale Wirkungen in der lokal verorteten Sozialen Arbeit genutzt werden.

Das methodisch-analytische Vorgehen nimmt Bezug auf zwei theoretische Grundlagen:

Erstens können lokale Wirkungen interaktiver, transkultureller Prozesse im Diskurs festgestellt werden und zweitens kann dieser Diskurs über soziale Repräsentationen im Diskurs analysiert werden.

Die zentrale Frage der Diskursanalyse lautet: „Wie kommt es, dass eine bestimmte Aussage erschienen ist und keine andere an ihrer Stelle?" (Foucault 1988: 42). Es geht also nicht um die Suche nach den wahren Dingen, sondern um die Konstruktion der Wahrheiten und deren Inhalte. Mit anderen Worten, es geht um den Prozess der Entstehung und Veränderung des Wissens und weniger um das Wissen selbst.

Während jedoch bei Foucault die Unterscheidung zwischen diskursiven und nicht-diskursiven (etwa Institutionen, das Materielle) Elementen die Grundlage seiner Überlegungen bilden, so versuchen Chantal Mouffe und Ernesto Laclau diese Beziehungen in Form von Innen und Außen in die Betrachtungen zu integrieren (Mouffe/Laclau 1991). Folglich lässt sich auch das Nicht-sprachliche als Diskurs verstehen. Voraussetzung hierfür ist allerdings die Relationalität, die zwischen den Phänomenen (materiell und nicht-materiell) besteht, die wiederum diskursiv ausgedrückt werden. Die Verknüpfung und damit Erweiterung der Diskursanalyse um die sozialpsychologische Theorie der *Sozialen Repräsentation* basiert auf diesen Überlegungen Ernesto Laclaus und Chantal Mouffes. Soziale Repräsentationen können demnach als die nicht *materialistische* Seite ein und desselben Phänomens betrachtet werden.

Transnationale Prozesse lassen sich an transkulturellen Begegnungen und den darin repräsentierten Wissenstatbeständen durch den geführten Diskurs beschreiben. Während die Sozialpsychologie einem streng „kognitivistischen Reduktionismus" (Potter/Wetherell 1995:179) unterliegt, indem sie sagt, dass „soziale Prozesse auf Ereignisse und Strukturen mentaler Prozesse von Individuen zurück[ge]führt [werden]", rückt die Theorie der sozialen Repräsentationen zusätzlich die Kultur in den Mittelpunkt ihrer sozialpsychologischen Analyse. Die methodische Verknüpfung der Diskursanalyse mit der Theorie der Sozialen Repräsentationen erlaubt eine zusätzliche Betrachtungsweise. Beide Ansätze sind konstruktivistischer Natur und (alltagssprachliche) Kommunikation ist sozusagen ihr Kleber. Repräsentationen sind Eigenschaften des Diskurses, und durch dessen Analyse werden die Repräsentationen sichtbar.

Soziale Repräsentationen sind jene Äußerungen, die *„[...] die Verknüpfungen zwischen der Denkweise der Menschen und den zeitgenössischen sozialen und kulturellen Herausforderungen [...] erfassen"* (Moscovici 1995: 307). Es geht um diesen Abgleich zwischen dem Fremden und dem Vertrauten (vgl. den o.g. literaturwissenschaftlichen Zugang von Sandten 2006). „*Um aber die Aneignung eines fremdartigen Gedankens oder einer ungewohnten Wahrnehmung zu vollziehen, beginnen wir damit, diese Gedanken oder diese Wahrnehmung in die bestehenden sozialen Repräsentationen zu verankern*" (Doise 1992, zit. nach Moscovici 1995: 307). Die Glaubensinhalte, das Alltagswissen und die Alltagstheorien, die über ein Thema herrschen, sind für die lokale Wirkmächtigkeit transnationaler Prozesse von besonderer Bedeutung. Diese Repräsentationen sind hochgradig flexibel und ihr Wert verändert sich nach ihrer Kontiguität. Mit anderen Worten: „*was die Leute denken, entscheidet darüber, wie sie denken*" (Moscovici 1995: 312). Wenn sich nun die Kommunikation beschleunigt und die Interaktionsmöglichkeiten im transnationalen und transkulturellen Kontext potenzieren, dann erweitert sich auch unentwegt der soziale Raum, also jener Referenzrahmen, der angesichts transnationaler und transkultureller Prozesse durch kommunikative und interaktive Begegnungen definiert werden kann. Das, *was* in dieser kommunikativen Gemengelage im Alltag gedacht wird, wird durch den Diskurs, dem *wie gedacht wird*, konstituiert.

5   Zusammenfassung und Ausblick

Lokale Wirkungen transnationaler Prozesse können einerseits durch den herrschenden Diskurs und andererseits mit den Repräsentationen über diese transnationalen Prozesse analysiert, also verständlich gemacht werden und damit können transnationale, lokal wirkende Prozesse auch gesteuert, also in sie diskursiv interveniert werden. Die Intervention ist die Wissenstransformation, die die Beteiligten akzeptieren oder auch ablehnen. Die Interventionen, können aus einer Minderheitenposition heraus entwickelt und implementiert werden. Minderheiten als kollektive Handlungsform entstehen dabei in Netzwerken und konstruieren diese selbst.

Somit lassen sich erste Hinweise auf mögliche auf das Handeln gerichtete Ansätze erkennen: Eine Soziale Arbeit, die Transnationalisierungsprozesse in das Handeln zu integrieren bereit ist, muss ergebnisoffen sein. Denn die diskursiv verankerten sozialen Repräsentationen lassen sich nicht durch vordefinierte, etwa als ein zu erwartendes Ergebnis, festlegen. Die zu Theorien-Konzepten (Ziele) und Instrumenten reziprok stehenden Methoden müssen so gestaltet sein, dass sich mit ihrer Hilfe Ergebnisse produzieren lassen, die sich an den nicht fixierbaren Diskursen der am Prozess Beteiligten (in ihrem Minderheitenstatus und im Verhältnis zur Mehrheit) orientieren. Die Wissenstransformationen erfolgen entlang der Linie der Erkenntnisse über den eigenen sozialen, historischen und diskursiven Kontext. Das Wissen um die kulturelle Veränderungsbereitschaft und die tatsächliche auch historisch verankerte Praxis sind Voraussetzungen, um Wissen und damit Handeln zu transformieren.

Die in diesem Beitrag entwickelten Überlegungen versuchen Hinweise darauf zu geben, wie mit durch transkulturelle Begegnungen gekennzeichneten Antagonismen umgegangen werden kann. Es geht nicht um eine Harmonisierung, meint auf Konsens gerichtetes Handeln bestehender teilweise auch inkommensurabler Differenzen, sondern um das Gegenteil: Die Differenz bestehen zu lassen und jede auf Konsens und Harmonisierung zielende (Berufs-) Politik zu unterlassen. Die Transnationalisierung der sozialen Welt (Pries 2008) produziert Alltagssituationen, denen mit herkömmlichen Ansätzen einer helfenden Sozialen Arbeit nicht begegnet werden kann. Das Handlungsspektrum der zeitgenössischen Sozialen Arbeit kann die Folgewirkungen Transnationalisierungsprozesse nicht ohne einen Perspektivenwechsel wahrnehmen. Die Begegnungen sind gekennzeichnet einerseits durch Fremdheit und andererseits durch eine Dauerhaftigkeit der Begegnung. Die Dauerhaftigkeit muss jedoch nicht individueller Natur sein, sondern die Begegnung einer transnational agierenden Organisation mit potenziellen Projektbeteiligten genügt, um Wissenstransformationen herzustellen. Es muss der Sozialen Arbeit um die Ermöglichung von Wissenstransformationen gehen. Das ist mit den herrschenden sozialarbeiterischen Klassifizierungsclustern freilich nicht erreichbar. Der in diesem Beitrag dargestellte Diskurs aus Bolivien, wo eine international agierende Organisation auf lokale Verhältnisse trifft, ist übertragbar auf jede Situation, in der Fremdheitserfahrung zum alltäglichen Erleben gehört. Dort, wo Protagonisten handeln, handeln auch Antagonisten. Die in der Sozialen Arbeit Tätigen sind die Agonisten (vgl. Mouffe 2007), deren Aufgabe es ist, den Kontakt und die Begegnung beider als kollektiv Handelnde zu gestalten. Dabei kann es jedoch nicht um Homogenisierung, Normalisierung und letztendlich um Harmonisierung gehen, sondern es geht darum, die Differenz und Ambivalenz im kollektiven sozialen Handeln zu fördern (Kniffki 2010, Kniffki et al. 2010), indem Wissensbestände transformiert werden, die das Soziale, also sowohl das miteinander wie auch das gegeneinander, gleichermaßen im Blick haben.

Literaturverzeichnis

ERDHEIM, MARIO (1992): *Die gesellschaftliche Produktion von Unbewusstheit*: Eine Einführung in den ethnopsychoanalytischen Prozess. Frankfurt/Main: Suhrkamp.
FLICK, UWE (1995a): „Alltagswissen in der Sozialpsychologie". In: Flick (Hrsg.), S. 7-20.
– (Hrsg.) (1995b): *Psychologie des Sozialen*. Repräsentationen in Wissen und Sprache. Reinbeck: Rowohlt.
FOUCAULT, MICHEL (1998): *Die Ordnung des Diskurses*. Frankfurt/M.: Fischer.
– (1988): *Archäologie des Wissens*. Frankfurt/M.: Fischer.
GEIßLER-PILTZ, BRIGITTE/RÄBIGER, JUTTA (Hrsg.) (2010): *Soziale Arbeit grenzenlos*. Opladen; Farmington Hills: Budrich UniPress.
GERSTNER, WOLFGANG/KNIFFKI, JOHANNES/REUTLINGER, CHRISTIAN/ZYCHLINSKI, JAN (Hrsg.) (2006): *Deutschland als Entwicklungsland*. Transnationale Perspektiven sozialräumlichen Arbeitens. Freiburg: Lambertus.
GRANOVETTER, MARK (1973): „The Strength of Weak Ties". In: *The American Journal of Sociology* 78, S. 1360-1380.
HOMFELDT, HANS GÜNTHER/REUTLINGER, CHRISTIAN (Hrsg.) (2009): *Soziale Arbeit und Soziale Entwicklung*. Hohengehren: Schneider.
HOMFELDT, HANS GÜNTHER/SCHRÖER, WOLFGANG/SCHWEPPE, CORNELIA (Hrsg) (2008): *Soziale Arbeit und Transnationalität*. Weinheim/München: Juventa.
– (Hrsg.) (2006): *Transnationalität, soziale Unterstützung, agency*. Nordhausen: Bautz.
KELLER, REINER/HIRSELAND, ANDREAS/SCHNEIDER, WERNER/VIEHÖVER, WILLY (Hrsg.) (2005): *Die diskursive Konstruktion von Wirklichkeit*. Konstanz: UVK Verlagsgesellschaft.
KNIFFKI, JOHANNES (2010): „Referenzrahmen transnationaler Sozialer Arbeit in Studium und Praxis". In: GEIßLER-PILTZ ET AL. (Hrsg.), S. 107-116.
– (2009): „Drogen- und Katastrophenprävention in Bolivien". In: HOMFELDT/REUTLINGER (Hrsg.), S. 206-221.
– (2006): „Grundlagen der sozialräumlichen Projektarbeit". In: GERSTNER ET AL. (2006), S. 160-170.
KNIFFKI, JOHANNES/CALERO, ANTONIO/CASTILLO, ROBERTO (2010): *Metodología Comunitaria para el Desarrollo Social*. La Paz, Bolivien: Editorial Don Bosco.
LACLAU, ERNESTO (1999): „Dekonstruktion, Pragmatismus, Hegemonie". In: MOUFFE (Hrsg.), S. 111-153.
LACLAU, ERNESTO/MOUFFE, CHANTAL (1991): *Hegemonie und radikale Demokratie*. Zur Dekonstruktion des Marxismus. Wien: Passagen.
MCPHERSON, ANNIKA (2007): „Aufgaben und Grenzen transkultureller Analyse-Ansätze". In: SANDTEN ET AL. (Hrsg.), S. 17-34.
MOEBIUS, STEPHAN (2005): „Diskurs-Ereignis-Subjekt. Diskurs- und Handlungstheorie im Ausgang einer poststrukturalistischen Sozialwissenschaft". In: KELLER ET AL. (Hrsg.): 127-148.

MOUFFE, CHANTAL (2007): *Über das Politische*. Wider die kosmopolitische Illusion. Frankfurt/M: Suhrkamp.
– (Hrsg) (1999): *Dekonstruktion und Pragmatismus. Demokratie, Wahrheit und Vernunft*. Wien: Passagen.
MOSCOVICI, SERGE (2001): *Social Representations*. Explorations in Social Psychology. New York: New York University Press.
– (1995): „Geschichte und Aktualität sozialer Repräsentationen". In: FLICK (Hrsg.), S. 266-314.
ORTIZ, FERNANDO (1983): *Contrapunteo cubano del tabaco y el azúcar*. La Habana: Edición de Ciencias Sociales.
POTTER, JONATHAN/WETHERELL, MARGARET (1995): „Soziale Repräsentationen, Diskursanalyse und Rassismus". In: FLICK (Hrsg.), S. 177-199.
PRIES, LUDGER (2008): *Transnationalisierung der sozialen Welt*. Frankfurt/M: Suhrkamp.
– (2002): "Migración transnacional y la perforación de los contenedores de Estados-nación". In: *Estudios Demográficos y Urbanos* (El Colegio de México) 51, S. 571-597.
– (Hrsg.) (1997a): *Transnationale Migration*. (Soziale Welt. Sonderband 12). Baden-Baden: Nomos.
RAWLS, JOHN (1998): *Politischer Liberalismus*. Frankfurt/M.: Suhrkamp.
REUTLINGER, CHRISTIAN (2008a): „Social Development als Rahmentheorie transnationaler Sozialer Arbeit". In: HOMFELDT/SCHRÖER/SCHWEPPE (Hrsg.), S. 235-149.
– (2008b): *Raum und soziale Entwicklung. Kritische Reflexion und neue Perspektiven für den sozialpädagogischen Diskurs*. Weinheim, München: Juventa.
SANDTEN, CECIL/SCHRADER-KNIFFKI, MARTINA/STARCK, KATHLEEN (Hrsg) (2007): *Transkulturelle Begegnungen*. Trier: Wissenschaftlicher Verlag Trier.
TETTSCHLAG, NADIN (2007): *Entgrenzung als Chance?* Transnationale Soziale Arbeit am Beispiel eines Drogenprogramms in Lateinamerika und Caritas International. Diplomarbeit. Alice Salomon Hochschule: Berlin.

Teil II Transnationale Lebenswelten und Netzwerke

JANINE DAHINDEN

Wer entwickelt einen transnationalen Habitus? Ungleiche Transnationalisierungsprozesse als Ausdruck ungleicher Ressourcenausstattung

1 Einleitung

Zum Einstieg möchte ich drei kurze Vignetten präsentieren:

Mary Bean ist eine 54-jährige hochqualifizierte Migrantin englischer Herkunft, die in Neuenburg als administrative Direktorin für eine Finanzgesellschaft tätig ist. Bevor sie vor acht Jahren in die Schweiz kam, lebte und arbeitete sie in Kairo, Zypern und Deutschland. Auf meine Frage nach ihrer Zugehörigkeit meint sie:

« *Je suis un être humain et une citoyenne de cette terre. [...] Oui, je me sens européenne et méditerranéenne. Je suis très allemande dans mon travail, et anglaise en raison de ma façon de travailler, de gérer les choses; dans mes relations personnelles, je suis très méditerranéenne, très chaleureuse. Disons pour le compromis, pour la relation publique, c'est mon côté français. J'ai un peu tout de plusieurs pays. Je ne m'enferme pas dans une seule culture* »[1].

Dragan Mitrovic kam in den siebziger Jahren als Arbeitsmigrant in die Schweiz. Sein Lebensmittelpunkt ist heute Zürich, wo er mit seinen Kindern und seiner Frau lebt und wo er eine Autowerkstatt betreibt. Seinen Eltern schickt er regelmässig Geld nach Serbien und er reist häufig zwischen seiner Geburtsstadt und Zürich hin und her. Daraufhin angesprochen meint er:

---

1 Ich bin ein Mensch und eine Bürgerin dieser Erde [...] Ja, ich fühle mich europäisch und mediterran. Ich bin sehr Deutsch in meiner Arbeit, Englisch in meiner Arbeitsweise, wie ich die Dinge regle; in meinen persönlichen Beziehungen bin ich sehr warm, sehr mediterran. Und sagen wir für meine Kompromissfähigkeit, für die öffentlichen Beziehungen, da hab ich eine französische Seite. Ich hab ein wenig von all diesen Ländern. Ich schliess mich nicht in einer einzigen Kultur ein.

„Wissen Sie, wir, die Serben, wir haben zwei Haushalte, einen hier und einen in Rahovac".

Teuta Berisha ist eine 35-jährige albanische Mazedonerin, die mit 14 Jahren zusammen mit ihren Eltern in die Schweiz kam: Sie beendete hier die Schule und absolvierte eine Lehre als Krankenschwester. Diesen Beruf übt sie noch immer aus, sie arbeitet in einem Akutspital. Teuta ist gläubige Muslimin, spricht albanisch und (schweizer)deutsch, wohnt alleine und hat sowohl schweizerische wie auch albanische Freunde resp. Freundinnen. Bis vor einigen Jahren verbrachte sie die Ferien immer in Mazedonien, zusammen mit und bei ihrer Familie – heute geht sie lieber mit ihren FreundInnen nach Istanbul, oder irgendwo sonst ans Meer. Die Eltern hätten gerne, dass sie jemanden von „dort" heiraten würde – für sie kommt das aber nicht in Frage.

Diese drei Beispiele – willkürlich aus meinen Forschungen der letzten Jahre zusammengestellt – illustrieren nicht nur, dass eine *transnationale* Einbettung zum Alltag von MigrantInnen gehört, sondern auch, dass eine solche *transnationale* Orientierung unterschiedliche Formen annehmen kann. Zwei Jahrzehnte sind vergangen, seit die Idee des ‚Transnationalismus' in den akademischen Diskurs Eingang fand. Nina Glick Schiller und ihre Kolleginnen (1992) hatten damals offenbar den Zeitgeist getroffen, denn das Konzept gehört zu einem der populärsten der aktuellen Migrationsforschung. Die meisten Sozialwissenschafter sind sich einig, dass man unter „Transnationalität" im weitesten Sinne die multiplen Verbindungen versteht, die Personen an verschiedenen Orten *gleichzeitig* und über nationale Grenzen hinweg aufrechterhalten, deren Resultate transnationale *soziale Felder* (Levitt und Glick Schiller 2004), *Räume* (Faist 1999; Pries 2008), *Netzwerke* (Dahinden 2005) oder *Zugehörigkeiten* (Hannerz 1996) sind. MigrantInnen führen geographisch getrennte Orte zu einer einzigen Arena sozialer Aktion zusammen, indem sie sich vorwärts und rückwärts zwischen unterschiedlichen kulturellen, sozialen, politischen und ökonomischen Kontexten bewegen. Eine Auswanderung bedeutet demnach nicht etwa ein Bruch mit der Herkunftsregion, ganz im Gegenteil können sich im Migrationsprozess neue und dauerhafte Interdependenzen und Reziprozitäten bilden, und dies geschieht über nationale Grenzen hinweg – wie in den drei Vignetten oben verdeutlicht ist. Unterdessen haben sich die sogenannten *Transnationalismusstudien* (oder transnationale Studien) etabliert. Diese zielen darauf ab, soziale Sachverhalte und Phänomene der Transnationalität wissenschaftlich zu untersuchen und theoretisch zu erfassen (Khagram und Levitt 2008).[2]

In der Zwischenzeit haben eine Vielzahl empirischer Studien nicht nur die anfänglichen analytischen und theoretischen Unschärfen der Transnationalismus-Idee ausgeräumt, sondern sie als solche in Frage gestellt, oder mindestens differenziert. Zu Beginn der 1990er Jahre entstand mitunter der Eindruck als sei Transnationalität quasi der neue „*life style*" von MigrantInnen, eine Idee, die zwischenzeitlich relativiert wurde. Für unseren Zusammenhang sind drei Differenzierungen von Relevanz: Erstens zeigt eine Reihe von Studien, dass nicht alle MigrantInnen in transnationale Praktiken involviert sind – Transnationalität hat nicht immer die Bedeutung, die eigentlich zu erwarten gewesen wäre. Häufig entwickelt nur ein kleiner Teil der sesshaft gewordenen EinwandererInnen dauerhafte transnationale Praktiken, in der Regel gar die am besten gebildeten, eingebürgerten und schon seit längerem angesiedelten Personen (Guarnizo 2003). Zweitens weisen Studien zur zweiten Generation von MigrantInnen darauf hin, dass die Nachfahren von Einwanderern nicht automatisch die gleichen Transnationalitätsformen wie ihre Eltern weiterführen. Falls Transnationalität überhaupt noch eine Rolle spielt, so findet in der Regel eine Umlagerung statt: Bei der zweiten Generation sind weniger regelmässige und dauerhafte transnationale Praktiken auszumachen, sondern vielmehr sporadische und selektive transnationale Strategien, die häufig mit Zugehörigkeitskonstruktionen einher gehen, die im transnationalen Raum stattfinden (Jones-Correa 2002). Drittes bringt ein neuerer Forschungszweig zu Tage, dass umgekehrt Personen ohne Migrationserfahrung ebenfalls transnational sein können. Unter der Bedingung einer verstärkten Globalisierung und Vernetzung wird eine allgemeine Transnationalisierung der Sozialräume und Zugehörigkeiten beobachtet (Dahinden 2009).

Vor diesem Hintergrund soll folgende Frage diskutiert werden: Wie kann der Sachverhalt verstanden werden, dass einerseits die Herausbildung und Aufrechterhaltung von transnationalen Praktiken und Netzwerken nicht bei jedem Migrationsprozess *ex ante* gegeben ist und andererseits allgemein eine

---

2   Die ersten Debatten in diesem Themenfeld verwendeten den Begriff Transnationalismus. Unterdessen wurde aber dessen normative Aufladung (sichtbar in der –mus Endung) in Frage gestellt: Zu Beginn wurde die Transnationalität von MigrantInnen nämlich quasi als Alternative im Sinne einer Globalisierung „von unten" im Gegensatz zur meist negativ wahrgenommenen ökonomischen Globalisierung der ‚big players' gefeiert. Mittlerweile wird die Frage der Transnationalität differenzierter angegangen und deshalb auch häufiger der Begriff der Transnationalität verwendet, der auf die konstruierte Natur dieser Prozesse verweist.

zunehmende Transnationalisierung festzustellen ist, die auch diejenigen Personen betrifft, die keine Migrationserfahrung mitbringen? Dieses vermeintliche Paradox – fehlende Transnationalität bestimmter Einwanderergruppen und allgemeine Zunahme transnationaler Orientierungen – gründet darauf – so die Hypothese – dass lokale Gegebenheiten, historisch gewachsene und häufig im nationalstaatlichen Bezugsrahmen verankerte, politische und sozioökonomische Ressourcenzugänge, die hier unter dem Begriff „Lokalität" zusammengefasst werden, die Etablierung und Aufrechterhaltung von transnationalen Praktiken und Orientierungen stark einschränken oder umgekehrt fördern können. Mit anderen Worten, die fortschreitende Transnationalisierung der sozialen Realitäten ist eng an Ungleichheitsstrukturen und ungleichen Zugang zu Ressourcen gekoppelt.

Im ersten Abschnitt wird dargelegt, welche theoretischen Einsichten sich aus einer transnationalen Perspektive auf Migrationsprozesse erschliessen. Das nachfolgende Kapitel dient einem *tour d'horizon* über die wichtigsten Debatten, wie sie die internationale Transnationalismusdebatte in den letzten Jahren erfuhr. Anschliessend wird das „Paradox" der ungleichen Transnationalisierung anhand von empirischen Studien erörtert. Das Zusammenspiel von Assimilationsprozessen von MigrantInnen und deren Transnationalität wird im Fazit aufgegriffen: Es zeigt sich nämlich, dass sich diese zwei auf den ersten Blick widersprüchlichen Theorietraditionen fruchtbar verbinden lassen.

2   Die Transnationalisierung der Migrationsforschung: ein neuer Blick auf Migrationsprozesse?

Die sich seit den 1990er Jahren etablierende Transnationalismusperspektive hatte grundlegende Auswirkungen auf die Wahrnehmung und Untersuchung von Migrationsprozessen. In unserem Zusammenhang sind zwei Punkte von besonderer Relevanz und verdienen es daher erläutert zu werden:

Erstens stiess die Idee der Transnationalität bei Migrationsforschenden deshalb auf grossen Anklang, weil Migrationsprozesse in den letzten Jahren als solche eine theoretische Rekonzeptionalisierung erfuhren. Die Transnationalitätsperspektive kann als direkte Kritik an der über lange Zeit vorherrschenden bipolaren Sicht auf Migrationsprozesse verstanden werden: In der herkömmlichen Migrationsforschung suchte ein Teil der WissenschaftlerInnen auf der einen Seite nach den Migrationsursachen (oftmals beschränkt auf *push-pull-*

Faktoren und ökonomisch motivierte *rational-choice*-Ansätze). Auf der anderen Seite beschäftigte sich eine zweite Gruppe mit den Wirkungen von Migration. Sie untersuchten die Integrationsprozesse der als „entwurzelt" betrachteten MigrantInnen. Inzwischen hat sich die Erkenntnis durchgesetzt, dass Migration einen zirkulären Charakter hat, d.h. dass Auswanderung, Einwanderung, Integration, Rückkehr und Reemigration als Etappen eines Prozesses zu verstehen sind, der im transnationalen Raum stattfindet (Alisdair und Vertovec 1995; Wicker 1996). Eine Auswanderung bedeutet demnach nicht etwa einen Bruch mit der Herkunftsregion, Wanderer können in einem neuen Land verankert sein und gleichzeitig multiple Verbindungen zu ihrem Heimatort (oder einem dritten Ort) aufrechterhalten. Im Rahmen der Transnationalitätsforschung sind denn auch diese multiplen Verbindungen ins Zentrum des Forschungsinteresses gerückt; diese erlauben es, Migration als dynamischen Prozess zu verstehen, der im transnationalen Raum stattfindet (Vertovec 2009).

Zweitens ist festzustellen, dass die Transnationalismusperspektive unterdessen auch in klassischen Assimilationsstudien[3] einige Spuren hinterliess: Bis vor Kurzem wurden bei Untersuchungen über Niederlassungsprozesse in den Empfangsländern transnationale Aspekte meist entweder ignoriert oder zu simpel als „desintegrativ" abgetan. Der Sachverhalt, dass transnationale Aspekte im Rahmen der Assimilationstheorie über lange Zeit vernachlässigt wurden, kann durch deren „methodologischen Nationalismus" (Beck 2002; Wimmer und Glick Schiller 2002) erklärt werden: In der Assimilationsforschung ist ein „nationales Containerdenken" (Levitt und Glick Schiller 2004) vorherrschend, bzw. wird von AssimilationstheoretikerInnen in ihren Analysen häufig ein nationalstaatlicher Bezugsrahmen als implizit gegeben vorausgesetzt. Die Kritik bezieht sich auf die unreflektierte Übertragung einer national eingefärbten Sicht in die Assimilationstheorien und auf die Idee, dass die Welt quasi natürlicherweise in Nationalstaaten eingeteilt wäre. Assimilation orientiert sich an einem nationalen Gesellschaftsbegriff, richtet sich an den nationalen Grenzen aus und, mehr oder weniger unhinterfragt, wird den verschiedenen Dimensionen der Assimilation eine diffuse, meist relativ homogen perzipierte, kollektive „Gesellschaft" zugrunde gelegt. Wird die Welt mittels einer solchen Brille brachtet, ist es logisch, dass die multiplen Praktiken, die über diese

---

3   Im deutschsprachigen Raum wird mitunter der Terminus „Integration" anstelle von „Assimilation" verwendet. Ich beziehe mich hier in diesem Beitrag jedoch auf die klassischen Theorien, die mit dem Assimilationsbegriff operieren (Alba und Viktor 1997; Esser 1980; Gordon 1964; Portes et al. 2009; Zhou 1997) und lehne mich deshalb an diese Begrifflichkeit an.

nationalen Grenzen hinausreichen, nicht ins Bewusstsein der AssimilationstheoretikerInnen rücken konnten. Nun verhält es sich ja nicht so, dass es sich bei transnationalen Verbindungen um ein gänzlich neues Phänomen handeln würde, vielmehr haben wir es mit einer neuen Perspektive auf soziale Phänomene zu tun, die seit längerem existieren. Zweifelsohne haben transnationale Verflechtungen im Zuge der Entwicklung neuer Transport- und Kommunikationstechnologien und durch die Zunahme von Mobilität an Intensität und Simultanität an Bedeutung gewonnen. Nichtsdestotrotz hat sich mittlerweile die Idee durchgesetzt, dass die Aufrechterhaltung und Bildung von transnationalen Beziehungen historisch indes immer ein Bestandteil von Wanderungen war und dass es vielmehr die Forschenden selbst waren, die eine solche Transnationalität nicht wahrgenommen hätten (Morawska 2003). Erst als sich die Migrationsforschung von ihrem „Nationalen-Container-Modell" zu lösen vermochte und ihren Bezugsrahmen modifizierte, konnten transnationale soziale Realitäten ins Interesse der Assimilationsforschenden rücken.

Die Hypothese lautete dann zunächst, dass sich transnationale Beziehungen parallel zu einer lokalen Eingliederung reduzieren würden, dass Transnationalität als Ausdruck einer noch nicht erfolgten lokalen Anpassung zu verstehen sei. Dass diese Hypothese zu kurz greift, wurde indes schnell klar und seit kurzem haben sich verschiedene AutorInnen im Detail der Frage zugewendet wie Assimilationsprozesse und transnationale Praktiken zueinander stehen (Bommes 2003; Levitt und Waters 2002; Portes et al. 2009). Diese Arbeiten brachten zu Tage, dass die Beziehung zwischen Assimilation und Transnationalität auf keinen Fall als Null-Summen-Spiel zu verstehen ist, zu vielfältig sind die möglichen Konstellationen: Die Aufrechterhaltung resp. Etablierung von transnationalen Feldern kann durchaus parallel zum Assimilationsprozess erfolgen. Transnationalität kann aber auch eine Antwort auf Diskriminierung in der Aufnahmegesellschaft sein, was Itzigsohn und Gigulio Saucedo (2002) als *reactive transnationalism* bezeichneten.

Zusammengefasst lässt sich festhalten: Die transnationale Perspektive auf Migrationsphänomene konzeptionalisiert Migration als Prozess, der über nationale Grenzen hinweg stattfindet, verspricht die Probleme eines „methodologischen Nationalismus" zu beseitigen und theorierelevante Einsichten in Assimilationsprozesse zu liefern. Die Frage die sich hier anschließt und später noch diskutiert wird ist, ob sich die theoretischen Versprechen auch einhalten lassen, resp. inwiefern sie zu differenzieren wären.

Wie kann nun aber diese transnationale Perspektive empirisch umgesetzt werden und wie lässt sie sich theoretisch fassen? Diese Frage steht im Zentrum des folgenden Abschnitts.

3   Ausdifferenzierungen im Rahmen der Transnationalismus-Debatte

Eine Reihe von AutorInnen räumte die anfänglichen Unschärfen des Konzepts aus und stellte gleichzeitig seine ideologische Aufladung in Frage: Zu Beginn wurde die Transnationalität von MigrantInnen nämlich quasi als Alternative im Sinne einer Globalisierung „von unten" im Gegensatz zur meist negativ wahrgenommenen ökonomischen Globalisierung der „big players" gefeiert (Smith und Guarnizo 1998). Mittlerweile aber wird die Frage der Transnationalität als Beschreibung einer sozialen Realität zweifelsohne differenzierter angegangen.

Möchten wir den Anspruch einlösen und uns auf einer theoretischen Ebene der Frage der ungleichen Transnationalisierung annähern, so sind Differenzierungen bezüglich dem was denn „Transnationalität" bedeutet unabdinglich. Es existieren unzählige Möglichkeiten wie die umfangreiche Literatur zu Transnationalismus klassifiziert oder systematisiert werden könnte (für einen Überlick vgl. Levitt und Jaworsky 2007).

In Anlehnung an Vertovec (1999) lassen sich deskriptiv verschiedene Domänen von Transnationalismus unterscheiden, etwa Ökonomie, Politik, Kultur oder Religion. Eine Transnationalität nimmt dann in Abhängigkeit von der jeweiligen Dimension eine andere Form an: auf einer *ökonomischen* Ebene durch das Senden von Rimessen oder durch die Etablierung eines „ethnic business" im transnationalen Raum (Guarnizo 2003), in Form eines *politischen Wirken* im Herkunfts- und Aufnahmeland durch ein gleichzeitiges Engagement in Vereinen (Landolt 2008; Ostergaard-Nielsen 2003) oder etwa durch die Bildung neuer *religiöser Formen* (Levitt 2007; Plüss 2009) oder *transnationaler Identitäten* (Hannerz 1996)).

Zentral für die Theoriebildung sind des Weiteren Differenzierungen entsprechend der *Intensität* von Transnationalität: So hat sich die Unterscheidung zwischen dauerhaften, etablierten und institutionalisierten resp. sporadischen und selektiven transnationalen Praktiken etabliert. Itzigsohn et al. (1999) führten in diesem Zusammenhang die Unterscheidung zwischen *„narrow"* und „*broad transnational practices*" ein: Erstere beziehen sich auf institutionalisierte und konstante transnationale Praktiken während zweitere ein gelegentliches transnationales Engagement meinen.

Andere AutorInnen klassifizierten unterschiedliche Ausprägungen von Transnationalität: Thomas Faist (2000) legte eine Typologie von transnationalen Räumen vor: Er konjugierte hierbei qualitativ unterschiedliche transnationale soziale Beziehungen mit verschiedenen Ressourcen – konkret Reziprozität, Austausch oder Solidarität. Auf diese Weise ergeben sich drei Formen transnationaler Räume: *transnationale Verwandtschaftsnetzwerke* (z.B. anzutreffen bei GastarbeiterInnen), *transnationale Circuits* (Beispiele wären chinesische, libanesische oder indische Geschäftsleute) und *transnationale Gemeinschaften* (wie die Kurden). Während sich *transnationale Verwandtschaftsnetzwerke* vor allem durch das Reziprozitätsprinzip etablieren und aufrechterhalten (etwa durch Remittances), unterliegt *transnationalen Gemeinschaften* ein Solidaritätsprinzip: diese wird über kollektive Repräsentationen von (ethnischen, nationalen, religiösen) Zugehörigkeiten mobilisiert. *Transnationale Circuits* hingegen basieren auf gegenseitigem Austausch zum Vorteil aller, wie sie bei transnationalen ökonomischen Handelsnetzwerken zu beobachten sind. Diese von Faist erarbeitete Typologie hat den Verdienst, die unterschiedlichen Qualitäten und Funktionsweisen von transnationalen Beziehungen zu verdeutlichen.

In einem früheren Artikel (Dahinden ([forthcoming])) entwickelte ich eine Typologie entlang den Achsen von *Lokalität* – d.h. des Grades der Einbettung und der Ressourcenausstattung an zwei (oder mehr) Orten – und *kontinuierlicher Mobilität*, was in vier unterschiedlichen Transnationalitätstypen mündet. In dieser Logik unterscheide ich zwischen transnationalen Praktiken von diasporischen, und von sesshaften MigrantInnen und solchen von MigrantInnen, die in zirkulären Migrationsformen involviert sind, sowie zwischen MigrantInnen, die keine Ressourcen zur Verfügung haben, um transnational aktiv zu sein. Ein „*diasporischer Transnationalismus*" ist das Ergebnis eines hohen Grades der Einbettung im Aufnahmeland (vollständige Assimilation, Einbürgerung), wenig physischer Mobilität zwischen den Aufnahme- resp. Herkunftskontext und der Mobilisierung von kollektiven Repräsentationen basierend auf symbolischer Ethnizität/Religiosität. Als Beispiel liessen sich die Armenier anführen. Ein „*lokalisierter, mobiler Transnationalismus*" findet sich bei einer gleichzeitigen Einbettung an zwei Orten und bei hoher und kontinuierlicher Mobilität zwischen den zwei Kontexten (Ferien, Heiraten, etc.) – Beispiele wären die FremdarbeiterInnen. Ein „*mobiler Transnationalismus*" resultiert aus einer kontinuierlichen Mobilität zwischen dem Herkunfts- und unterschiedlicher Zielländer, bei einer bleibenden Einbettung im Herkunftskontext. Diese Form basiert auf beruflichen oder Handelsnetzwerken und einem „*savoir circuler*" (Tarrius 2002). Als Beispiele könnten genannt werden: hochqualifizierte MigrantInnen, Handelsfrauen (*commerce à valise*) oder auch Cabarettänzerinnen. „*Transnationale Outsider*" wären dann die Fälle, die weder am neuen noch am alten Ort lokal integriert sind, über wenig Ressourcenausstattung verfügen und auch keine Mobilität aufweisen. Asylsuchende oder auch sozial- und ökonomisch stark marginalisierte MigrantInnen fallen in diese Kategorie.

Im Weiteren ist für mein Argument auch die von Levitt und Glick Schiller (2004:1010) eingeführte Unterscheidung zwischen „*ways of being*" and „*ways of belonging*" von Bedeutung. Diese Differenzierung erlaubt es die Symbolebene von transnationalen Feldern mitzudenken: *"Ways of being refers to the actual social relations and practices that individuals engage in rather than to the identities associated with their actions"* [...] *In contrast, ways of belonging refers to the practices that signal or enact an identity which demonstrates a conscious connection to a particular group. These actions are not symbolic but concrete, visible actions that mark belonging such as wearing a Christian cross or a Jewish star, flying a flag, or choosing a particular cuisine"* (ibid: 1010). Letztere kombinieren eine Handlung und ein Bewusstsein über die Art der Identität, die diese Handlung indiziert. Ähnlich argumentiere ich (2009:1367) wenn ich vorschlage, zwischen *transnationalen Netzwerken* und *transnationalen Subjektivitäten* zu unterscheiden: Während die erste Dimension die konkrete soziale transnationale Beziehung meint, bezieht sich letzteres auf die kognitiven Klassifikationen von Zugehörigkeiten im transnationalen Raum. *"The suggestion is that to be transnational involves a mode of acting and performing (i.e. building up transnational social relations), as much as it does thinking, feeling and belonging"*. Neben den konkreten transnationalen Aktivitäten und Praktiken können mittels dieser Unterscheidungen auch die Symbolebene und identifikatorischen Klassifikationen in die Transnationalismusdiskussion eingebracht werden.

Dieser kurze *tour d'horizon* verdeutlicht die Notwendigkeit, zwischen den Analyseeinheiten und Formen von Transnationalismus zu unterscheiden.

Im Folgenden werden einige Studien vertieft diskutiert: Diese beziehen sich ausschliesslich auf etablierte MigrantInnen und ihre NachfolgerInnen – schliessen also sämtliche transnationale Praktiken und Formen aus, die auf zirkulären Migrationsformen beruhen. Ziel ist es, nicht nur eine Deskription dieser transnationalen Formationen zu liefern, sondern darüber hinaus Einsichten zu liefern, wie es zu solchen spezifischen transnationalen Praktiken, Netzwerken, aber auch Zugehörigkeiten kommt – konkret sollen das „Paradox" der Transnationalisierung, resp. Prozesse einer ungleichen Transnationalisierung erfasst werden.

4   Ungleiche Transnationalisierungsprozesse

Nicht alle MigrantInnen sind transnational:
„Lokalität" als Einflussfaktor

Anfang des neuen Jahrtausends war eine leichte Ernüchterung unter den Forschenden festzustellen, als sich nämlich die Einsicht verbreitete, dass nicht alle MigrantInnen in transnationale Praktiken involviert sind und dass Transnationalität nicht unbedingt der „courant normal" ist, wenn es um den Alltag von MigrantInnen geht. Von diesem Moment an zielten einige Forschungen darauf ab, das Phänomen zu *quantifizieren*. Es ging zu diesem Zeitpunkt nicht mehr darum zu zeigen, dass Transnationalität bei MigrantInnen *existiert* – die Pioneerstudien hatten dies anhand hervorragender und eindrücklicher qualitativer Fallstudien geleistet – sondern zu fragen, wie *verbreitet* denn Transnationalität unter MigrantInnen ist? Diese *Surveys* weisen *grosso modo* alle auf ein ähnliches Ergebnis hin, dass nämlich den transnationalen Praktiken nicht der Stellenwert zukommt, den die vorgängigen Untersuchungen erahnen liessen. Eine quantitative Befragung unter 1.200 in die USA Eingewanderten aus Kolumbien, der Dominikanischen Republik und El Salvador enthüllte, dass nur ein kleiner Teil von ihnen dauerhafte transnationale Praktiken im ökonomischen und politischen Bereich entwickelte. Portes und seine KollegInnen (2002) zeigen, dass nur rund 5% der Befragten ein „transnationales enterpreneurship" aufrechterhalten. Der Erfolg dieser transnational tätigen GeschäftsinhaberInnen beruht, so die Studie, auf häufigen Reisen und konstantem Kontakt mit dem Herkunftsland. Die gleiche Studie förderte zutage, dass es vor allem gut gebildete, verheiratete, eingebürgte und schon seit längerer Zeit in den USA angesiedelte Personen waren, die solche dauerhaften transnationalen Praktiken und Netzwerke aufrechterhielten. Die anderen waren zwar gelegentlich transnational aktiv, aber ein entsprechendes Engagement prägte keineswegs ihren Alltag. Ähnliches zeigte Guarnizo (2003) anhand der gleichen

Daten bezüglich eines transnationalen politischen Engagements: 10% der Befragten gaben an, auf regelmässiger Basis in transnationale politische Aktivitäten involviert zu sein und nur 20% der Befragten waren sporadisch in solchen politischen Aktivitäten engagiert. Dabei handelte es sich um eine Mitgliedschaft in einer politischen Partei des Herkunftslandes oder einer Migrantenorganisation, oder um eine Beteiligung in Wahlkampagnen des Herkunftslandes. Mit anderen Worten, für die meisten Einwanderer dieser Gruppen gehören ökonomische und politische transnationale Aktivitäten nicht zum Alltag.

Zwei Studien aus der Schweiz hatten ähnliche Resultate und relativierten damit ebenfalls das Argument der Allgegenwärtigkeit von Transnationalität von MigrantInnen.

Die erste Untersuchung hatte das transnationale Rimessen-Verhalten von SerbInnen im Fokus und ging der Frage nach, welche Haushalte tendenziell Geld nach Serbien schicken (und welche nicht) (Dahinden und Lerch 2007; Lerch et al. 2007): Haushalte mit höheren Haushaltseinkommen überwiesen – so das Resultat – häufiger und konsistentere Beträge nach Serbien. Überhaupt waren *Remitters* besser in den Arbeitsmarkt integriert als diejenigen Personen, die keine Rimessen schicken. Vor allem gut gebildete und/oder eingebürgerte SerbInnen, hier in erster Linie Männer, sendeten besonders hohe Beträge. Ein transnationales ökonomisches Engagement wird demnach auch nach einer Einbürgerung nicht unbedingt abgebrochen, im Gegenteil: Es lässt sich die Hypothese aufstellen, dass eine erfolgreiche lokale Anpassung in der Schweiz – im Sinne des Erwerbs einer ökonomischen, rechtlichen und kulturellen Kapitalausstattung – diese transnationale ökonomische Praxis besonders stabil gestaltet. Oder umgekehrt, dass bei fehlender Ressourcenausstattung keine solchen transnationale Praktiken zu beobachten sind. Denn die Befragten gaben an, kein Geld zu transferieren weil entweder niemand in Serbien diese finanziellen Ressourcen nötig hat oder aber weil sie es sich nicht leisten können, Teile des Haushaltseinkommens nach Serbien zu transferieren. Ein weiteres Ergebnis der Studie war, dass MigrantInnen, die allgemein in starke transnationale Verbindungen involviert sind, eher Geld transferierten: Befragte mit einem hohen Grad an ökonomischer und sozialer Integration in Serbien (enge Familienmitglieder und beste Freunde in Serbien, Haus in Serbien, regelmässige Reisen nach Serbien) hatten eine höhere Wahrscheinlichkeit in transnationale ökonomische Transaktionen involviert zu sein. Es lässt sich der Schluss ziehen, dass transnationale Praktiken von politischen und sozioökonomischen Faktoren mitbestimmt sind. Eine gute Integration in den Arbeitsmarkt scheint ein zentrales Kriterium zu sein für ein aktives *Remittances*-Verhalten. Auf diese Art und Weise sind lokale Gegebenheiten auch für im transnationalen Raum stattfindende Praktiken von hoher Relevanz.

Schliesslich wies meine Studie zu albanisch-sprachigen Zugewanderten im Kanton Zürich nach, dass transnationalen Beziehungen bei der sozialen Unterstützung in der Schweiz eine eher untergeordnete Rolle zukam und dass diese Einwanderer der ersten Generation kaum transnationale Felder entwickelten (Dahinden 2005). Ein Grossteil der Personen, welche von den albanischen Interviewten im Zusammenhang mit sozialer Unterstützung genannt wurden, hält sich in der Schweiz auf. Das heisst, dass alltägliche Interaktionen und Hilfeleistungen zunächst einmal am Ort selbst stattfinden, und dass transnationale Beziehungen für die Bewältigung des Alltags nicht unbedingt vonnöten sind. Zudem zeigte die Studie, dass zwar viele MigrantInnen – wenn sie in der Lage sind – Remittances nach Hause schicken, dass aber ein dauerhaftes transnationales ökonomisches Engagements fehlte. Entgegen den Annahmen der ersten Transnationalismusstudien entwickeln also nicht alle MigrantInnen *a priori* dauerhafte transnationale Praktiken – auch wenn sie – wie in Vignette 2 zum Ausdruck kommt – manchmal ins Herkunftsland reisen, etwa um an Hochzeiten teilzunehmen oder um die Ferien dort verbringen. Hingegen ist zu beachten, dass auf der Ebene der subjektiven Zugehörigkeiten transnationale Aspekte bei diesen MigrantInnen der ersten Generation sehr wohl zentral sein können. Zugehörigkeiten werden im transnationalen Raum gebildet, sie müssen aber nicht zwingend von transnationalen dauerhaften Praktiken begleitet sein.

Vorstellbar wäre, dass sich die Situation anders präsentieren würde, wenn sich die albanisch-sprachigen Einwanderer in einer besseren sozioökonomischen Situation befänden. Es ist bekannt, dass ein grosser Teil der albanischsprachigen Einwanderer in der Schweiz mit Integrationsproblemen zu kämpfen hat, in prekären Verhältnissen lebt und häufig auch erwerbslos ist. Insgesamt weisen die Daten einen niedrigen sozioökonomischen und -professionellen Status dieser Bevölkerungsgruppe aus (Wanner 2004) wie auch Ausschlussmechanismen zu beobachten sind, die auf Diskriminierungen basieren, etwa am Arbeitsmarkt (Fibbi et al. 2003). Die schwach ausgeprägte Transnationalität dieser Einwanderergruppe könnte teilweise auf diese unvorteilhafte Situation vieler Mitglieder dieser Einwanderergruppe und auf ihre begrenzten persönlichen Ressourcen zurückgeführt werden. Andererseits ist die Nachkriegsgesellschaft in Kosova – wenn auch zwischenzeitlich politisch unabhängig – ebenfalls noch weit von politischer oder ökonomischer Stabilität entfernt und wird damit ebenfalls wenig Ressourcen für dauerhafte transnationale Praktiken abgeben.

Welche Schlüsse lassen sich aus diesen vier empirischen Beispielen ziehen und worauf lässt sich diese beschränkte transnationale Partizipation zurückführen?

Ich moniere, dass sich dauerhafte transnationale Felder nur unter gewissen Bedingungen entwickeln: Itzigsohn und Gioguli Saucedo (2005) brachten den Begriff des *„resource-dependent-transnationalism"* ein und beschrieben damit ein ähnliches Phänomen: Ihr Argument ist, dass MigrantInnen manchmal nicht direkt nach der Einwanderung transnationale Praktiken entwickeln können, sondern dass diese spezifische Ressourcen voraussetzen. *„[…] immigrants try to reconstitute their linkages to the country of origin, but they cannot do that immediately upon migrating, because they lack resources. Transnationalism is appearing only when immigrants have enough resources to engage"* (ibid.: 899). Mit anderen Worten und präziser könnte man folgendes formulieren: Dieser Zugang zu Ressourcen wird nicht zuletzt von den rechtlichen, sozialen, politischen und ökonomischen Kontexten im Rahmen der (nationalstaatlich organisierten) Immigrations- und Herkunftsländer determiniert. Eine „Lokalität" als historisch gewachsenes Ensemble von Opportunitäten und Beschränkungen an beiden Enden der transnationalen Kette (nationaler Aufnahme- und Herkunftskontext) bestimmt, inwieweit sich welche dauerhaften transnationalen Felder entwickeln, denn transnationale Praktiken sind nicht frei von den Zwängen und Möglichkeiten, die der Kontext auferlegt. Und hier scheint es, als ob erst gut integrierte Personen die Ressourcen mobilisieren können *dauerhafte* transnationale Praktiken aufrechtzuerhalten. In ähnlicher Argumentationslogik lässt sich nun auch verstehen, weshalb hochqualifizierte Einwanderer – wie zahlreiche Studien eruierten (Dahinden 2009; Iredale 2001; Nedelcu 2004) – häufig sehr stark transnational ausgerichtet sind: Diese sind in stark transnational geprägte soziale Netzwerke integriert, entwickeln kosmopolitische Formen der Zugehörigkeit und bewegen sich in eigentlichen transnationalen Feldern (vgl. auch die erste Vignette). Wir können davon ausgehen, dass diese Personen über die Ressourcen verfügen – hier in Form von kulturellem und ökonomischem Kapital – die überhaupt erst ein nachhaltiges transnationales Engagement ermöglichen.

Welcher Schluss lässt sich nach diesen Ausführungen bezüglich des Verhältnisses von Assimilation und Transnationalität ziehen? Diese empirischen

Beispiele belegen, dass manchmal eine (Teil-)Assimilation der Entwicklung von transnationalen Feldern vorausgeht – und damit die Hypothese der linearen Assimilationstheorie eigentlich auf den Kopf gestellt wird: Eine lokale Eingliederung führt in einer ersten Zeit nicht zu einer Reduktion von transnationalen Engagements, im Gegenteil: Eine lokale Eingliederung stattet die Individuen erst mit den Ressourcen aus, die sie benötigen, um überhaupt transnationale dauerhafte Praktiken zu entwickeln.

Und die zweite Generation?
Anders transnational – hin zu transnationalen Subjektivitäten

Was geschieht bei den Nachfahren von Einwanderern? Ist eine Art Transmission von Transnationalität zwischen den Generationen festzustellen? Und falls ja, wie sieht eine solche aus? Empirische Studien zum Thema bringen unterschiedliche und teils widersprüchliche Resultate zu Tage, was nicht zuletzt an den jeweils verwendeten Definitionen von Transnationalismus liegt. Interessieren sich die Studien vorrangig für einen „Kerntransnationalismus" und beschränken sie sich auf Praktiken, die einen integralen Teil des Alltagslebens konstituieren und regelmässig ausgeführt werden, so wird ein starker Rückgang der Transnationalität bei der zweiten Generation im Vergleich zur ersten beobachtet. Wird den Untersuchungen hingegen ein erweiterter Transnationalismusbegriff zu Grunde gelegt, der auch transnationale Identifikationsformen wie auch selektive und sporadische transnationale Strategien miteinschliesst, so sind die Ergebnisse weniger markant und es kann von einer Transmission zwischen den Generationen gesprochen werden. Eine solche darf allerdings nicht etwa statisch verstanden werden, sondern unterliegt einer Neuinterpretation durch die zweite Generation.

Beginnen wir mit den Resultaten des ersten Ensembles von Studien, die einen eingeschränkteren Transnationalismusbegriff verwenden: Kasinitz et al. (2002) eruieren in ihrer Untersuchung von 18- bis 32-jährigen Kindern von Einwanderern in New York, dass transnationales Verhalten zunächst in Abhängigkeit von der Herkunft stark variiert: Ein Drittel der DominikanerInnen und Süd-AmerikanerInnen zeigen starke transnationale Verbindungen – konkret, sie reisen häufig in ihr Herkunftsland, sie schicken Remittances und sie beherrschen die Sprache ihres Herkunftslandes – während bei den untersuchten russischen JüdInnen und Chinesen nur rund 10% ein solches Verhalten aufweist. Die Studie von Rumbaut (2002) aus San Diego kommt zu einem ähnlichen Schluss: Kinder von MexikanerInnen reisen häufiger in ihre Herkunftsländer und beherrschen ihre Herkunftssprache öfters, während die Kinder von Filipinos eher Remittances senden. Insgesamt ist aber nur ein beschränkter Teil der zweiten Migrationsgeneration sporadisch transnational engagiert (in beiden Studien weniger als die Hälfte des Samples) und noch weniger – in beiden Studien rund 10% der Befragten – sind in regelmässige und wiederholte transnationale Aktivitäten involviert. Und um auf die oben diskutierte Studie zum Remittance-Verhalten von SerbInnen zurückzukommen: Hier war die zweite Generation deutlich unterrepräsentiert, wenn es darum ging, Gelder in die alten Heimat zu schicken. Diese empirischen Daten lassen den Schluss zu, dass die überwiegende Mehrheit der MigrantInnen der zweiten Generation sich immer mehr den lokalen Gegebenheiten anpasst, dass eine kulturelle und soziale Assimilation erfolgt, und dass parallel dazu die transnationalen Beziehungen, Praktiken und Orientierungen abnehmen (Jones-Correa 2002). Anders ausgedrückt, diese Studien untermauern die althergebrachten Hypothesen der Assimilationstheorie, die über die Generationen hinweg entweder eine lineare oder eine segmentierte Angleichung ausmachen und die von einem kontinuierlichen Rückgang von transnationalen Praktiken begleitet ist.

Zieht man nun aber andere Studien bei, so präsentiert sich die Situation komplexer: Zunächst ist offensichtlich, dass solche quantifizierenden Studien möglicherweise sporadische transnationale Momente verpassen: Levitt und Waters (2002) erinnern uns daran, dass gelegentliche transnationale Engagements als Antwort auf Lebensereignisse wie Heirat, Geburt oder Tod oder auch auf Krisen in den Herkunftsländern erfolgen können – ein solches Engagement kann mit solchen Umfragen nur unzureichend erfasst werden. Levitt (2009) argumentiert des Weiteren, dass Kinder von Einwanderern nicht auf die gleiche Art und Weise und mit der gleichen Regelmässigkeit transnational sein werden wie ihre Eltern, aber sie insistiert, dass der Einfluss dessen, dass diese Kindern in einem transnationalen sozialen Feld sozialisiert wurden, nicht unterschätzt werden dürfe. Migrantenkinder wurden entsprechend den Regeln, Werten und Institutionen nicht nur des Aufnahme-, sondern auch des Herkunftskontexts sozialisiert. Damit hätten sie Zugang zu mehreren kulturellen Repertoires und Netzwerken, was häufig in selektive transnationale Strategien münde. Ein Beispiel für diese lebenszyklisch eingefärbten, selektiven transnationalen Strategien beschreiben Riaño und Dahinden (2010) für Fragen der Wahl des Heiratspartners der Kinder von Einwanderern: Geht es darum, einen geeigneten Partner resp. eine geeignete Partnerin für die Kinder zu finden, werden transnationale Aspekte häufig zentral, auch wenn diese Kinder der zweiten Migrantengeneration vorgängig insgesamt wenig konkrete transnationale Aktivitäten aufwiesen. Die Vorstellung darüber, was ein geeigneter Ehemann, Ehefrau ist, wird seitens der Eltern normativ und kulturell im transnationalen Raum ausgehandelt und betrifft die zweite Generation. Die Sozialisation in transnationale Felder hinterlässt auf jeden Fall Spuren bei der nachfolgenden Generation – in diesem Sinne kann von einer Transmission resp. Fortführung gesprochen werden. Wie hingegen die Individuen diesen „Spuren" folgen, wie sie sie aufnehmen, weiterführen, ausdünnen oder uminterpretieren, ist erneut eine empirische Frage und kann nicht generalisierend beantwortet werden (vgl. auch die Vignette 3). Mit anderen Worten, auf der Ebene der subjektiven Identitäten gibt es eine Weiterführung von Transnationalität zwischen den Generationen, die aber transformiert wird (vgl. Vignette 3, die junge Frau möchten ganz klar keinen Mann von „dort" heiraten).

Es gibt noch weitere Argumente, die die These des Endes vom Transnationalismus bei der zweiten Generation entkräften: Gowricharn (2009) zeigt wie junge Hindus der zweiten Generation in den Niederlanden dauerhafte transnationale Räume kreierten, aber nicht etwa zwischen dem Herkunftsland ihrer Eltern – Surinam – und Holland, sondern indem sie sich Indien zuwandten. Die Hindus bildeten durch ihre Ausrichtung auf die indische «Mutterkultur» eine durch die Diaspora geprägte indische Identität heraus und wurden so Teil einer transnationalen *„imagined ethnic community"* (Anderson 1991): Die kulturellen Produkte Indiens wie Musik, Film oder Internet zeigten einen zentralen Sozialisationseffekt und verstärkten die transnationalen Identitäten dieser jungen Hindus. Diese Nachfolger von Einwanderer entwickeln eine stark geprägte transnationale Subjektivität und Zugehörigkeit, die sich auf einer symbolischen und identifikativen Ebene abspielt. Sie mobilisieren keine eigentlichen transnationalen Beziehungen, genauso wenig wie sie sich ökonomisch oder politisch im Herkunftsland engagieren: Hingegen wird ihre Zugehörigkeit im transnationalen Raum produziert und reproduziert. Gowrichan kommt deshalb zum Schluss, dass wenn eine solche Definition von Transnationalismus anwendet wird, nicht von einem Rückgang von Transnationalität bei der zweiten Generation gesprochen werden kann. D.h. wird der Transnationalismusbegriff multipolar ausgerichtet, und damit das eingeschränkte Dispositiv des Aufnahme-Herkunftskontexts überwunden und wird verstärkt auf Fragen von transnationalen Zugehörigkeiten fokussiert, lässt sich die Hypothese der Assimiliationstheorie ebenfalls nicht untermauern.

Transnationalität von Personen ohne Migrationserfahrung

Im Anschluss an die obigen Ausführungen können wir nun den letzten Differenzierungspunkt angehen: Es stellt sich die Frage, ob auch Personen *ohne* Migrationserfahrung transnational sein können, resp. auf welchen Dimensionen in solchen Fällen eine Transnationalität zum Ausdruck käme. Anders ausgedrückt, ist mit einer verstärkten Globalisierung und Vernetzung eine allgemeine Transnationalisierung der Netzwerke und Sozialräume zu beobachten, die auch Personen ohne Migrationserfahrung betrifft? Kann ein „*Prozess der Herausbildung relativ dauerhafter und dichter pluri-lokaler und nationalstaatliche Grenzen überschreitender Beziehungen von sozialen Praktiken, Symbolsystemen und Artefakten*" (Pries 2008: 44) festgestellt werden, der über die erste und zweite Generation der Migrationsbevölkerung hinausreicht und auch Nicht-MigrantInnen betrifft?

Mau (2007) hatte sich vorgenommen die Breite transnationaler Entwicklungen der Deutschen Gesamtgesellschaft zu untersuchen: Hierfür befragte er 2700 in der Bundesrepublik lebende Personen mit Deutscher Staatszugehörigkeit und erstellte eine Kartographie darüber, inwieweit die Deutsche Nicht-Migrationsbevölkerung in Transnationalisierungsschübe einbezogen ist. Mau stellt zunächst fest, dass eine Transnationalisierung in Form von grenzüberschreitenden sozialen Beziehungen ein weit verbreitetes Phänomen ist, knapp die Hälfte der Befragten gab an (46.5%) regelmässig privaten Kontakt zu mindestens einer Person im Ausland zu unterhalten. Im Durchschnitt verfügen diese transnational aktiven Deutschen über 3.35 soziale Beziehungen zu Personen im Ausland. Hinsichtlich der räumlichen Struktur zeigt sich eine Konzentration der Kontakte auf Nordamerika, Europa und Australien – es handelt sich demnach nicht um ein weltumspannendes Beziehungsnetz, sondern um eine geographisch begrenzte Ausweitung individueller Sozialkontakte, dessen Muster den politischen und wirtschaftlichen Verbindungen von Deutschland folgt.

Interessant ist des Weiteren, dass die Deutsche Bevölkerung eine grosse Bereitschaft zeigt, neben nationalen, auch supranationale politische Handlungsebenen und politische Autoritäten anzuerkennen – was Mau als kosmopolitische Haltung bezeichnet. Allerdings wird eine supranationale Politik vor allem von statushöheren Gruppen bejaht, während eine nationale Orientierung verstärkt bei statusniederen Gruppen anzutreffen ist. Zudem eruiert Mau (ibid: 233) einen signifikanten Zusammenhang zwischen dem Bildungsniveau und dem Transnationalisierungsgrad. Die Einbindung in transnationale Netzwerke steigert sich stark, wenn der oder die Befragte Hochschulreife hat. Auch sind die transnationalen Kontakte von Bildungsschwachen auf weniger Länder konzentriert – sie sind also nicht nur dünner, sondern auch geographisch weniger ausgedehnt. Diese Resultate weisen darauf hin, dass wir es hier mit einem ähnlichen Muster eines *„resource-dependent-transnationalism"* zu tun haben wie bereits für die Migrationsbevölkerung ausgemacht wurde: Eine Transnationalisierung erfolgt gruppenspezifisch und nach ungleichen Massgaben und ist vor allem eine Angelegenheit der Personen mit den meisten Ressourcen – hier spezifisch in Form von Bildung.

In meiner in Neuenburg durchgeführten Studie (Dahinden 2009) kam ich zu ganz ähnlichen Schlüssen: Diese Untersuchung, die die Gesamtbevölkerung der Stadt Neuenburg einbezog – d.h. Personen mit wie auch *ohne* Migrationshintergrund – brachte zu Tage, dass die sozialen Netzwerke von Personen ohne Migrationserfahrung zu rund 14 Prozent aus Personen bestehen, die im Ausland leben – d.h. auch Personen ohne Migrationserfahrung erfahren vermehrt eine Transnationalisierung ihrer Netzwerke. Bezüglich der Frage transnationaler Zugehörigkeiten tauchten zwei Hauptkategorien auf: Einerseits formulierten die befragten Personen ihre Identitäten in kulturellen und ethnischen Kategorien, die sie jeweils an ein spezifisches Territorium banden: Neuchâteler, Portugiese, Italiener, etc. Andererseits tauchte die Idee eines Kosmopolitismus auf. In diesem Fall betrachteten sich die InterviewpartnerInnen als *WeltbürgerInnen* und als verschiedenen Kulturen zugehörig, denken, dass sie quasi ein ganzes Mosaik unterschiedlicher Kulturen in sich vereinen (vgl. Vignette 1). Interessanterweise kombiniert dieser Kosmopolitismus der Befragten ein universelles Element – welches wir bis zu den Griechen zurückverfolgen können und dessen wichtigste Figur vermutlich Kant ist (Beck und Sznaider 2006) – neu mit einem essentialistischen Kulturbegriff (Grillo 2007; Wimmer 2005). Parallel zur oben zitierten Untersuchung von Mau zeigt sich, dass diejenigen Gruppen, die sozial und ökonomisch besser situiert sind, eine kosmopolitische Identifikation annehmen, während dessen die anderen eine singuläre ethnisch-kulturelle Identität postulieren. Hochqualifizierte und lokal Etablierte gehören zu Ersteren, Flüchtlinge und unqualifizierte ArbeitsmigrantInnen zu Letzteren. Schlussendlich zeigt sich hier – wie bereits Friedmann (1997) argumentierte –

dass kulturelle Selbstzuschreibungen immer auch eine Frage der sozialen Position sind: *Solche kosmopolitische Subjektivitäten* werden vor allem von Personen gelebt, die sich in einer hohen sozialen Position befinden und damit auf eine hohe Ressourcenausstattung zurückgreifen können.

5 Fazit: Transnationalität und soziale Ungleichheitsverhältnisse

Die bisherigen Ausführungen weisen auf zwei Haupttendenzen: Zum einen haben wir es mit einer *zunehmenden Transnationalisierung* von Praktiken, Netzwerken und Symbolsystemen zu tun, die die Gesamtbevölkerung betrifft. MigrantInnen entwickeln verschiedene Formen von Transnationalität, die auch in der zweiten Generation nicht immer verschwinden, sondern vielmehr neue Formen annehmen können. Bevölkerungsanteile ohne Migrationshintergrund sind ebenfalls in Transnationalisierungschübe eingebunden. Damit kann die Herausbildung pluri-lokaler und nationalstaatliche Grenzen überschreitende soziale Realitäten als konkreter Ausdruck aktueller Globalisierungsprozesse begriffen werden. Zum anderen weisen die empirischen Beispiele darauf hin, dass es sich um eine *ungleiche* Transnationalisierung handelt, nicht alle sind auf gleiche Art und Weise tangiert. Es gibt Migrantengruppen, die kaum dauerhafte transnationale Praktiken entwickeln. Dies weil sie die dazu notwendigen Ressourcen nicht haben und weil sie lokal – an beiden Enden der Transnationalismuskette – zu wenig eingegliedert sind, um dauerhafte transnationale Räume zu „bewohnen". Die Lokalität – als Ensemble von lokalen Opportunitätsstrukturen – hat in diesem Sinne einen zentralen Erklärungswert für die Entwicklung von dauerhaften transnationalen Räumen. Ein solcher *„resources-dependent-transnationalism"* bestätigt sich aber auch für die Nicht-Migrationsbevölkerung: Eine hohe gesellschaftliche Position erhöht die Wahrscheinlichkeit einer Transnationalisierung – sei es im Sinne eines *„way of being"* (etwa in Form von transnationalen Netzwerken) oder eines *„way of belonging"* (z.B. der Entwicklung von kosmopolitischen Haltungen).

Damit wird die Frage aufgeworfen, ob und wie soziale Ungleichheitsverhältnisse heutzutage quasi transnationalisiert werden (vgl. zu dieser Diskussion auch Weiss (2005))? Wenn wir davon ausgehen, dass eine Transnationalisierung nach Massgaben der sozialen Struktur, konkret der sozialen Lage und der Stellung innerhalb der Sozialstruktur erfolgt, dann scheint es logisch, dass wir es mit einer differenzierten Transnationalisierung zu tun haben. In Anlehnung an Pierre Bourdieu (2000 [1972]) kann hier von der Entstehung eines „transnationalen Habitus" gesprochen werden: Bourdieu definiert den Habitus als System von Dispositionen, in denen Prinzipien sozialer Klassifikationen zum Ausdruck kommen und der sich nach Massgabe der sozialen Struktur, d.h. der soziale Lage und der Stellung innerhalb der Sozialstruktur bildet (ibid.: 256). Im Habitus werden spezifische Dispositionen ausgebildet, und die in diesen Positionen enthaltenen Denk-, Wahrnehmungs- und Beurteilungsschemata wiederum generieren strukturell angepasste Praxisformen, die zur Reproduktion objektiver Strukturen beitragen. Die soziale Lage von Individuen im gesellschaftlichen Raum ist gemäss Bourdieu dreidimensional strukturiert und entspricht einem bestimmten Kapitalvolumen. Mit anderen Worten, der Habitus und auch die soziale Lage der Individuen spiegelt die ungleiche gesellschaftliche Verteilung der verschiedenen Kapitalsorten. Dies bedeutet konkret, dass bei Individuen, die in Transnationalisierungsprozesse, in transnationale Praktiken und Lebenswelten involviert sind, bewusste und unbewusste Dispositionen hervorgebracht werden, die prägend sind für ihr Handeln und ihre Orientierungen. So entsteht ein System des Denkens, des Wahrnehmens und des Beurteilens, welches bestimmte transnationale Handlungsmuster und Bewertungsschemen produziert, etwa ein Zuhause-Sein an verschiedenen Orten, Identifikationen mit geographisch unterschiedlichen Räumen, Nutzung von Kommunikationstechnologien – das in eine eigentliche transnationale Kompetenz mündet. Da aber ein solcher transnationaler Habitus nicht von allen ausgebildet wird und da eine Transnationalisierung ungleiche gesellschaftliche Verteilungen von Ressourcen widerspiegelt, gibt es Personen oder Gruppen von Personen, die von einer solchen transnationalen Umorientierung ausgeschlossen sind, da sie die dazu notwendigen Ressourcen aufgrund ihrer sozialen Lage nicht besitzen. Die „Lokalität" – sei es im Aufnahme- oder im Herkunftskontext – bietet konkrete Ressourcen oder Zwänge für die Herausbildung von Transnationalität und damit auch einem transnationalen Habitus. Eine fehlende lokale Verankerung oder ein Manko an Ressourcen (wie ein unsicherer Aufenthaltsstatus, Diskriminierung, Stigmatisierung oder ein niedriges Bildungskapital) kann unter Umständen die Entwicklung einer Transnationalität verhindern – wie eben umgekehrt eine hohe soziale und ressourcenreiche Position die Einbindung in transnationale Räume fördern und der Herausbildung eines transnationalen Habitus Vorschub leisten kann. In diesem Sinne kann von einer Transnationalisierung sozialer Ungleichheiten gesprochen werden.

Damit lassen sich die eingangs dieses Artikels formulierten theoretischen Versprechen einer Transnationalismusperspektive durchaus einlösen: Die Frage nach der Transnationalität eröffnet nämlich mannigfaltige Möglichkeiten, an aktuelle Assimilationstheorien anzuschliessen: Erstens geht es letztlich weniger um eine (falsche) Alternative zwischen Transnationalismus- oder Assimilationstheorie, sondern um eine Beschreibung der sozialen Strukturen, die unter den Bedingungen der Globalisierung in veränderten Assimiliationsverhältnissen resultieren kann (siehe auch Bommes 2003:100; Vertovec 2009:77-83). Andererseits ist hervorzuheben, dass die Transnationalismusforschung von Ideen der Assimilationstheorie profitieren kann, insbesondere weil letztere in ihren Ursprüngen eine Theorie der sozialen Mobilität und damit eine Theorie der sozialen Ungleichheitsforschung darstellt (Han 2000). Damit ist sie für den Transnationalismus anschlussfähig, da dieser soziale Ungleichheiten resp. ungleiche Ressourcenausstattung in den transnationalen Raum – über nationale Grenzen – hinauskatapultiert.

Allerdings können die beiden Theorietraditionen nur dann fruchtbar miteinander verbunden werden, wenn der Assimilationsbegriffes vom nationalen Bezugsrahmen entkoppelt wird, da das Denken in „nationalen Containern" die Teilnahme an transnationalen Netzwerken nur als Zeichen einer „Desintegration" deuten kann. Das Verhältnis von Assimilation und Transnationalität ist jedoch komplexer und lässt sich wie gezeigt wurde keinesfalls als Null-Summen-Spiel verstehen. Erstens ist die Herausbildung von transnationalen sozialen Räumen heutzutage nicht mehr nur an Migration gekoppelt. Auch Einheimische können transnationale Beziehungen aufrechterhalten und sich multiplen Orten zugehörig führen, was die Frage der sozialen Integration im Sinne des altbekannten Ordnungsbegriffs der Soziologie wie er von Durkheim, Simmel und anderen diskutiert wurde, neu aufwirft. Zweitens kann eine fehlende Transnationalität durchaus mit einer fehlenden lokalen Assimilation einhergehen, sodass wir es mit einem doppelten Ausschluss zu tun hätten (wie bspw. bei den albanischsprachigen MigrantInnen in der oben zitierten Studie). Eine Integration kann auch gleichzeitig in transnationale und lokale Räume erfolgen wie das Beispiel der MigrantInnen der zweiten Generation illustriert. Und schliesslich gibt es die Möglichkeit, dass sich transnationale Räume nur unter der Bedingung einer vorgängigen (Teil)Assimilation entwickeln. In diesem Sinne schlage ich vor, ins Feld zurück zu gehen und diese Spielarten resp. Deklinationen von Assimilation und Transnationalität empirisch zu erfassen und weiter zu theoretisieren.

Bibliographie

ALBA, RICHARD D./VIKTOR, NEE (1997): "Rethinking *Assimiliation Theory for a New Era of Immigration*". In: *International* Migration Review 31/4, S. 826-874.

ALISDAIR, ROGER/VERTOVEC, STEVEN (1995): *The Urban Context*. Ethnicity, Social Networks and Situational Analysis. Oxford: Berg.

ANDERSON, BENEDICT (1991): *Imagined Communities*. Reflections on the Origin and Spread of Nationalism. London: Verso.

BAUBÖCK, RAINER/FAIST, THOMAS (Hrsg.) ([forthcoming]): *Transnationalism and Diaspora*. Concept, Theories and Methods. Amsterdam: Amsterdam University Press.

BECK, ULRICH (2002): *Macht und Gegenmacht im globalen Zeitalter*. Neue weltpolitische Ökonomie. Frankfurt am Main: Suhrkamp Verlag.

BECK, ULRICH/SZNAIDER, NATAN (2006): "Unpacking cosmopolitanism for the Social Sciences: A Research Agenda". In: *The British Journal of Sociology* 57/1, S. 1-23.

BOMMES, MICHAEL (2003): „Der Mythos des transnationalen Raumes. Oder: Worin besteht die Herausforderung des Transnationalismus für die Migrationsforschung?" In: HUNGER ET AL. (Hrsg.), S. 90-116.

BOURDIEU, PIERRE (2000 [1972]): *Esquisse d'une théorie de la pratique*. Précédé de trois études d'ethnologie kabyle. Paris: Editions du Seuil.

CLARKE, PETER B. (Hrsg.) (2009): *The Oxford Handbook of the Sociology of Religion*. Oxford: University Press.

DAHINDEN, JANINE ([forthcoming]): "The dynamics of migrants' transnational formations: between mobility and locality". In: BAUBÖCK ET AL. (Hrsg.).

– (2009): "Are we all transnationals now? Network transnationalism and transnational subjectivity: the differing impacts of globalization on the inhabitants of a small Swiss city". In: *Ethnic and Racial Studies* 32/8, S. 1365-1386.

– (2005): *Prishtina – Schlieren*. Albanische Migrationsnetzwerke im transnationalen Raum. Zürich: Seismo.

DAHINDEN, JANINE/LERCH, MATHIAS (2007): „Remittances von Serben und Serbinnen: Eine transnationale Praktik mit Entwicklungspotential?" In: (SRK), SCHWEIZERISCHES ROTES KREUZ (Hrsg.), S. 182-199.

ESSER, HARTMUT (1980): *Aspekte der Wanderungssoziologie:* Assimilation und Integration von Wanderern, ethnischen Gruppen und Minderheiten: eine handlungstheoretische Analyse. Darmstadt [etc.]: Luchterhand.

FAIST, THOMAS (2000): "Transnationalization in International Migration: Implication for the study of Citizenship and Culture". In: *Ethnic and Racial Studies* 23/2, S. 189-222.

– (1999): "Developing Transnational Social Spaces: The Turkish-German Example". In: PRIES (Hrsg.), S. 36-72.

FIBBI, ROSITA/KAYA, BÜLENT/PIGUET, ETIENNE (2003): *Le passeport ou le diplôme?* Étude des discriminations à l'embauche des jeunes issus de la migration. Rapport de recherche 31 /2001. Neuchâtel: Forum Suisse pour l'étude des migrations et de la population.

FRIEDMAN, JONATHAN (1997): "Global Crises, the Struggle for Cultural Identity and Intellectual Porkbarreling: Cosmopolitans versus Locals, Ethnics and Nationals in an Era of De-hegemonalisation". In: WERBNER ET AL. (Hrsg.), S. 70-89.

GLICK SCHILLER, NINA/BASCH, LINDA/BLANC-SZANTON, CRISTINA (Hrsg.)(1992): *Towards a Transnational Perspective on Migration*: Race, Class, Ethnicity, and Nationalism Reconsidered. New York: The New York Academy of Sciences.

GORDON, MILTON (1964): *Assimilation in American life*. New York: Oxford University Press.

GOWRICHARN, RUBEN (2009): "Changing Forms of Transnationalism". In: *Ethnic and Racial Studies* 32/9, S. 1619-1638.

GRILLO, RALPH (2007): "An Excess of Alterity? Debating Difference in a Multicultural Society". In: *Journal of Ethnic and Migration Studies* 30/6, S. 979-998.

GUARNIZO, LUIS E. (2003): "The Economics of Transnational Living". In: *International Migration Review* 37/3, S. 666-699.

GUARNIZO, LUIS E./PORTES, ALEJANDRO/HALLER, WILLIAM (2003): "Assimilation and Transnationalism: Determinants of Transnational Political Action among Contemporary Migrants". In: *American Journal of Sociology* 108/6, S. 1211-48.

HAN, PETRUS (2000). *Soziologie der Migration*: Erklärungsmodelle, Fakten, politische Konsequenzen, Perspektiven. Stuttgart: Lucius & Lucius.

HANNERZ, ULF (1996): *Transnational Connections*. Culture, People, Places. London: Routledge.

– (1992): *Cultural Complexity*: Studies in the Social Organization of Meaning. New York: Colombia University Press.

HUNGER, UWE/THRÄNHARDT, DIETRICH (Hrsg.) (2003): *Migration im Spannungsfeld von Gobalisierung und Nationalstaat*. Leviathan-Sonderheft 22: Wiesbaden.

IREDALE, ROBYN (2001): "The Migration of Professionals: Theories and Typologies". In: *International migration* 39/5, S. 7-26.

ITZIGSOHN, JOSÉ ET AL. (1999): Mapping Dominican Transnationalism: Narrow and Broad Transnational Practices. In: *Ethnic and Racial Studies* 22/2, S. 2316-40

ITZIGSOHN, JOSÉ/GIOGULI SAUCEDO, SILVIA (2005): "Incorporation, Transnationalism, and Gender: Immigrant Incorporation and Transnational Participation as Gendered Process". In: *International Migration Review* 39/4, S. 895-920.

– (2002): "Immigrant Incorporation and Sociocultural Transnationalism". In: *International Migration Review* 36/3, S. 766-798.

JONES-CORREA, MICHAEL (2002): "The Study of Transnationalism Among the Children of Immigrants: Where We Are and Where We Should Be Headed". In: LEVITT ET AL. (Hrsg.), S. 221-241.

KASINITZ, PHILIP ET AL. (2002): "Transnationalism and the Children of Immigrants in Contemporary New York". In: LEVITT ET AL. (Hrsg.), S. 96-122.

KHAGRAM, SANJEEV/LEVITT, PEGGY (2008): "Constructing Transnational Studies". In: PRIES (Hrsg.), S. 21-39.

LANDOLT, PATRICIA (2008): "The Transnational Geography of Immigrant Politics: Insights from a Comparative Study of Migrant Grassroot Organizing". In: *The Sociological Quarterly* 49, S. 53-77.
LERCH, MATHIAS/DAHINDEN, JANINE/WANNER, PHILIPPE (2007): *Remittance Behaviour of Serbian Migrants living in Switzerland*. SFM-Studies 51. Neuchâtel: Swiss Forum for Migration and Population Studies.
LEVITT, PEGGY (2009): "Roots and Routes: Understanding the Lives of the Second Generation Transnationally". In: *Journal of Ethnic and Migration Studies* 35/7, S. 1225-1242
– (2007): *God Needs no Passport:* How Immigrants are Changing the American Religious Landscape. New York: New York Press.
LEVITT, PEGGY/GLICK SCHILLER, NINA (2004): "Conceptualizing Simultaneity: A Transnational Social Field Perspective on Society". In: *International Migration Review* 38/3, S. 1002-1039.
LEVITT, PEGGY/JAWORSKY, NADYA (2007): "Transnational Migration Studies: Past Development and Future Trends". In: *Annual Review of Sociology* 33/7, S. 1-28.
LEVITT, PEGGY/WATERS, MARY C. (2002a): "Introduction". In: LEVITT ET AL. (Hrsg.), S. 1-32.
– (Hrsg.) (2002b): *The Changing Face of Home*. The Transnational Lives of the Second Generation. New York: Russell Sage Foundation.
MAU, STEFFEN (2007): *Transnationale Vergesellschaftung*. Die Entgrenzung sozialer Lebenswelten. Frankfurt/New York: Campus Verlag.
MORAWSKA, EVA (2003): "Disciplinary Agendas and Analytic Strategies of Research on Immigrant Transnationalism: Challenges of Interdisciplinary Knowledge". In: *International Migration Review* 37/3, S. 611-640.
NEDELCU, MIHAELA (2004a): „Vers une nouvelle culture du lien: Les e-pratiques locales et transationales des migrants roumains hautment qualifiés". In: DIES. (Hrsg.), S. 77-103.
– (Hrsg.)(2004b): *La mobilité internationale des compétences*. Situations récentes, approches nouvelles. Paris: L'Harmattan.
OSTERGAARD-NIELSEN, EVA (2003): "The Politics of Migrant's Transnational Political Practices". In: *International Migration Review* 37/3, S. 760-786.
PLÜSS, CAROLINE (2009): "Migration and the globalization of religion". In: CLARKE (Hrsg.), S. 491-506.
PORTES, ALEJANDRO/FERNANDEZ-KELLY, MARIA PATRICIA/HALLER, WILLIAM J. (2009): "The Adaptation of the Immigrant Second Generation in America: A Theoretical Overview and Recent Evidence". In: *Journal of Ethnic and Migration Studies* 35/7, S. 1077-1104.
PORTES, ALEJANDRO/HALLER, WILLIAM J./GUARNIZO, LUIS EDUARDO (2002): "Transnational entrepreneurs: an alternative form of immigrant economic adaptation". In: *American Sociological Review* 67/2, S. 217-237.
PRIES, LUDGER (2008a): *Die Transnationalisierung der sozialen Welt*. Sozialräume jenseits von Nationalgesellschaften. Frankfurt am Main: Suhrkamp.

- (Hrsg.) (2008b): *Rethinking Transnationalism*. The Meso-Link of Organisations. London and New York: Routledge.
- (Hrsg.) (1999): *Migration and Transnational Social Spaces*. Ashgate: Aldershot.

RIAÑO, YVONNE/DAHINDEN, JANINE (2010): *Zwangsheirat*: Hintergründe, Massnahmen, lokale und transnationale Dynamiken. Zürich: Seismo.

RUMBAUT, RUBÉN G. (2002): "Severed or Sustained Attachments? Language, Identity, and Imagined Communities in the Post-Immigrant Generation". In: LEVITT ET AL. (Hrsg.), S. 43-95.

SMITH, M. P. /GUARNIZO, L. (Hrsg.) (1998): *Transnationalism from Below*. New Brunswick: Transaction Bools.

(SRK), SCHWEIZERISCHES ROTES KREUZ (Hrsg.) (2007): *Migration – ein Beitrag zur Entwicklung?* Zürich: Seismo.

TARRIUS, ALAIN (2002): *La mondialisation par le bas*. Les nouveaux nomades de l'économie souterraine. Paris: Balland

VERTOVEC, STEVEN (2009): *Transnationalism*. Key Ideas. London and New York: Routledge.
- (1999): "Conceiving and Researching Transnationalism". In: *Ethnic and Racial Studies* 22/2, S. 447-462.

WANNER, PHILIPPE (2004): *Migration und Integration*. Ausländerinnen und Ausländer in der Schweiz. Volkszählung 2000. Neuchâtel: Bundesamt für Statistik.

WEISS, ANJA (2005): "The Transnationalization of Social Inequality: Conceptualizing Social Positions on a World Scale". In: *Current Sociology* 54/3, S. 707-728.

WERBNER, PNINA/MODOOD, TARIQ (Hrsg.) (1997): *Debating Cultural Hybridity*. London & New Jersey: Zed Books.

WICKER, HANS-RUDOLF (1996): „Einleitung". In: WICKER ET AL. (Hrsg.), S. 6-39.

WICKER, HANS-RUDOLF et al. (Hrsg.) (1996): *Das Fremde in der Gesellschaft*. Migration, Ethnizität und Staat. Zürich: Seismo.

WIMMER, ANDREAS (2005): *Kultur als Prozess*. Zur Dynamik des Aushandelns von Bedeutungen. Wiesbaden: VS Verlag für Sozialwissenschaften

WIMMER, ANDREAS/GLICK SCHILLER, NINA (2002): "Methodological Nationalism and Beyond: Nation-State Building, Migration and the Social Sciences". In: *Global Networks* 2/4, S. 301-334.

ZHOU, MIN (1997): "Segmented Assimilation: Issues, Controversies, and recent Research on the new Second Generation". In: *International Migration Review* 31/4, S. 975-1008.

GIANNI D'AMATO

Transnationale Praktiken von Migrantinnen und Migranten in der Schweiz und Europa[1]

1 Einleitung

Es gibt mittlerweile eine breite theoretische Literatur zum Transnationalismus, die zunächst Bezug genommen hat auf die entsprechenden Debatten aus den USA und dem Vereinigten Königreich. Im letzten Jahrzehnt hat dieser Theoriestrang auch auf dem europäischen Kontinent ihre Entsprechung und ihren Niederschlag gefunden (Kleger 1997). All diese Arbeiten versuchen mit dem Transnationalismus zu erklären, wie bürgerlich-politische Zugehörigkeiten mit wirtschaftlichem Engagement, sozialen Netzwerken und kulturellen Identitäten verknüpft sind und sowohl Menschen wie auch Institutionen über zwei oder mehrere Nationalstaaten zu verbinden vermögen. Insoweit hat das Konzept unterschiedliche Lesarten hervorgebracht (siehe Pries 2008; Vertovec 2009; Ben-Rafael 2009; Cerny 2009; Mau 2010). In der Soziologie versteht man beispielsweise unter Transnationalismus einerseits eine Form von gesellschaftlicher Organisation, die über Netzwerke grenzüberschreitend operieren kann, andererseits ein personeller Raum, der multiple Identitäten und Loyalitäten ermöglicht. In der Kulturanthropologie wird unter Transnationalismus ein Prozess verstanden, der auf die kulturelle Interpenetration unserer Gegenwart hinweist, welche sich in verschiedenen alltäglichen Praktiken wiederfindet. In den Wirtschaftswissenschaften verweist der Begriff hingegen auf die Globalisierung der Finanz- und Handelsströme und wird als Ergebnis der weltweiten Restrukturierung der Produktionsweisen interpretiert. Schliesslich wird in der

---

[1] Dieser Beitrag basiert auf einer Einleitung, die Rosita Fibbi und der Autor dieser Zeilen in der Spezialnummer « Pratiques Transnationales – Mobilité et Territorialité » der Zeitschrift Revue Européenne des Migrations internationales, Vol. 24, no 2, 2008, veröffentlicht haben. Die Spezialnummer gibt einen Überblick über die Ergebnisse einer von der European Science Foundation finanzierten internationalen Studie zu den Praktiken des Transnationalismus, an der Thomas Faist und Anna Amelina (Deutschland), Marco Martiniello und Hassan Bousetta (Belgien), Michael Eve (Italien), Liza Nell (Niederlande), José Carlos Marques und Pedro Gois (Portugal) sowie Bülent Kaya und Simone Baglioni (Schweiz) teilgenommen haben.

Politikwissenschaft die Bedeutung des Transnationalismus in neuen Formen politischer Beteiligung gesehen, wie sie mitunter von Migrantinnen und Migranten demonstriert wird, die sowohl im Herkunftsland als auch im Aufnahmeland aktiv sind. Transnationalismus verweist so auch auf eine global verknüpfte Zivilgesellschaft (Castells 1997; Kanyar Becker 2003).

Im Sinne einer Arbeitsdefinition kann man Transnationalismus als soziales Feld betrachten, in welchem Einwandernde ihr (mythisches oder echtes) Ursprungsland mit ihrem Aufenthaltsland verbinden (Glick Schiller et al. 1999; Portes et al. 1999; Portes 2001). In diesen übernationalen Räumen bauen Einwanderinnen und Einwanderer wirtschaftliche und soziale Beziehungen auf, üben über Grenzen hinweg politische Tätigkeiten aus und erschaffen sich eine Identität, welche das klassische Verständnis der Nation überschreitet und in Übereinstimmung ist mit globalen wirtschaftlichen Entwicklungen. Mit dem Transnationalismus verschieben sich die Bedeutungen staatlicher Zugehörigkeit. Diese Verschiebung hat auch der Forschung eine neue Richtung gegeben, insbesondere seitdem die durch den methodologischen Nationalismus erzeugten Befangenheiten der alten, nationalstaatlich orientierten Sozialforschung identifiziert worden sind (Wimmer/Glick Schiller 2002). Die wissenschaftliche Debatte hat sich insbesondere mit Fragen auseinandergesetzt, welche sich mit dem Zusammenhang zwischen Transnationalismus und Globalisierung, Post-Nation und der Historizität beschäftigt. Ausserdem wurde auch die Vereinbarkeit von Transnationalismus und gesellschaftlicher Integration theoretisch erörtert.

Die Beschreibung der gleichzeitigen Einbettung von Menschen in mehr als einer Gesellschaft (Glick-Schiller et al. 1999) hat das Konzept für die Migrationsforschung in der Tat attraktiv gemacht. Ausserdem scheint der Begriff Anknüpfungen zu liefern an die weltweite Interdependenz wirtschaftlicher Beziehungen, wie sie in der Globalisierungsforschung zum Ausdruck gekommen sind. In diesem Sinn verweist Transnationalismus auf jene Aspekte der Globalisierung, in der Migrantinnen und Migranten durch ihre grenzüberschreitenden Solidaritätsstrukturen eine (unerwartet) herausragende Rolle übernehmen (Appadurai 1996). Ferner reiht sich der Transnationalismusbegriff auch in die Debatte um den Post-Nationalismus ein. Die These, wonach der Nationalstaat dem Untergang geweiht sei und nach und nach durch supranationale Rechtsstrukturen und Zugehörigkeiten ersetzt werde, wurde von verschiedenen Autoren bekräftigt (Jacobson 1996; Soysal 1994; D'Amato 1997) und auch kritisiert (Joppke 1998). Gemäss dieser Auffassung würden

Migrantinnen und Migranten mit dem Aufkommen staatsübergreifender Rechtstitel darauf verzichten, ihre Identität lediglich einer Gemeinschaft unterzuordnen. In einer verstärkt aufeinanderbezogenen Welt würden solche exklusiven Zuordnungen auch keine langandauernde Errungenschaft sein. Aus diesem Grund würden sich Einwandererinnen und Einwanderer stets bemühen, ihre Optionen offen zu lassen, um das jeweilige soziale, politische und wirtschaftliche Kapital von einem System zum anderen transferieren zu können. Aber wie bereits erwähnt haben Gegner dieses Ansatzes stets drauf hingewiesen, dass die Idee eines deterritorialisierten und post-nationalen Staates an der Tatsache vorbei schaut, dass die Territorialität des Nationalstaates bei aller Globalisierung nach wie vor konstituierend ist für moderne Gesellschaften (Hansen 2003).

Ein anderer Teil der Debatte hat sich auch auf den Aspekt bezogen, ob Transnationalismus ein neues Phänomen sei. Hier haben Historiker eine scharfe Kritik an den Promotoren eines neuen Paradigma gerichtet (Lucassen/Lucassen 1997). In der Tat haben Migrantinnen und Migranten schon anfangs des 20. Jahrhunderts die Verkehrsmittel über Land und See rege genutzt genauso wie die damaligen Kommunikationsmittel, um den Kontakt zur Heimat aufrecht zu erhalten. Aber erst seit der Senkung der Kommunikations- und Verkehrspreise und deren Beschleunigung ist so etwas wie „Gleichzeitigkeit" möglich. Aus diesem Grund scheint heute die Aufrechterhaltung multipler Bindungen nicht mehr pathologisiert zu werden, sondern ein Attribut moderner Lebensführung zu sein (Kanyar Becker 2003). Dieser Prozess führt unter anderem zu einer Personalisierung der Zugehörigkeit, in welcher Grenzen scheinbar nur noch eine geringe Bedeutung spielen. Insbesondere Migrantinnen und Migranten nutzen die Möglichkeit, mit internen und externen Zugehörigkeiten versiert umzugehen, wie dies beispielsweise auf politischer Ebene mit der doppelten Staatsbürgerschaft zum Ausdruck kommt.

Die Frage nach dem Zusammenhang zwischen Transnationalismus und Integration wurde in einem weiteren Strang der Literatur im Hinblick auf die Kompatibilität der beiden Konzepte angegangen, was zu ambivalent formulierten Schlussfolgerungen führte. Im Zentrum der Auseinandersetzung stand die Frage nach der Nachhaltigkeit transnationaler Praktiken angesichts des Integrationsprozesses, dem Migrantinnen und Migranten ausgesetzt sind. In einem traditionellen Verständnis von Integration, welches normative Zwischentöne der Absorption in die Gastgesellschaft enthält, steht die Aufrechterhaltung von sozialen Bindungen in die Herkunftsgesellschaft im Widerspruch zur Integrationserwartung (Brubaker 2001). Andere Forscher widersprechen dieser Meinung: Selbst für die *Chicago School of Sociology*, welche die Migrationsforschung im 20. Jahrhundert massgeblich beeinflusste, waren die Aufrechterhaltung von transnationalen Beziehungen ein Bestandteil des Integrationsprozesses. Sie wurden als transitorische Bezüge gesehen, welche helfen sollten, die Spannungen im Integrationsprozess besser abzufedern. Wenn nun die Beziehung zwischen Transnationalismus und Integration nicht kontradiktorisch ist, muss vom Bild der Realisierung der Integration als Nullsummenspiel Abstand genommen werden. Immigrantinnen und Immigranten können sich funktional integrieren und dennoch transnationale Beziehungen aufrecht erhalten. Sie können ihre Identitäten gemäss den Erfordernissen der Weltgesellschaft gestalten, anderen Einschränkungen gegenüber widerstehen und ein System von multiplen Zugehörigkeiten schaffen (Van Hear 1998).

Diese Schlussfolgerung ernst nehmend, stellte sich für unsere Untersuchung die Frage, welche Gestalt diese transnationalen Praktiken sowohl auf der wirtschaftlichen, sozio-kulturellen und politischen Ebene haben und in welchem Ausmass Immigranten signifikante Beziehungen zur Herkunftsgesellschaft längerfristig, also über mehr als eine Generation hinweg aufrecht erhalten, trotz oder gerade wegen einsetzender Integrationsprozesse. Ausserdem wollten wir wissen, welchen Einfluss solche Praktiken auf die Gruppenkohäsion von Migrantinnen und Migranten haben und inwieweit sich die Vermutung bestätigen lässt, dass die Auswirkungen transnationaler Aktivitäten auf die Einwanderungsgesellschaft stärker ausfielen als in Bezug auf die Herkunftsgesellschaft (Mahler 2000).

2   Transnationale Praktiken

Während die theoretische Literatur zum Transnationalismus wie wir gesehen haben, gut entwickelt ist, sind die empirischen Grundlagen in Bezug auf die Praktiken eher begrenzt: Es gibt nur wenige systematische Beschreibungen der transnationalen Aktivitäten von Migrantinnen und Migranten, insbesondere in Kontinentaleuropa, wo die Forschungslandschaft zu diesem Thema lange Zeit eher dünn gesät war (Brubaker 2001)[2]. Die Frage stellte sich nun: Weist

---

2   Eine ausführliche Dokumentation der Debatte findet sich in den Konferenzmaterialien eines Workshops, der von Rainer Bauböck, Thomas Faist und Wiebke Sievers unter dem Titel „Diaspo-

Europa mit seiner grossen Zahl von Nationalstaaten und seinen bedeutenden Migrationsströmen Formen von Transnationalismus auf, die mit jenen im angloamerikanischen Raum vergleichbar sind? In einem Vergleich entsprechender Studien aus Nordamerika und Europa kommt Østergaard-Nielsen (2003) beispielsweise zum Schluss, dass in Europa der Forschungsbrennpunkt mehr auf die Aufnahmegesellschaft wie auch auf die Politiken und Ideologien zu liegen kommt, während in den USA und Kanada der Akzent auf die Politiken der Sendegesellschaft und des sogenannten Transnationalismus „von unten" gesetzt wird. In künftigen Untersuchungen wäre es deshalb wichtig zu verstehen, welche Rolle die innenpolitischen Interessen der Einwanderungsländer und die aussen- oder geopolitischen Ziele der Auswanderungsländer bei der Ausgestaltung transnationaler Aktivitäten spielen könnten.

Die hier vorgestellte Studie[3] über den Transnationalismus übernahm indes die transatlantische Forschungsperspektive „von unten" und hatte das bescheidene Ziel, den Umfang der transnationalen Aktivitäten über die bereits bestehenden, nicht systematischen Beobachtungen hinaus abzuklären und eine komparative Evaluation der transnationalen Aktivitäten verschiedener Gruppen von Migrantinnen und Migranten in diversen kontinentaleuropäischen Ländern vorzunehmen. Unserer Meinung nach waren weitere ethnographische Abklärungen notwendig, um die wichtigen Muster transnationaler Praktiken zu identifizieren und daraus weitere forschungsleitende Hypothesen zu generieren. Im Blickpunkt standen insbesondere die politischen und ökonomischen Faktoren, welche die Bildung und Reproduktion dieser Praktiken fördern, über einzelne ethnische Gruppen hinaus. Dieser Forschungsprozess ist vom epistemologischen Ansatz der Sozialanthropologie inspiriert (Brettell/Hollifield 2000; Joppke/Morawska 2003). Das Projekt bildete deshalb eine Pilotstudie, die es erlauben sollte, die transnationalen Aktivitäten in verschiedenen europäischen Ländern systematisch zu beschreiben.

Der unmittelbare Zweck war die Herstellung von Typologien dieser Aktivitäten, um diese später komparativ angehen zu können. Zu diesem Zweck

....
ra and Transnationalism: Conceptual, Theoretical and Methodological Challenges" am Europäischen Hochschulinstitut in Florenz am 10. und 11. April 2008 organisiert worden ist.

3   Für die Durchführung dieser Untersuchung wurde ein Netzwerk gebildet, dem europäische Wissenschaftler angehören, die sich mit den Migrationsbewegungen, der zirkulären Migration und der Integrationspolitik befassen. Diese haben sich im Rahmen des Network of Excellence Imiscoe des sechsten Europäischen Rahmenprogramms zusammengeschlossen (*www.imiscoe.org*). Die Ergebnisse des gesamten Projekts und der Fallstudien wurden wie eingangs erwähnt in einer Spezialausgabe der Revue européenne des migrations internationales präsentiert (Fibbi und D'Amato, 2008).

wurden pro Land 60 Migrantinnen und Migranten der ersten und zweiten Generation interviewt. Allerdings stehen nicht die Gemeinschaften (wie im Fall der Diaspora), sondern die transnationalen Aktivitäten der Migrantinnen und Migranten im Zentrum der Untersuchung, d.h. die kollektive Dimension der grenzüberschreitenden Beziehungen, deren Öffentlichkeit und die institutionellen Konsolidierungsformen der individuellen Aktivitäten «von unten». Gegenstand der Analyse sind drei gesellschaftliche Bereiche, nämlich der wirtschaftliche, der soziokulturelle und der politische Bereich. Trotz der Schwierigkeit einer solchen Aufteilung der Realität und der Durchlässigkeit dieser drei Bereiche sollten möglichst alle Aktivitäten aufgezeigt werden und nicht nur die politischen Aktivitäten, die bislang – insbesondere in Europa – die empirischen Untersuchungen zum Transnationalismus dominiert haben.

In den Migrationsstudien gruppieren sich vergleichende Ansätze meist um drei Modelle: die Untersuchung unterschiedlicher Gruppen in einem Land, Studien von Gruppen mit gleicher Herkunft in verschiedenen Ländern, und zuletzt, der Vergleich innerhalb von Gruppen mit einer Orientierung auf der Zeitachse, also jeweils vor und nach der Einwanderung (Greenwood/Young 1997). In dieser explorativen Studie wollten wir verschiedene Gruppen mit ähnlichen strukturellen Grundbedingungen in den verschiedenen Aufnahmegesellschaften vergleichen. Die nationale Dimension, auch wenn sie im nächsten Abschnitt prominent erscheint, sollte nur im Hintergrund eine Rolle spielen. Vielmehr spielte ein konsolidierter Aufenthalt, die gesellschaftliche Zugehörigkeit zur Arbeiterschicht und die demografische Wichtigkeit der Gruppe in den einzelnen Staaten eine Rolle.

Die Besonderheit dieser Untersuchung besteht in ihrer multikomparativen Methode. Einige Fallstudien beruhen auf einem unterschiedlichen Ansatz: Die Türken werden in drei verschiedenen Aufnahmeländern – Niederlande, Deutschland und Schweiz – analysiert. Die Einwanderer aus Marokko in Belgien, Frankreich und Italien werden parallel zu einer anderen Gruppe von Migrantinnen und Migranten im jeweiligen Land beurteilt. Andere Fallstudien sind – entsprechend einem in Migrationsstudien üblicheren Ansatz – als konvergente Vergleiche zwischen zwei verschiedenen Gruppen konzipiert, die sich im gleichen Immigrationsland niedergelassen haben. So werden die Marokkaner in Belgien mit den Chinesen, in Frankreich mit den Senegalesen und in Italien mit den Rumänen verglichen. In den Fällen der Portugiesen und der Rumänen wurden die transnationalen Aktivitäten sowohl aus der Perspektive des Herkunftslandes als auch aus der Perspektive des Gastlandes – d.h. der Schweiz und Italiens – untersucht.

Transnationale Praktiken wurden in diesem Projekt als Aktivitäten definiert, die mindestens zwei Nationalstaaten involvieren und für die massgeblich Migrantinnen und Migranten verantwortlich sind. Gemeint sind Aktivitäten zwischen dem Aufenthalts- und dem Herkunftsstaat, aber auch Aktivitäten mit Drittstaaten, die Menschen aus der gleichen Gruppe involvieren können. Unter diesen Aktivitäten werden beispielsweise die Ausübung von politischen Rechten bei Abstimmungen, die Gründung von transnational operierenden Betrieben oder die ökonomische Unterstützung von Gemeinden im Herkunftsgebiet verstanden. Diese Praktiken sollten wichtig genug sein, von der Art, dass ihr Einfluss es erlaubt, weitere gesellschaftliche Strukturen zu generieren. Sie sollten auch dauerhaft sein, so dass die Perpetuierung dieser Aktivitäten beobachtet werden kann. Auch wenn Praktiken dieser Art symbolischer Natur sein können, waren wir vor allem am materiellen, strukturengenerierenden Aspekt der transnationalen Aktivitäten interessiert.

Die drei Beobachtungsfelder, die in dieser Pilotstudie im Besonderen angegangen werden sollten, betrafen das ökonomische, sozio-kulturelle und politische System und deren Einfluss auf die Entstehung und Entwicklung transnationaler Aktivitäten. Der Untersuchungsmodus richtete sich nach den Kategorien Zeit und Ziel, um die Institutionalisierung und Stärke dieser Bindungen zu messen (Portes et al. 1999; Van Amersfoort et al. 1984). Die Variable Zeit misst die Stabilität und Persistenz kollektiver Praktiken über mehr als eine Generation hinweg. Sie sollte Antworten auf die Frage finden, ob diese Praktiken in der zweiten Generation beispielsweise verschwinden. Die Variable Ziel bezieht sich auf die untersuchten Menschen und soll Hinweise auf die Diversifizierung dieser Gruppen geben, ob diese Aktivitäten über längere Zeit aufrechterhalten werden. Der Grad der Institutionalisierung gibt Hinweise auf die Fähigkeit zur Persistenz solcher Handlungsfelder. Transnationale Aktivitäten beziehen deshalb nicht allein auf Individuen, sondern auch auf Kollektive, weil diese eher auf eine Institutionalisierung der Handlungsebene und somit auf die Nachhaltigkeit der Wirkung zielen.

Das gewählte Setting ist natürlich nicht geeignet, Schlussfolgerungen über alle Immigrantinnen und Immigranten zu ziehen, in Vergangenheit wie Gegenwart. Aber es sollte einen Einblick in die Beziehung geben, die transnationale Aktivitäten mit der strukturellen und sozialen Integration haben.

3   Transnationale Aktivitäten: Ein Schwelleneffekt

Da die Herkunftsländer für die Migrantinnen und Migranten nach wie vor von grosser Bedeutung sind, könnte man davon ausgehen, dass die grössten Migrationsströme der jüngsten Vergangenheit durch eine grosse Vielfalt der länderübergreifenden Beziehungen gekennzeichnet sind. Deshalb ist es überraschend, dass die grenzüberschreitenden Aktivitäten jener Gruppen, bei denen in letzter Zeit eine permanente Immigration erfolgte, nur verhältnismässig schwach ausgeprägt sind. Besonders auffällig sind die Fälle der Ersteinwanderer aus Portugal in der Schweiz sowie derjenigen aus Rumänien und Marokko in Italien, weil sie auf den ersten Blick kontraintuitiv sind.[4] Dies ist umso erstaunlicher, als die Akteure dieser Migrationsströme mehrheitlich die Absicht haben, zu einem späteren Zeitpunkt in ihr Herkunftsland zurückzukehren.

Dieses Merkmal ist jedoch kaum eine Besonderheit aller Gruppen, die aus diesen Ländern emigriert sind: So entfalten die Marokkaner in Frankreich und in Belgien intensive transnationale Aktivitäten auf wirtschaftlicher, kultureller und politischer Ebene. Damit gleichen sie den Türken, der zahlenmässig grössten Migrantengruppe in Europa, die sich in einer Vielzahl von Ländern niedergelassen haben. Die auf verschiedenen Ebenen aktiven Türken bilden das paradigmatische Beispiel von Transmigranten in Europa, die mehr wegen ihrer politischen als wirtschaftlichen Aktivitäten intensiv untersucht wurden.

Die anderen im Rahmen dieses Projekts untersuchten Gruppen befinden sich hinsichtlich der Intensität ihrer transnationalen Aktivitäten und insbesondere in Bezug auf das Spektrum der entfalteten Aktivitäten in einer Zwischenposition: Die Kapverder in Portugal, die Chinesen in Belgien und die Senegalesen in Frankreich unterscheiden sich durch die Tatsache, dass sie sich in erster Linie im wirtschaftlichen und soziokulturellen Bereich engagieren, während ihre politischen Aktivitäten nur von marginaler Bedeutung sind.

Die geringfügigen grenzüberschreitenden Aktivitäten der portugiesischen Ersteinwanderer in der Schweiz wie auch der Rumänen und Marokkaner in Italien ist ein Paradox, wenn man davon ausgeht, dass die Bildung von grenz-

---

4   Selbstverständlich gibt es in jeder Gruppe viele Einzelpersonen, die ihren Familien regelmässig eine finanzielle Unterstützung zukommen lassen, ihre Ersparnisse für die Vorbereitung ihrer Rückkehr investieren, über telefonische Kontakte oder den Austausch von Briefen die Beziehungen mit ihren Verwandten und Freunden ihres ersten Sozialisierungsortes pflegen oder mit der Lektüre von Zeitungen oder am Fernsehen das politische Geschehen und/oder Sportveranstaltungen verfolgen. Da diese Aktivitäten ausserhalb des privaten Umfelds, der Familie oder der Verwandtschaft ohne Bedeutung sind, werden sie in dieser Studie nicht berücksichtigt.

überschreitenden Netzwerken gewissermassen eine automatische Konsequenz der Migration ist. Wenn bei Erstmigranten eine starke Identifikation mit dem Herkunftsland oder der Herkunftsregion besteht, kommt dies in der Praxis nur in grenzüberschreitenden Aktivitäten zum Ausdruck, wenn bestimmte Voraussetzungen erfüllt sind.

Die Marokkaner und Rumänen in Italien haben im Immigrationsland einen verhältnismässig unsicheren rechtlichen Status und befinden sich in wirtschaftlicher Hinsicht vielfach in einer prekären Lage. So scheint die Gefahr von Ausgrenzung und Verarmung die Möglichkeiten zur Entwicklung von transnationalen Aktivitäten zu behindern. Mit dem unsicheren Status lässt sich der Unterschied zwischen den Marokkanern in Italien und jenen in Frankreich und Belgien erklären: Während die ersteren Teil einer verhältnismässig neuen Migrationsbewegung sind, haben sich die Marokkaner in den beiden französischsprachigen Ländern über mehrere Jahrzehnte etabliert. Durch grosse Unsicherheit werden transnationale Aktivitäten insbesondere dann behindert, wenn die Mitglieder der betreffenden Gruppe nur über geringe persönliche und soziale Ressourcen verfügen.

Ein zweiter Faktor scheint ebenfalls von entscheidender Bedeutung zu sein: die Heterogenität innerhalb der Immigrantengruppen hinsichtlich der Migrationsart und des soziokulturellen Kapitals. Die marokkanischen Immigranten in Frankreich und Belgien bestehen zwar hauptsächlich aus Arbeitern und ihren Familien, doch sie weisen trotzdem eine politische Komponente auf, die bei den Marokkanern in Italien weitgehend fehlt.

Was hingegen die geringfügigen transnationalen Aktivitäten im Zusammenhang mit der umfangreichen Immigration von Portugiesen in die Schweiz anbelangt, überzeugt das Argument der Unsicherheit des rechtlichen Status und der sozialen Bedingungen nicht. In Fall der Portugiesen sind die verhältnismässig bescheidenen transnationalen Aktivitäten, die eine kollektive Dimension aufweisen, wahrscheinlich auf die wenig ausgeprägte Diversifizierung innerhalb der betreffenden Migrantengruppe zurückzuführen. Anders als bei der Gruppe der Türken wanderten die politisch versierten Portugiesen nach der Nelkenrevolution wieder zurück, was zu einer Ausdünnung politischer Professionalität führte. Das Herz der portugiesischen Community in der Schweiz stammt aus der klassischen Arbeitsmigration, deren primäres Ziel nach wie vor die Rückkehr ins Herkunftsland ist. All ihre sozialen und wirtschaftlichen Aktivitäten sind mehrheitlich auf Portugal ausgerichtet, das Interesse für Fragen der Integration in der Schweiz scheint dementsprechend noch schmal. Eine Einbettung in mehr als einer Gesellschaft bildet für Portugiesen – anders als bei den Türken – keine Priorität.

4   Politische Aktivitäten

Die türkischen, marokkanischen und senegalesischen Migrantinnen und Migranten entfalten in ihren jeweiligen Aufenthaltsländern – Niederlande, Deutschland, Schweiz, Belgien und Frankreich – auch transnationale Aktivitäten politischer Art. Die transnationale politische Mobilisierung stellt für die traditionelle Konzeption der Nationalstaaten, die einen abgeschlossenen Rechtsraum bilden, sicherlich die grösste Herausforderung dar. Deshalb überrascht es nicht, dass diese Frage seit Beginn der entsprechenden Untersuchungen oft im Zentrum der Aufmerksamkeit der Forschung stand.

Koopmans und Statham (1998, 2000) erklären das Bestehen von transnationalen politischen Aktivitäten mit einem ungenügenden Einbezug der Migrantengruppen im Aufnahmeland, was dazu führe, dass diese ihre Forderungen an das Herkunftsland richteten. Im Gegensatz dazu ortet Faist (2000) die Gründe für die politische Aktivierung in den Möglichkeiten, die den Migranten durch den demokratischen Rahmen der Immigrationsländer eingeräumt werden. Aus unseren Fallstudien geht hervor, dass für die politische Mobilisierung der Migrantinnen und Migranten nicht die vom Immigrationsland gebotenen Möglichkeiten entscheidend sind, sondern vielmehr der Unterschied zwischen den – in der Regel weitergehenden – Möglichkeiten im Immigrationsland und den – eher eingeschränkten – Möglichkeiten im Herkunftsland. Nur wenn dieser Unterschied verhältnismässig markant ist, sind die Voraussetzungen für eine Mobilisierung erfüllt.

Dies war insbesondere bei den türkischen Gruppen in verschiedenen europäischen Ländern der Fall, wo sie sich – anders als in der Türkei – im grossen Ganzen frei in der Öffentlichkeit bewegen, organisieren und äussern können. Dies hat dazu geführt, dass eine Rückkehr in die Türkei kaum noch erwogen wird. Ein langandauernder Aufenthalt schmälert ausserdem die Hoffnungen, im Herkunftsland die Lage grundlegend zu ändern. Auch wenn das Interesse an dortigen Prozessen nicht schwinden mag, orientieren sich viele Migrantinnen und Migranten aus der Türkei graduell auf die Geschehnisse und Lebensbedingungen in der Schweiz, Deutschland und der Niederlande und mischen sich vermehrt im hiesigen politischen Prozess ein. Damit steigern sie die

Versiertheit im Umgang mit den für sie prägenden Institutionen und der Bürgergesellschaft. Dieses Engagement ändert auch die Selbstwahrnehmung der betroffenen Transmigrantinnen und -migranten, stärken sie doch die Bindungen zum Aufenthaltsort, binden sie aber auch in einen kosmopolitischen Diskurs der Weite ein, in der die Herkunft zumindest prospektiv – laut Aussage der befragten aktiven Bürgerinnen und Bürger – an Gewicht verliert. Bindungen dieser Art haben auch Konsequenzen auf der Ebene der internationalen Beziehungen: So versucht der türkische Staat über die Aktivierung der transnationalen Netzwerke ihrer Bürger im Ausland für seine politischen Interessen im Westen zu lobbyieren, auch wenn für einzelne türkische Communities in Europa der türkische Staat als politischer Referenzpunkt an Bedeutung eingebüsst hat. Diese wurde ausgeglichen durch die Bedeutung der politischen Netzwerke in Deutschland, die zentral sind für die Türkinnen und Kurden im gesamten westlichen Europa.

Komplett anders stellt sich die Lage bei Migrantinnen und Migranten, die kein Interesse an demokratischen Erfahrungen haben. So scheinen bei den chinesischen Immigranten in Belgien der Zugang zu Rechten – trotz des unbestreitbaren Unterschieds zu den fehlenden Rechten im Herkunftsland – kaum eine politische Mobilisierung zu bewirken, obschon diese in vielen Fällen eingebürgert und sowohl wirtschaftlich als auch sozial gut gestellt sind. Die chinesischen Einwandererinnen und Einwanderer setzen ihre kulturellen und symbolischen Ressourcen hauptsächlich für wirtschaftliche und kulturelle Aktivitäten ein.

5 Wirtschaftliche und kulturelle Aktivitäten

Die Fallstudien zeigen schliesslich auch Zwischenformen, in denen sich die Immigrantengruppen nicht durch politische Forderungen, sondern über wirtschaftliche und kulturelle Aktivitäten auf transnationaler Ebene als gesellschaftliche Akteure profilieren.

Unter den ersten wirtschaftlichen transnationalen Aktivitäten müssen die Rimessen erwähnt werden, die unterschiedliche Zielsetzungen verfolgen. Nebst dem Bau eines Eigenheims können auch solidaritätsorientierte Gründe für die Überweisung von Geldern eine Rolle spielen. Zu letzteren gehört die Unterstützung des Familienhaushalts in der Herkunftsregion, die insbesondere bei kürzlich eingewanderten Gruppen stark verbreitet ist. Es gibt aber auch

Vereinigungen, die Geld nicht für individuelle Zwecke überweisen. Diese Transfers dienen meist konkreten Projekten des Infrastrukturausbaus in der Herkunftsregion und involvieren meist Angehörige der zweiten Generation.

So ist es kein Zufall, dass sich die Migrantinnen und Migranten der zweiten Generation – speziell die Türkinnen und Türken in der Schweiz und die Marokkanerinnen und Marokkaner in Belgien – in diesem Feld besonders engagieren und eine Möglichkeit suchen, ihre Loyalität gegenüber der Herkunftsregion zum Ausdruck zu bringen, durch die aber ihr Status als Daueraufenthalter im Immigrationsland nicht in Frage gestellt wird. Der Einbezug der Zweitgenerationen in diese Aktivitäten gleicht damit mehr den Mobilisierungsformen der Zivilgesellschaft, die auf eine Unterstützung von spezifischen lokalen Besonderheiten im Herkunftsland ausgerichtet sind. Die jungen Menschen der zweiten Immigrantengeneration engagieren sich für die Schaffung neuer finanzieller Kanäle, beispielsweise in Form von Stiftungen, für die Verbesserung der Lebensbedingungen im Heimatdorf. Sie lösen sich von eher politischen Formen der Beteiligung, wie sie bei der ersten Generation vorherrschen, oder von Aktivitäten zur Pflege der Bräuche und Sitten, die für die Beziehung ihrer Vorfahren zum Heimatdorf typisch sind. Bei dieser neuen Art von Aktivität besteht kaum ein Zusammenhang zwischen Migration und Nationalstaat (Bauböck 2003).

Einer der Faktoren, welche das Unternehmertum der Migranten erklären und von dem die transnationale wirtschaftliche Aktivierung ausgeht, ist die Feindseligkeit, mit der die Migrantengruppen in der neuen Gesellschaft konfrontiert werden. Die Hypothese der ethnischen Benachteiligung wird durch die empirischen Belege in den Beiträgen zu den Türken in der Schweiz und in Deutschland sowie zu den Marokkanern in Belgien bestätigt. Einige Aktivitäten, die in den vorgelegten Studien erfasst wurden, gehen jedoch weit über eine blosse Reaktion auf die Feindseligkeit des Umfelds hinaus. Beispiele dafür sind die Geschäftstätigkeit der Senegalesen oder die Investitionen der Chinesen. Die Erklärungstheorien zu den transnationalen wirtschaftlichen Aktivitäten scheinen nicht auszureichen, um die grosse Vielfalt der registrierten Situationen zu erfassen.

Die zahlreichen kulturellen Aktivitäten fördern die Identifikation der Migrantinnen und Migranten mit der Kultur ihres Herkunftslandes und sind gleichzeitig auf die Erarbeitung einer positiven kollektiven Identität im Einwanderungsland ausgerichtet. Indem die Musik – und in einem etwas geringeren Ausmass auch die Sprache – Wechselwirkungen zwischen der Kultur des

Herkunftslandes der Immigranten und der Kultur des Aufnahmelandes ermöglichen, leistet sie einen Beitrag zum Verständnis der Logik des Transnationalismus als einzigartigen Raum der sozialen Tätigkeiten, in dem die Migranten nicht mehr entwurzelt sind, sondern sich im Gegenteil in unterschiedliche Kulturen und gesellschaftlichen Systemen als Subjekte frei bewegen.

6 Fazit

Zum Abschluss dieser Studie lässt sich festhalten, dass Europa mit seinen zahlreichen Nationalstaaten und seinen umfangreichen Migrationsströmen Formen von Transnationalismus kennt, die mit jenen im angloamerikanischen Raum vergleichbar sind. Dies gilt insbesondere dann, wenn die Beobachtungen auf den Transnationalismus «von unten» erweitert werden und eine blosse Berücksichtigung der politischen Aktivitäten vermieden wird. Allerdings sorgt in beiden Räumen – d.h. auf beiden Seiten des Atlantiks – lediglich eine Minderheit innerhalb der Migrantengruppen für grenzüberschreitende Aktivitäten.

In der europäischen Literatur zum Phänomen des Transnationalismus stösst man immer wieder auf die Frage, ob ein Widerspruch zwischen den transnationalen Aktivitäten und der Integration der Migrantinnen und Migranten in die Gesellschaft des Aufnahmelandes bestehe. Aus allen Fallstudien geht hervor, dass diesbezüglich kein Antagonismus besteht, da Integration nicht mit dem Verlust der eigenen kulturellen Identität einhergeht, sondern einen stärkeren Einbezug in ein anderes kulturelles und soziales Umfeld bedeutet.[5] Es überrascht deshalb nicht, wenn gerade Migrantinnen und Migranten mit einem hohen sozio-ökonomischen Status und hohem Bildungskapital am stärksten in transnationale Aktivitäten involviert sind. Die transnationalen Aktivitäten entsprechen sowohl einer Reaktion auf eine schwierige Ausgangslage als auch einer Möglichkeit, soziales und kulturelles Prestige oder wirtschaftlichen Einfluss zu erlangen. Diese wiederum verbessert die Integrationsbedingungen für die Einzelpersonen wie auch für jene Minderheiten, denen sie angehören. In anderen Worten: Die Implikation in transnationale Praktiken ist nicht eine Funktion der strukturellen Lage der Migran-

---

5 Wie die Fälle der Portugiesen in der Schweiz sowie der Marokkaner und Rumänen in Italien zeigen, scheinen fehlende Bindungen kaum ein Indikator für eine stärkere Integration zu sein.

ten in der Gastgesellschaft und Integration führt nicht zu einer dissuasiven Wirkung in Bezug auf transnationale Identifikationsmuster.

Die Studie konnte deshalb auch nicht die Hypothese bestätigen, wonach transnationale Bindungen in einem Zusammenhang stehen mit einem irgendwie gearteten Rückkehrprojekt. Gerade jene Gruppen (wie beispielsweise die Portugiesen in der Schweiz), die zu einem grossen Teil solche Vorhaben teilen, zeigen eher geringe transnationale Bindungen. Allerdings muss dieses Argument dahingehend nuanciert werden, dass es im Bereich von transnationalen Beziehungen selten um ein Nullsummenspiel geht. Die Stärke der Loyalität zum Aufenthaltsland impliziert nicht eine Abnahme der Bedeutung der Bindung zum Herkunftsland.

Ineinander in Beziehung gesetzt sind allerdings nicht nur die transnationalen Aktivitäten, sondern auch die Formen des Transnationalismus. So engagieren sich die Migrantinnen und Migranten in mehr als nur einem System. So sind auch die ökonomische, politische und sozio-kulturelle Sphäre eng miteinander verflochten; transnationale Aktivitäten können beispielsweise auf gesellschaftlicher Ebene einen sogenannten spill-over-Effekt erzeugen und Effekte im ökonomischen System haben, so dass es zu neuen Formen von Transaktionen zwischen den Migranten und den Systemen kommt. Wie auch immer die Praktiken geartet sind, das soziale Kapital der Migrantinnen und Migranten scheint mindestens ein so wichtiger Faktor zu sein wie die Aktivitäten selbst. Das soziale Kapital der Migranten ist jene Grösse, die nicht nur hilft, Aktivitäten über Grenzen hinweg zu lancieren, es erleichtert auch den Zugang zu neuem Wissen und zu spezifischen Kompetenzen im Aufenthaltsland, die wiederum Anreize kreiieren für weitere transnationale Aktivitäten.

Diese transnationalen Aktivitäten können nicht geographisch auf das Aufenthalts- und das Herkunftsland begrenzt werden. Andere, dritte Staaten können ebenfalls eine stimulierende Funktion ausüben. Deutschland ist zum Beispiel ein solcher Raum für die türkische Community in der Schweiz. In Bezug auf Organisationen und transnationale Operationen hat Deutschland in vielen Fällen eine gewichtigere Rolle als selbst die Türkei. Und die Existenz breiter Netzwerke im ganzen europäischen Raum führt als Konsequenz zu einer starken Europäisierung transnationaler Praktiken.

Der Bereich transnationaler Aktivitäten von Migrantinnen und Migranten, das ergeben die verschiedenen von uns durchgeführten explorativen Studien, ist reich an Gestalt und Inhalt. Auch wenn nicht alle Bereiche durch unsere Studie haben abgedeckt werden können, wird dennoch deutlich, dass die transnationalen Aktivitäten ein gesellschaftliches Faktum darstellen, welches die Bedeutung von Nationalstaaten transzendiert, aber auch weiterhin abhängig bleibt von spezifischen nationalen Bedingungen. Der Nationalstaat schafft jene Bedingungen, die für die Entstehung und Ausbreitung des Transnationalismus notwendig sind.

Bibliographie

APPADURAI, ARJUN (1996): *Modernity at Large:* Cultural Dimensions of Globalisation. Minneapolis, London: University of Minnesota Press.
BAUBÖCK, RAINER (2003): "Towards a Political Theory of Migrant Transnationalism". In: *International Migration Review* 37, S. 700-723.
BEN-RAFAEL, ELIEZER (2009): *Transnationalism diasporas and the advent of a new (dis)order.* Boston: Brill.
BRUBAKER, ROGERS (2001): "The return of assimilation? Changing perspectives on immigration and its sequels in France, Germany, and the United States". In: *Ethnic and racial studies* 24, S. 531-548.
CASTELLS, MANUEL (1997): "Immigrant workers and class struggles in advanced capitalism: the western European experience". In: COHEN ET AL. (Hrsg.), S. 28-61.
CERNY, PHILIP G. (2010): *Rethinking world politics a theory of transnational neopluralism.* New York, N.Y.: Oxford University Press.
COHEN, ROBIN/ZIG LAYTON-HENRY (Hrsg.) (1997): *The politics of migration.* Cheltenham: E. Elgar.
D'AMATO, GIANNI (1997): „Gelebte Nation und Einwanderung: zur Trans-Nationalisierung von Nationalstaaten durch Immigrantenpolitik am Beispiel der Schweiz". In: KLEGER (Hrsg.), S. 132-159.
FAIST, THOMAS (2000): "Transnationalization in international migration: implications for the study of citizenship and culture". In: *Ethnic and racial studies* 23, S. 189-222.
FIBBI, ROSITA/D'AMATO, GIANNI (2008): „Transnationalisme des migrants en Europe: une preuve par les faits". In: *Revue européenne des migrations internationales* 24, S. 7-22.
GLICK SCHILLER, NINA/BASCH, LINDA/SZANTON BLANC, CRISTINA (1999): "Transnationalism: a new analytic framework for understanding migration". In: VERTOVEC ET AL. (Hrsg.), S. 26-49.
HANSEN, RANDALL (2003): "Citizenship and Integration in Europe". In: JOPPKE ET AL. (Hrsg.), S. 87-109.
JACOBSON, DAVID (1996): *Rights across borders immigration and the decline of citizenship.* Baltimore: Johns Hopkins University Press.

JOPPKE, CHRISTIAN (Hrsg.) (1998): CHALLENGE TO THE NATION-STATE: immigration in Western Europe and the United States. Oxford: Oxford University Press.

JOPPKE, CHRISTIAN/MORAWSKA, EVA (Hrsg.) (2003): TOWARDS ASSIMILATION AND CITIZENSHIP. Immigrants in Liberal Nation-States. New York: Palgrave Macmillan.

KANYAR BECKER, HELENA (Hrsg.) (2003): *Jenische, Sinti und Roma in der Schweiz*. Basel: Schwabe.

KLEGER, HEINZ (Hrsg.) (1997): *Transnationale Staatsbürgerschaft*. Frankfurt a.M.: Campus Verlag.

KOOPMANS, RUUD/STATHAM, PAUL (Hrsg.) (2000): *Challenging Immigration and Ethnic relations Politics*. Comparative European Perspectives. Oxford: Oxford University Press.

– (1998): *Challenging the liberal nation-state?* Postnationalism, multiculturalism, and the collective claims-making of migrants and ethnic minorities in Britain and Germany. Berlin: Wissenschaftszentrum Berlin für Sozialforschung (WZB).

LUCASSEN, JAN/LUCASSEN, LEO (Hrsg.) (1997): *Migration, Migration History, History*: Old Paradigms and New Perspectives. Bern: Peter Lang.

MAHLER, SARAH J. (2000): "Constructing International Relations: The Role of Transnational Migrants and Other Non-state Actors". In: *Identities* 7, S. 197-232.

MAU, STEFFEN (2010): *Social Transnationalism*: Lifeworlds Beyond the Nation-State. London: Routledge.

ØSTERGAARD-NIELSEN, EVA (2003): "The democratic deficit of diaspora politics: Turkish Cypriots in Britain and the Cyprus issue". In: *Journal of Ethnic and Migration Studies* 29, S. 683-700.

PORTES, ALEJANDRO (2001): "New Research and Theory on Immigrant Transnationalism". In: *Global Networks 1* (Special Issue).

PORTES, ALEJANDRO/GUARNIZO, LUIS E./LANDOLT, PATRICIA (1999): "The study of transnationalism: pitfalls and promise of an emergent research field". In: *Ethnic and racial studies* 22, S. 217-237.

PRIES, LUDGER (Hrsg.) (2008): *Rethinking transnationalism*: the meso-link of organisations. London: Routledge.

SOYSAL, YASEMIN NUHOGLU (1994): *Limits of citizenship: migrants and postnational membership in Europe*. Chicago: The University of Chicago.

VAN HEAR, NICHOLAS (1998): *New diasporas*: the mass exodus, dispersal and regrouping of migrant communities. London: UCL Press.

VERTOVEC, STEVEN (2008): *Transnationalism*. London: Routledge.

VERTOVEC, STEVEN/COHEN, ROBIN (Hrsg.) (1999): *Migration, Diasporas and Transnationalism*. Cheltenham: E. Elgar.

WIMMER, ANDREAS/GLICK SCHILLER, NINA (2002): "Methodological nationalism and the study of migration". In: *European journal of sociology* 43, S. 217-240.

CHRISTINE RIEGEL

Biografien im transnationalen Raum

Biografien haben sich im Kontext von Globalisierung und Internationalisierung ausdifferenziert. Die Möglichkeiten der Lebensgestaltung und der geografischen Verortung über die Lebenszeit hinweg, aber auch Fragen der Zugehörigkeit und sogar Vorstellungen von ‚Heimat' haben sich stark dynamisiert und pluralisiert. Auf den mehrdimensionalen, grenzüberschreitenden und prozesshaften Charakter von Mobilität und Migration, von sozialen Bezügen, Zugehörigkeiten und Identifikationen im Kontext von Globalisierung verweisen insbesondere Konzepte zu Transnationalität (vgl. Ong 1999; Faist 2000), Transmigration und Transnationalisierung (Glick-Schiller et.al. 1992; Pries 1997 und 2000), aber auch die Cultural und Postcolonial Studies (vgl. Hall 1999; Castro Varela/Dhavan 2005). Die Betonung des Prozesshaften spiegelt sich ebenfalls in der neueren Biografieforschung wieder (vgl. Dausien 1998; Rosenthal 1995; Völter et.al. 2005; Krüger/Marotzki 2006). Beide Forschungsperspektiven – die Biografie- als auch die (kritische) Migrationsforschung – betonen den Konstruktionscharakter (von Biografie bzw. von Nation und Kultur), das dialektische Verhältnis von Struktur und Subjekt sowie die darin liegende Gestaltungs- und Widerstandspotentiale von sozialen Akteuren. Sie sind herausgefordert sowohl die Potentiale und Chancen als auch die Begrenzungen historisch neuer (und alter) gesellschaftlicher und sozialer Entwicklungen für die Individuen und deren Lebensgestaltung zu berücksichtigen bzw. ihnen in der Forschung gerecht zu werden.

In diesem wissenschaftlichen Kontext von Migrations- und Biografieforschung möchte ich im Folgenden der Frage nach Möglichkeiten und Realisierungen biografischer Lebensgestaltung im transnationalen Raum nachgehen. Dabei wird zunächst das Spannungsfeld von Erweiterung, Dynamisierung und Verschärfung von Grenzen in ihrer Bedeutung für die Mobilität und Lebensgestaltung von Menschen im transnationalen Raum ausgelotet. Danach wird mit Bezug auf den subjektiven Möglichkeitsraum (Holzkamp 1983) eine Perspektive auf Biografien im gesellschaftlichen Kontext und transnationalen Raum entwickelt, ohne den Blick auf transnationale Migration zu beschränken. Am Beispiel einer jungen Frau, die in Deutschland als Tochter von Arbeitsmigrant_innen[1] aufgewachsen ist, wird exemplarisch das Potential transnationaler Räume für die Lebensplanung und biografische Gestaltung für junge Erwachsene mit Migrationshintergrund rekonstruiert und dabei (Trans-)Migration als Perspektive der Neujustierung des Lebens in biografischen Übergängen herausgearbeitet.

1 Mobilität und (Trans-)Migration im Spannungsfeld von Dynamisierung und Verschärfung von Grenzen

Die gesellschaftlichen und sozialen Voraussetzungen biografischer Gestaltung in einer globalisierten Welt verweisen sowohl auf neue Möglichkeiten der Lebensgestaltung, aber auch auf Grenzen und Begrenzungen.

Im Zuge gesellschaftlicher Transformationsprozesse, der Beschleunigung und Ausdehnung von weltweiter Mobilität sowie der zunehmenden Komplexität grenzüberschreitender wirtschaftlicher, politischer und sozialer Beziehungen, haben sich transnationale soziale Räume etabliert. Dies sind, so Ludger Pries, „neue ‚soziale Verflechtungszusammenhänge', die geographisch-räumlich diffus bzw. multi-lokal sind und [...] zugleich über den Sozialzusammenhang von Nationalgesellschaften" (Pries 1997: 34) hinausweisen.[2] Sie bieten neue, erweiterte Möglichkeiten der Lebensführung und biografischen Gestaltung sowie der symbolischen und physischen Verortung und werden in dieser Vielfalt auch realisiert: "More persons in more parts of the world consider a wider set of 'possible' lives than they ever did before." (Appadurai 1991: 197, in: Lutz/Schwalgin 2006: 100). (Nicht nur) Migrant_innen, Geschäftsreisende, moderne Globetrotter oder globale Nomad_innen überschreiten in ihrer Biografie und teilweise auch in ihrer alltäglichen Lebensführung vielfach nationalstaatliche Grenzen und spannen ihr Leben zwischen verschiedenen geografischen Orten auf. Dies prägt deren individuelle Biografie und Lebensführung, darüber hinaus gestalten sie auch die verschiedenen Orte und Räume mit, in denen sie sich aufhalten (vgl. Welsch 1995; Hall 1999; Bukow et.al. 2001).

---

1 Mit diesem Versuch einer geschlechtergerechten Sprache in Form eines Unterstrichs zwischen der ‚männlichen' und ‚weiblichen' Form („_innen") wird zusätzlich auf das ‚Dazwischen' bzw. auf die Möglichkeit der Geschlechterpositionierung *jenseits* bipolarer Geschlechtereinteilungen bzw. des dominanten Systems der Zweigeschlechtlichkeit verwiesen und diese mit einer Leerstelle sichtbar gemacht.

2 Vgl. dazu auch die Beiträge von Ludger Pries und Janine Dahinden in diesem Band.

Allerdings gestalten sich diese Optionen in ihren sozialen Voraussetzungen nicht für alle Menschen gleich. So ist es erforderlich, immer auch die strukturellen, materiellen und sozialen Begrenzungen transnationaler Mobilität und Migration zu berücksichtigen und unter dem Aspekt ungleicher Ressourcenverteilung und asymmetrischer Machtverhältnisse zu betrachten. Ansonsten bleiben so genannte Trans-Konzepte vage und gegenüber gesellschaftlichen Macht- und Herrschaftsverhältnissen unkritisch (vgl. die Kritik von Bommes 2002; Fürstenau/Niedrig 2009; Lutz 2009).

Denn trotz Dynamisierungs- und Verflüssigungstendenzen nationalstaatlicher Grenzen sind diese, aber auch materielle und symbolische Grenzen, nach wie vor für die Strukturierung von Gesellschaften und des sozialen Raums relevant – und damit auch für die Möglichkeiten der (grenzüberschreitenden) Lebensgestaltung von Menschen. Der Nationalstaat als rechtlicher und politischer Referenzrahmen, an den Aufenthaltstitel, wohlfahrtsstaatliche Regelungen oder die Anerkennung von Bildungstiteln geknüpft sind, existiert nach wie vor. Nationalstaatliche Grenzen sind einerseits zwar durchlässiger geworden oder haben sich verschoben, andererseits haben sie sich auch verschärft. Dies wird am Bespiel der so genannten „Festung Europa" und dem Prozess der europäischen Integration deutlich. Im Zuge dessen erfolgte zwar *innerhalb* Europas eine Öffnung der Binnengrenzen, was für Angehörige der EU bzw. Staaten des Schengener Abkommens die Möglichkeiten grenzüberschreitender Mobilität und Lebensführung erhöht hat. Gleichzeitig erfolgt eine Politik der Abschottung und der Restriktionen im Asyl- und Einwanderungsrecht in allen möglichen europäischen Ländern sowie eine verstärkte Absicherung der europäischen Aussengrenzen[3], was die Möglichkeit der Migration oder Flucht *nach* Europa auf legalem Wege weitgehend verunmöglicht. Diese Abschottungspolitik hat auch einschränkende Konsequenzen für die Möglichkeiten einer transnationalen Lebensführung für Migrant_innen, die zwar in Europa leben, jedoch keinen Status als EU-Bürger_innen haben.

Ebenfalls haben sich durch Globalisierungsprozesse Verhältnisse sozialer Ungleichheit[4] und gesellschaftliche Machtasymmetrien nicht aufgelöst, im

---

3 durch die transnational kooperierende europäische Agentur zur Absicherung der EU-Aussengrenzen Frontex.

4 Soziale Ungleichheit sowie das intersektionelle Zusammenwirken von ungleich strukturierten Geschlechter-, Ethnizitäts- und Klassenverhältnissen ist sowohl in Bezug auf die Weltgesellschaft (Wallerstein 1989) als auch auf Nationalgesellschaften zu betrachten, allerdings ist die Analyse keinesfalls mehr auf letztere zu beschränken (vgl. Kreckel 1992; Marvakis 1996).

Gegenteil, soziale Segmentierung und die Aufspaltung von arm und reich im internationalen und nationalen Massstab haben sich zum Teil noch verschärft. Auch wenn sich Geschlechterverhältnisse im Kontext von Migrationsbewegungen und Transnationalisierung dynamisieren, halten sich Geschlechterhierarchien dennoch relativ stark (vgl. Lenz 2000; Morokvašic 2008). Aber auch symbolische Grenzziehungen, wie z.B. die Einteilung in „Wir und die Anderen" (Beck-Gernsheim 2004) bzw. dem „Eigenen und Fremden", nationalistische und hegemoniale Diskurse sowie eindimensionale bzw. bipolare natio-ethno-kulturelle Identifikations- und Orientierungsangebote zeigen sich in allen möglichen gesellschaftlichen Kontexten und konturieren sowohl soziale Ein- und Ausgrenzungsprozesse als auch die Möglichkeitsräume von Individuen. Diese Formen der Grenzziehung konterkarieren die Tendenzen der Verflüssigung und Auflösung von Grenzen im transnationalen Raum.

Darüber hinaus werden grenzüberschreitende Mobilität von Menschen sowie transnationale Biografien – je nach Kontext und Herkunft der mobilen Menschen – unterschiedlich gewertet: Internationale Mobilität und temporäre Aufenthalte im Ausland gehören für privilegierte Menschen in westlichen Industrieländern z.T. fast schon zur Normalität, gelten als karriereförderlich und sind für Heranwachsende inzwischen zu einer wichtigen Bildungsressource geworden. Hingegen wird die Migration von Menschen nach Europa – gerade von deren Zentren – als Bedrohung und Zumutung empfunden, es sei denn, sie oder ihre Kompetenzen gelten als „verwertbar" (vgl. die Green-Card-Diskussion für hoch qualifizierte Migrant_innen in Deutschland). Erfolgt die erstgenannte Form der Mobilität in der Regel unter gesicherten materiellen Voraussetzungen, findet die zweit genannte Form hingegen unter äusserst prekären und z.T. durchaus gefährlichen Umständen statt.

Deutlich wird bereits hier, dass für Menschen ungleiche Möglichkeiten bestehen, die Potentiale des transnationalen Raums in ihren Biografien zu nutzen. So betonen Zirfas, Göhlich und Liebau: „Transnationale Phänomene sind immer auch vor dem Hintergrund der sozialen Kämpfe um die Ressourcen (Macht, Geld ...) zu interpretieren" und „dabei sollte nicht ausgeblendet werden, dass die [...] verfüg- und mobilisierbaren Ressourcen [...] durchaus unterschiedlich eingeschätzt werden müssen" (Zirfas et.al. 2006: 189).

Vor diesem Hintergrund können die Voraussetzungen für die Gestaltung von Biografien im transnationalen Raum als widersprüchlich und ambivalent gewertet werden. Denn diese konstituieren sich in gesellschaftlichen Verhältnissen sozialer Ungleichheit, in denen sich asymmetrische Machtverhältnisse entlang von Geschlechter-, Klassen-, Ethnizitätsverhältnissen gegenseitig überlagern und hervorbringen – und somit auch den transnationalen Raum hierarchisierend und segmentierend durchdringen. Insofern ist es unabdingbar, die Biografien im transnationalen Raum immer auch unter einer ungleichheitstheoretischen und intersektionellen Perspektive zu betrachten (vgl. Lutz 2009).

2 Biografien im transnationalen Raum

Biografie wird sozialwissenschaftlich als prozessuale und aktive Auseinandersetzung des Subjekts mit gesellschaftlichen und sozialen Verhältnissen verstanden. Sie ist als fortwährende Verortung in der Welt zu verstehen, bei der sich Subjekte „im Lauf ihrer Lebenszeit in eine sich verändernde konkrete soziale Welt ‚einbauen‘" (ebd.). Gleichzeitig verweist Biografie auf die individuelle Geschichtlichkeit, d.h. die Erfahrungsaufschichtung aus dem bisherigen Leben eines Menschen. Bettina Dausien spricht hier von Biografie als „temporale und soziale ‚Meta-Organisation' von Erfahrungen und ‚Konstruktionsprozessen' in der Form konkreter Individualität" (Dausien 1998: 132). Vor diesem Hintergrund sind auch Biografien im transnationalen Raum zu betrachten und zu rekonstruieren. Gleichzeitig – und hier liegt das dialektische Verhältnis von Struktur und Subjekt – gestalten Menschen durch ihre Lebenspraxen den sozialen und somit auch den auch transnationalen Raum immer auch mit. Dabei sehen sie sich, wie gerade aufgezeigt, – je nach sozialer Lage und Position – unterschiedlichen und ungleichen Möglichkeiten der Verfügung und Ausgestaltung von Lebensverhältnissen gegenüber. Wie diese jeweils interpretiert und in die Biografie eingebaut werden, hängt von der Bewertung durch das Subjekt ab.

Damit sei auf das Konzept des subjektiven Möglichkeitsraums in Anlehnung an die Kritische Psychologie verwiesen: Der „subjektive Möglichkeitsraum" umfasst das „bei »je mir« vorfindliche Verhältnis von Handlungs-/Verfügungsmöglichkeiten und deren Realisierungsbedingungen" (Holzkamp 1983: 550), d.h. die von der/dem Einzelnen subjektiv wahrgenommenen und gedeuteten Verfügungsmöglichkeiten und -behinderungen über ihre Lebensverhältnisse. Dabei wird analytisch zwischen einer personalen und einer situationalen Seite des Möglichkeitsraumes unterschieden, zwei Seiten, die jedoch real zusammenspielen: Der personale Pol enthält die subjektive Geschichtlichkeit, als Summe der biografischen Erfahrungen, sowie Fähigkeiten und Kapazitäten.

Der situationale Pol bezieht sich auf die aktuelle Situation sowie auf die ‚äußeren' Lebensbedingungen, als zur Verfügung stehende Möglichkeiten und Einschränkungen im sozial-gesellschaftlichen Kontext. Die Wahrnehmung und Interpretation der beiden Seiten des subjektiven Möglichkeitsraums erfolgt dabei jeweils aus Sicht des (handelnden) Subjekts. Vor diesem Hintergrund werden vom Subjekt nicht nur die aktuellen, sondern auch die zukünftigen Handlungspotentiale bewertet, und somit auch ihre Lebensperspektiven und biografischen Gestaltungsmöglichkeiten im transnationalen Raum.

Transnationale soziale Räume enthalten differenzierte Potentiale der Lebensführung und der sozialen Verortung über die Zeitachse des Lebens hinweg – und sind in dieser Hinsicht auch für die Gestaltung von Biografie, für biografische Konstruktionen sowie zukünftige Lebensperspektiven bedeutsam. Die Transnationalisierung sozialer Räume ermöglicht also zum einen grenzüberschreitende Mobilität, als Wechsel von verschiedenen Lebensorten und -welten im biografischen Verlauf, und sie ermöglicht gleichzeitig oder temporal verschoben das Aufspannen von mehreren Lebensräumen oder geografischen Bezugspunkten über nationalstaatliche Grenzen hinweg.

Zum anderen wirken Globalisierung und Transnationalisierung auch auf das Leben und die alltägliche Lebensführung vor Ort im jeweiligen lokalen und regionalen Raum – jenseits der Verwirklichung transnationaler Biografien. Denn aus dem Ineinandergreifen von Globalem und Lokalem, was auch mit Begriffen wie „Glokalisierung" und „Glokalität" (Baumann 1996 oder Robertson 1998) zum Ausdruck gebracht wird, haben sich pluriforme Sozialräume sowie „hybride Kulturen" (Hall 1999) entwickelt, die sich durch Vielfalt und Heterogenität auszeichnen. Migrant_innen nehmen auf diese Vielfalt an verschiedenen Milieus, Nischen und Subkulturen prägenden Einfluss, was z.B. an sozial heterogenen Stadtteilen deutlich sichtbar wird (vgl. die Urbanitätsstudien von Bukow et.al. 2001; Yildiz 2006) sowie dem Entstehen von stadtteilbezogenen transkulturellen Jugendkulturen (vgl. Riegel 1999 und 2004; Dannenbeck et.al. 1999). Solche kulturellen Formen und transnational geprägten Räume stellen gerade für Jugendliche aus Migrationsfamilien eine adäquate Verortungsmöglichkeit dar, jenseits von bipolaren Zugehörigkeitszwängen, z.B. zwischen Herkunftslands- und Einwanderungsland.[5] Damit wird Transnationalisierung immer auch für die Lebensgestaltung und Lebensperspektiven

---

5 Eine solche transkulturell geprägte Jugendszene war auch für die junge Frau, deren Biografie im Folgenden rekonstruiert wird, in der Jugendzeit äusserst bedeutsam und identitätsstiftend (s.u.).

an einem Ort bedeutsam. Für die symbolische Verortung von Subjekten sind in diesem Kontext insbesondere transkulturelle (Welsch 1995), transnationale (Apitzsch/Siouti 2008) oder hybride Identitäten (Bhabha 2000; Hall 1999) sowie natio-ethno-kulturelle Mehrfachzugehörigkeiten (Mecheril 2003) bedeutsam. Diese pluriformen und hybriden Zugehörigkeitskontexte zeichnen sich durch eine neue Qualität (durch das Zusammenbringen unterschiedlicher Einflüsse) und ein widerständiges Potential[6] gegenüber bipolaren Kategorisierungen aus.

Der transnationale soziale Raum ist also für die biografische Gestaltung in doppelter Hinsicht von Bedeutung: zum einen als grenzüberschreitender Raum mit verschiedenen Möglichkeiten (und Begrenzungen) von Mobilität und Migration, zum anderen in seinem Einfluss und seiner gestaltenden Wirkung im lokalen Raum. Somit ist Transnationalisierung (Pries 2008) auch für die Lebensführung und biografischen Projekte von Menschen, die als sesshaft bezeichnet werden, relevant.

Wenn folglich von einer Globalisierung von Biografien (Beck 1997) gesprochen wird bzw. Biografien im transnationalen Raum in den Blick genommen werden, muss es sich nicht zwangsläufig um Biografien handeln, die im engen Sinne als transnational gelten und mit Praxen der Trans- oder Pendelmigration bzw. einer Lebensführung mit pluri-lokalem Bezug zu mindestens zwei verschiedenen Nationalstaaten verbunden sind, auch wenn diese Formen im Zentrum der Forschung zu Transnationalismus stehen (z.B. Glick-Schiller et.al. 1992; Pries 2000; Lutz 2007). Bedeutend für die biografischen Projekte von Menschen ist vielmehr, dass Globalisierung und Transnationalisierung und die damit verbundenen sozialen Strukturen und Deutungshorizonte es dem einzelnen Subjekt erst ermöglichen, ihre Lebensführung und biografischen Projekte als grenzüberschreitend und mobil zu entwerfen. „Das einzelne Subjekt, dessen Biografie sich globalisiert, muss streng genommen physisch nicht mobil werden, wohl aber wird seine Imagination vom eigenen Lebensweg und den dazugehörigen Optionen ‚mobilisiert'", so Helma Lutz und Susanne Schwalgin (2006: 100), auch wenn „nicht jede Imagination möglicher Lebensentwürfe [...] beliebig umsetzbar [ist]" (ebd.). Durch Prozesse der Transnationalisierung werden Möglichkeiten der Lebensführung über Grenzen hinweg

---

6   Das widerständige Moment von Hybridität arbeitet v.a. Homi Bhabha (2000) heraus. Allerdings besteht immer auch die Gefahr, dass hybride Identitäten und Kulturen von der Dominanzgesellschaft oder kapitalistischen Interessen vereinnahmt werden (vgl. Terkessidis 2000).

jedoch prinzipiell vorstellbar und können somit zu Optionen für die Lebensplanung werden, gleich ob diese später realisiert werden (können) oder nicht.

Vor dem Hintergrund der unterschiedlichen Möglichkeitsräume biografischer Gestaltung möchte ich im Folgenden anhand der Lebensgeschichte und der Zukunftsperspektive einer jungen Frau mit Migrationshintergrund, die in Deutschland aufgewachsen ist, eine Perspektive aufzeigen, bei der die Biografin auf den transnationalen Raum als erweiterte Möglichkeit der Lebensgestaltung im Übergang von der Jugendzeit ins Erwachsenenleben Bezug nimmt. Die empirische Grundlage stellt ein narrativ biografisches Interview im Rahmen einer sozio-biografischen Untersuchung zu Orientierungen und Handlungsformen von jungen Migrantinnen in Deutschland dar (vgl. Riegel 2004).

3 Der transnationale Raum als erweiterte Möglichkeit der Lebensgestaltung: Perspektiven von Maria L.

Maria L., zum Interviewzeitpunkt 18 Jahre alt, ist als jüngste Tochter spanischer Arbeitsmigrant_innen in einem proletarisch und migrantisch geprägten Stadtteil einer süddeutschen Großstadt geboren und aufgewachsen. Sie hat dort ihre gesamte Kindheit und Jugend verbracht, ist in den Kindergarten und später in die Grund- und Hauptschule gegangen. In ihrer Jugendzeit war für sie die Mädchenclique RIO-Girls sehr bedeutend, die Teil einer als transkulturell zu bezeichnenden Jugendszene im Stadtteil ist. Mit dem Ende der Schulzeit löst sich jedoch die Konstellation der Clique auf, Maria zieht sich zurück und konzentriert sich auf einzelne Freundschaften. Direkt nach dem Hauptschulabschluss beginnt sie mit einer Ausbildung zur Friseurin in einem renommierten Friseursalon, der sich in einem ganz anderen Stadtteil befindet. Die Tätigkeit als Friseurin und die Ausbildung gefallen ihr gut und sie erfährt Anerkennung durch Kolleg_innen und ihren Chef. Allerdings empfindet sie den Alltag des Berufslebens als trist und unbefriedigend, was sie v.a. daran fest macht, dass ihr durch lange Arbeits- und Anfahrtszeiten nur noch wenig freie Zeit bleibt, so dass sie das Gefühl hat, dass das Leben an ihr vorbeizieht. Nachdem die Eltern bereits schon vor ihrer Geburt den Kontakt zur Familie in Spanien abgebrochen haben, nimmt Maria mit 14 Jahren eigenständig diese Verbindung zu der ihr unbekannten Verwandtschaft in Spanien auf. Seitdem verbringt sie dort regelmäßig ihre Ferien und auch ihre Eltern haben wieder Kontakt zu den Verwandten. Eine besonders enge und vertrauensvolle Beziehung hat sie in Spanien zu einer deutlich älteren Cousine, mit der sie, wenn sie dort ist, viel Zeit verbringt und von Deutschland aus viel telefoniert. Zum Zeitpunkt des Interviews steht Maria ein halbes Jahr vor Ende ihrer Ausbildung. Sie wohnt nach wie vor zusammen mit ihren Eltern und ihrer älteren Schwester, zu der sie ein sehr angespanntes Verhältnis hat. Im Anschluss an ihre Ausbildung plant sie, allein, ohne ihre Familie nach Spanien zu ziehen. Sie möchte dort einen eigenen Haushalt führen und als Friseurin arbeiten und sich vielleicht sogar mit diesem Beruf selbständig machen.[7]

Diese Option stellt für Maria im Übergang ins Erwachsenenalter eine attraktive und realistische Möglichkeit der Lebensgestaltung und Zukunftsperspektive dar, in der sie biografische und soziale Ressourcen im transnationalen Raum nutzen kann. Dies soll im Folgenden rekonstruiert werden.

Anlass und Motivation für eine Migration ins Herkunftsland der Eltern ist die Unzufriedenheit mit ihrer derzeitigen Lebenssituation. Zum einen die Tristesse des von Arbeit geprägten Alltags, die ihr Leben seit Beginn der Berufsausbildung dominiert, zum anderen die Unzufriedenheit mit ihrer derzeitigen Wohn- und Lebenssituation, insbesondere das schwierige, emotional belastende und für sie nicht mehr länger haltbare Zusammenleben mit ihrer Schwester. Vor diesem Hintergrund besteht bei ihr der Wunsch nach einer grundsätzlichen Veränderung. Die Migration ist für sie mit der Hoffnung auf einen Neubeginn in einer unbefriedigenden Lebenslage verbunden und stellt eine Option der Veränderung dar, die sie aktiv in die Hand nehmen und gestalten will.

Die Unzufriedenheit mit ihrer von Arbeit geprägten alltäglichen Lebensführung, ist vor dem Hintergrund dessen zu betrachten, dass sie ihren Beruf und die Berufstätigkeit zwar schätzt, aber doch auch die Unbeschwertheit und das Lebensgefühl ihrer Jugendzeit vermisst. Für diese steht die Mädchenclique RIO-Girls (*„wenn ich so in meine Jugend zurück guck, ist des erste was ich sehe, ist der Club, diese Mädchenclique"*) sowie die Aktivitäten mit der als transkulturell zu bezeichnenden Jugendszene RIO im Stadtteil[8]. Diese emotionale Ver-

---

[7] Maria hat diesen Plan auch verwirklicht und ist, wie bereits zum Zeitpunkt des Interviews geplant, direkt nach der Ausbildung nach Spanien gezogen. Sie arbeitet dort und pendelt regelmäßig nach Deutschland.

[8] Die Jugendszene verbindet Aspekte heterogener kultureller und globaler Einflüsse mit dem expliziten Bezug zum Lokalen. Hinter dem international sowie exotisch-spektakulär anmutenden Kürzel RIO steht: Raukenberg im Osten – der Name des Stadtteils und seine Lage innerhalb der Großstadt. Der Stadtteil zeichnet sich durch eine starke soziale und ethnische Heterogenität aus. Der gemeinsame und zentrale Bezugspunkt der Jugendlichen liegt im Lokalen, dem konkreten Stadtteil, den sie durch ihre öffentliche Präsenz (auch der Mädchen), durch Markierungen in

bundenheit und symbolische Verortung lösen sich jedoch zusammen mit der Mädchenclique mit Ende der Schulzeit auf. Mehr oder weniger gleichzeitig erfolgt mit dem Beginn der Berufsausbildung auch eine komplette Veränderung ihrer alltäglichen Lebensführung. Im Rückblick bezeichnet sie den Übergang von einer spassorientierten Jugend- und Schulzeit (*„wir waren frech, wir waren laut, wir haben alles locker genommen irgendwo"*) in das Berufsleben als klare Zäsur, als *„einen der größten Schritte im Leben, die man macht"*. Vor diesem Hintergrund sucht sie nach einer lebenswerteren Perspektive der Lebensgestaltung und einer neuen, ihrem Alter angemessenen Möglichkeit der symbolischen Verortung (entsprechend der jugendkulturellen Verortung in der Stadtteilclique), und sieht diese in Spanien. Sie vergleicht Deutschland und Spanien hinsichtlich der Art der Lebensführung und zeichnet dabei ein sehr gegensätzliches Bild der beiden Länder[9]: „*... dort unten lebt man halt wirklich. Da arbeitet man um zu leben. Und hier lebt man um zu arbeiten."* Spanien sieht sie als Ort des ‚wirklichen Lebens', Deutschland hingegen als Ort der Arbeit.

„Es ist ganz anders als hier, ganz anders.[…]Die Leute gehen arbeiten, aber die haben trotzdem noch eine Privatsphäre, irgendwo. […]Und man verdient dasselbe. Man verdient zwar nicht so viel Geld wie hier, aber mit dem Geld kann man gut leben, man braucht nicht mehr."

Vor dem Hintergrund dieses Vergleichs verspricht sie sich von einem Leben in Spanien eine größere Balance von Leben und Arbeiten sowie bessere Voraussetzungen für ein erfülltes Leben. Sie sagt:

„Ich denk ich werd innerlich glücklicher sein. (…) Ich bin irgendwo, ich bin hier auch glücklich, aber es ist (…) mich schafft immer dieses tägliche Arbeiten."

Form von Graffitis sowie durch spektakuläre Inszenierungen mitgestalten und prägen. Daraus ist die jugendkulturelle Stadtteilkultur der RIOs entstanden, die sich geschlechter- und altersbezogen ausdifferenziert: RIO-Girls, RIO-Boys, kleine RIOs, große RIOs, mit dem gemeinsamen Bezug des Stadtteils, als „einer großen Familie". Die Szene und der Stadtteil sind v.a. für migrantische Jugendliche wichtiger Bestandteil ihrer sozialen Verortung und Identifikation geworden (vgl. Riegel 1999 und 2004). So auch für Maria in ihrer Jugendzeit.

9   Maria spricht im Interview v.a. von den Ländern Deutschland und Spanien oder ganz unspezifisch von „hier" und „dort" bzw. „unten", ohne diese nationalen Kategorien weiter auszudifferenzieren.

Allerdings sieht sie auch Vorteile, die sie durch ihr Aufwachsen in Deutschland erfahren hat und nennt die besseren schulischen und beruflichen (Aus-)Bildungsmöglichkeiten. In dieser Hinsicht betrachtet sie sich als besser qualifiziert als junge Erwachsene in Spanien und rechnet sich diesbezüglich auch gute Chancen auf dem spanischen Arbeitsmarkt aus. Ebenso wertet sie ihre Zweisprachigkeit, fliessend Deutsch und Spanisch zu sprechen, als Vorteil. Darüber hinaus sieht sie in Spanien berufliche Möglichkeiten, die sie in Deutschland nicht hätte, z.B. sich mit einem eigenen Friseurgeschäft selbständig zu machen: *„weil unten braucht man keinen Meisterbrief wie hier"*. Sie baut diese Option in ihre Migrations- und Zukunftspläne mit ein. Ihr Aufwachsen und die Ausbildung in Deutschland wertet sie so für ihr zukünftiges Leben als Vorteil und verspricht sich in Spanien (im Vergleich zu Deutschland) mehr Verwirklichungschancen für ihre beruflichen Ziele sowie für die Ideale einer hinsichtlich Arbeit und Privatleben ausgeglichenen Lebensführung.

Die geplante Verlagerung ihres Lebensmittelpunktes nach Spanien stellt für sie auch eine realisierbare und akzeptierbare Möglichkeit der Loslösung von der Herkunftsfamilie dar. Diese strebt sie an im Hinblick auf mehr Autonomie (um *„selbständig"* zu werden) und um den lang ersehnten Raum für sich zu haben. V.a. aber erhofft sie sich mehr Distanz zu ihrer Schwester. Dabei stellt die Migration ins Herkunftsland der Eltern eine Variante des Auszugs aus dem Elternhaus dar, jedoch mit besonderen Vorzügen:

„Also, ich wollt ja immer schon ausziehen, weil ich mit meiner Schwester nicht so (...), keinen guten Kontakt hab, wollt ich schon immer ausziehen. Ich hab mir immer überlegt, wenn ich hier auszieh, dann gehen Tausend für Miete, Telefon, Wasser, Strom, gehen schon weg. (...) Da ist das Geld weg. Und in Spanien wohn ich bei meinen Eltern daheim. Also meine Eltern haben eine Wohnung mit Swimmingpool und alles."

Hinsichtlich der finanziellen Belastung wägt sie zwischen einem Auszug in eine andere Wohnung innerhalb der gleichen Stadt und einem Umzug in das Herkunftsland ihrer Eltern ab. Dabei stellt die Migration für sie die attraktivere Möglichkeit dar, weil sie hier auf sehr viel mehr Ressourcen und finanzielle Vorteile zurückgreifen kann, ebenso auf soziale und familiäre Strukturen und Netzwerke. So hilft ihr beispielsweise die Cousine bereits schon bei der Vermittlung eines Arbeitsplatzes. Beides sind spezifische Ressourcen von Migrant_innen im transnationalen Raum. Möglicherweise erfährt auch ihr

Streben nach Autonomie und die Absicht, sich von der Herkunftsfamilie zu lösen, durch den Modus der Migration ins Herkunftsland, von den Eltern mehr Akzeptanz als ein Auszug aus der elterlichen Wohnung nach nebenan.

In der Phase der Entscheidungsfindung stellt sich für Maria der Umzug nach Spanien zunächst als Einbahnstrasse dar, verbunden mit einem totalen Bruch mit ihrem seitherigen Leben in Deutschland. Diese Vorstellung entspricht dem traditionellen linearen Verständnis von Migration von einem Land in ein anderes. Letztendlich kann sie das für sie bedeutsame Potential der Migration erst nutzen als sie erkennt, dass sie sich mit dieser Entscheidung nicht endgültig festlegen und sich exklusiv für die Lebensführung an einem Ort entscheiden muss, sondern dass es auch die Optionen der Rückkehr oder die des Lebens an verschiedenen Orten und über Ländergrenzen hinweg geben kann. Dabei gibt ihr für ihre Entscheidung zur Migration gerade die Option der Rückkehr Sicherheit und letztendlich auch die Freiheit zu gehen. Neben den ihr in Deutschland weiter verfügbaren sozialen Netzwerke (durch Eltern und Freund_innen), stellt für sie die berufliche Rückkehroption das entscheidende Moment dar. Erst der Vorschlag ihres Chefs, dass sie das Leben in Spanien ausprobieren solle, aber jederzeit wieder zurück in den Betrieb kommen könne, ist letztendlich ausschlaggebend für ihre Entscheidung:

„*Das bedeutet, wenn ich geh und mir's nicht gefällt und es nicht mein Leben ist und ich wieder komme, dass ich hier ne Chance hätte. […] Und jetzt ist dieser Moment, ich kann nichts verlieren. Ich kann gehen. Wenn es nicht mein (,) wenn ich sehe, dass Urlaub schön ist, Urlaub ist überall schön, aber dass dieses tägliche Leben mir nicht gefällt, ich kann immer wieder kommen, jetzt kann ich nichts riskieren. Jetzt bin ich erleichtert. Jetzt geh ich.*"

Durch die Rückkehrmöglichkeit hat sich für sie das mit Migration und Neuanfang verbundene Risiko minimiert. Mit dieser Option kann sie ihre Entscheidung als Projekt des Ausprobierens sehen, als selbst bestimmte Entscheidung für einen Lebensweg, dem sie jederzeit wieder eine andere Richtung geben kann. Die verschiedenen Handlungsmöglichkeiten und damit verbundene Konsequenzen versinnbildlicht sie mit einer Weg-Metapher.

„*Ich kann nichts verlieren. Und das war das […], das hat mich belastet immer. Was mach ich eigentlich? Ich wusste nicht, da waren immer zwei*

Wege, das ist ein Weg der sich spaltet, und ich wusste nicht, den rechten oder den linken. Den rechten oder den linken, den rechten oder den linken. Ich stand da, ewig lang stand ich in der Mitte und überleg, welchen Weg soll ich gehen, welchen Weg soll ich gehen. Und jetzt weiß ich, dass ich den Weg, egal wie ich geh, die Wege können sich immer wieder treffen (…) wenn ich will."

Sie zeichnet ein Bild von verschiedenen Lebenslinien, als potentiell vielfältige Optionen, mit bisher noch offenen Enden, die sie nun jedoch als Chance interpretiert. Ohne dass sie diese Perspektiven konkret anspricht, liegen darin potentiell auch Möglichkeiten einer transnationalen Lebensführung und verschiedene Optionen der biografischen Gestaltung im transnationalen Raum.

Maria nutzt also am Ende der Berufsausbildung und im Übergang von der Jugendzeit ins Erwachsenalter die Chance einer bewussten Gestaltung und Neujustierung ihrer Biografie. Mit der Migration ins Herkunftsland der Familie ergreift sie eine Möglichkeit, aktiv Veränderungen in ihrer gegenwärtigen, in mehrfacher Hinsicht unbefriedigenden Lebenssituation herbeizuführen, ihren subjektiven Möglichkeitsraum zu erweitern und ihre Lebensqualität zu verbessern. Sie nutzt dabei die Potentiale ihrer familiären Migrationsgeschichte, ihrer Vergesellschaftung in Deutschland und ihres Aufwachsens in transkulturellen Lebensräumen, sie kann auf Kompetenzen zurückgreifen, die sie sich durch den Bezug auf verschiedene Herkunftskontexte angeeignet hat, auf bestehende transnationale familiäre Netzwerke sowie auf ihren rechtlichen Status als EU-Bürgerin, der ihr zumindest innerhalb Europas, eine solche Lebensführung erst ermöglicht. In diesem Sinne stellt für sie der transnationale soziale Raum sowie die migrantische Familiengeschichte eine erweiterte Option der biografischen Gestaltung und Lebensführung und eine wertvolle Zukunftsressource dar (vgl. Apitzsch/Siouti 2008; Fürstenau 2008).

4 Der transnationale Raum als Zukunftsressource

Am spezifischen Fall von Maria L. werden jedoch auch verallgemeinerbare Möglichkeiten der Lebensplanung und Lebensgestaltung für junge Erwachsene mit Migrationshintergrund im transnationalen Raum deutlich, wie sie auch von anderen Heranwachsenden in vergleichbarer Lebenssituation so interpretiert und realisiert werden.

Der transnationale Raum, verbunden mit vielfachen Möglichkeiten der Mobilität und des Hin- und Herpendeln zwischen verschiedenen Orten, ermöglicht Jugendlichen und jungen Erwachsenen aus Migrationsfamilien transnationale Bildungs-, Berufs- und Zukunftsorientierungen, die mit (der Hoffnung auf) erweiterte berufliche Möglichkeiten oder einem Bildungsaufstieg verbunden sind bzw. als solche auch realisiert werden. Dabei wird die Migration ins Herkunftsland der Eltern als erweiterte Chance interpretiert, die eigenen Bildungs- oder Berufsaussichten zu verbessern oder einen Schritt auf der Karriereleiter zu machen, der an dem Ort an dem sie aufgewachsen sind, so nicht möglich gewesen wäre. Wie andere Untersuchungen zeigen, können insbesondere bildungserfolgreiche Jugendliche mit Migrationshintergrund mit der (Pendel-)Migration ins Herkunftsland der Eltern bzw. einer Bildungsbiografie im transnationalen Raum erweiterte Bildungschancen nutzen und einen Bildungsaufstieg realisieren (vgl. Apitzsch/Siouti 2008; Fürstenau 2004; Fürstenau/Niedrig 2009). Sara Fürstenau und Heike Niedrig sprechen hier von einer „Nutzung transnationaler Mobilität als Strategie des sozialen Aufstiegs" (Fürstenau/Niedrig 2009: 257). Dieser Aufstieg findet nicht nur innerhalb der eigenen Biografie statt, sondern auch gegenüber der Generation der Eltern und dem Gastarbeiter_innenmilieu in Deutschland (Fürstenau/Niedrig 2009: 245) – und hat somit auch eine Generationen- und Klassendimension[10]. Ob junge Erwachsene, die wie Maria über einen vergleichsweise niederen Schulabschluss verfügen, durch ihre Migration ins Herkunftsland einen Bildungsaufstieg gegenüber ihren Eltern erreichen können ist fraglich, allerdings können sie dort auf mehr Optionen und auch Karrierechancen hoffen, die ihnen in Deutschland so nicht möglich gewesen wären.

Die Perspektive der Transmigration kann im Übergang ins Berufs- und Erwachsenenleben auch die Bedeutung einer Verlängerung des jugendlichen Moratoriums, in seinem Charakter des Experimentierens und Ausprobierens, bekommen. Der transnationale Raum, und insbesondere die damit verbundenen familiären Netzwerke, eröffnen Jugendlichen aus Migrationsfamilien

---

10 Allerdings ist darauf hinzuweisen, dass es durch Migration und Mobilität (v.a. in die wirtschaftlichen Zentren) auch zu einem professionellen Statusverlust kommen kann, z.B. wenn Qualifikationen durch andere Nationalstaaten nicht anerkannt werden oder wenn aus finanziellen Gründen oder mangelnder Aufenthalts- oder Arbeitsgenehmigung in statusniederen Branchen gearbeitet werden muss (bspw. Akademiker_innen, die in der Baubranche oder dem Bereich der Pflege oder Privathaushalt arbeiten).

spezifische Möglichkeiten zur Erweiterung ihres Erfahrungsraumes, auch um Erfahrungen im internationalen Kontext zu sammeln. So stellt ein (längerer oder vorübergehender) Aufenthalt in einem anderen Land im Kontext der familiären oder transnationalen Netzwerke für migrantische Jugendliche aus Arbeiterfamilien eine nahe liegende und z.T. auch besser realisierbare und finanzierbare Option dar als institutionalisierte Angebote wie Au-pair, Freiwilligendienste, Praktika, Sprachaufenthalte, Studienaustauschprogramme usw., wie sie v.a. auf junge Erwachsene der Mehrheitsgesellschaft und der Mittelschicht zugeschnitten sind[11]. Der transnationale Raum und die damit verbundenen Netzwerke halten für sie weitere Optionen bereit, sich nach einer Phase des Ausprobierens auch wieder erneut für einen anderen Lebensort und auch Lebensstil entscheiden zu können.

Die Möglichkeit der eigenständigen Migration kann jedoch – wie bei Maria – ein expliziter Schritt zur autonomen Lebensführung sein und als legitime und akzeptierte Option der Ablösung von der Herkunftsfamilie genutzt werden. Durch die eigene Geschichte stellt Migration in Migrationsfamilien eine gängige und vertraute Form der Lebensplanung und Lebensperspektive dar, die einerseits von den Jugendlichen als Normalität erfahren wird, andererseits auch von den Eltern als legitimes Projekt anerkannt ist. Helma Lutz spricht hier von einem „Vermächtnis der Migration" (Lutz 2000: 202). So kann die Migration im Rahmen transnational aufgespannter familiärer Beziehungsstrukturen sowie einer migrantischen Familiengeschichte für junge Erwachsene eine akzeptierte Möglichkeit der Loslösung vom Elternhaus darstellen. Sie kann aber auch, und dies ist insbesondere für junge Frauen bedeutsam, als Emanzipationsprojekt (von Eltern, aber auch aus Beziehungen und Partnerschaften) genutzt werden (vgl. auch Apitzsch 2000; Kontos 2000).

Die Gestaltung transnationaler Lebensführung ist jedoch immer auch abhängig von den jeweiligen Verhältnissen und der sozialen Positionierung im gesellschaftlichen Raum – und dem damit verbundenen Möglichkeitsraum. Inwieweit also die transnationalen und sozialen Ressourcen genutzt bzw. auch biografisch umgesetzt werden können, hängt u.a. von den jeweiligen rechtlichen, politischen und sozialen Rahmenbedingungen ab, wie z.B. den Politiken

---

11 Hier ist zu erwähnen, dass von jungen Menschen aus Osteuropa oder peripheren Ländern der Weltgesellschaft Au-pair oder Freiwilligendienste in Mitteleuropa oder Nordamerika auch eine Option oder Strategie sein können, um eine zeitlich befristete Aufenthaltsgenehmigung zu erhalten, verbunden mit der Hoffnung einen Weg zu finden, um möglicherweise auch längerfristig im Land bleiben zu können (vgl. Hess 2005). Dies kann wiederum zu einer Ausgangssituation oder Voraussetzung für eine transnationale Lebensführung werden.

der Migrations- und Grenzregimes, vom jeweiligen Aufenthaltsstatus und damit verbundene Mobilitätsoptionen, der Anerkennung von Bildungstiteln usw. (vgl. hierzu Fürstenau/Niedrig 2009). So besitzen nicht alle Jugendlichen aus Migrationsfamilien die gleichen Voraussetzungen der flexiblen Wahl des Lebensortes und der mit Trans- oder Pendelmigration verbundenen internationalen Mobilität. Maria hat als EU-Bürgerin aufenthaltsrechtlich keine größeren Hindernisse für ihr Migrationsvorhaben nach Spanien zu befürchten. Auch muss ihre Entscheidung keine endgültige sein, da sie innerhalb der Europäischen Union beliebig ihren Aufenthaltsort wählen und von daher jederzeit wieder nach Deutschland zurückkehren oder auch pendeln kann. Dies sieht für junge Erwachsene, mit einer nicht-europäischen Staatsangehörigkeit oder für Kinder aus Flüchtlingsfamilien, die von Abschiebung bedroht sind, ganz anders aus (vgl. Riegel 2004: 252). Mobilitätsoptionen und Möglichkeiten der Gestaltung transnationaler Lebensführung sind also immer auch abhängig von der jeweiligen sozialen Positionierung in der Weltgesellschaft, von formalen und rechtlichen Aufenthalts- und Zugehörigkeitstiteln sowie von sozialen, ökonomischen und körperlichen Ressourcen bzw. Einschränkungen. Rassistische, nationalistische und hegemoniale Positionen und Strukturen in den jeweiligen Dominanzgesellschaften sowie die mangelnde Anerkennung von Mehrfachzugehörigkeit und v.a. das Fehlen von entsprechenden (nicht exklusiven) Staatsangehörigkeitsregelungen stehen transnationaler Mobilität und transnationalen Lebensformen entgegen.

Diesbezüglich kann es bei der Orientierung und Planung von Migration auch zu Idealisierungen und Überhöhungen der Möglichkeiten im transnationalen Raum kommen[12].

5 Doppelte Transformation: Migration in biografischen Übergängen

Migration, grenzüberschreitende Mobilität oder transnationale Lebensführung kann für Subjekte in unterschiedlichen Phasen der Biografie und immer wieder aufs Neue eine bedeutsame Option der Lebensgestaltung werden.[13] In

---

12 Dieser Aspekt wurde in einer ausführlichen Falldarstellung von Maria L. hinsichtlich ihrer Hoffnung, in Spanien eine Heimat und eindeutige Zugehörigkeit zu finden, diskutiert (vgl. Riegel 2004: 264f).

13 Migration, und dies ist an dieser Stelle zu betonen, ist jedoch nicht unbedingt immer freiwillig

Phasen biografischer Übergänge (wie z.B. von der Schule in den Beruf, vom Erwerbsleben ins Rentenalter) oder in krisenhaften oder unbefriedigenden Lebenslagen (vgl. auch Apitzsch 2000; Kontos 2000; Pagenstecher 1996) kann die Migrationsperspektive jedoch verstärkt an Bedeutung gewinnen, um eine Neujustierung der Biografie oder Neugestaltung des Lebens vorzunehmen – wie dies hier am Beispiel von Maria L. deutlich wurde.

Maria verbindet in ihrer Biografie die Migration in ein anderes Land mit dem Übergang ins Erwachsenenleben. Dabei überlagern sich zwei Transformationsprozesse, so dass auch von einer doppelten Transformation gesprochen werden kann. Beide Prozesse weisen dabei in ihren Charakteristika Parallelen auf, indem sie auf Phasen bzw. Räume des Dazwischen, des Vorläufigen, des Prozesshaften, des Hin- und Herpendelns und auch des Revidierbaren verweisen. So wie Mobilität und Migrationsverläufe von Menschen nicht zwingend geradlinig, eindimensional und nur in eine Richtung weisend sind, genauso wenig trifft dies auf biografische Übergänge zu. Dies wurde für die Übergänge junger Erwachsener von der Forschungsgruppe IRIS/EGRIS im Rahmen ihrer subjektorientierten Übergangsforschung herausgearbeitet (vgl. EGRIS 2001; Stauber/Pohl/Walther 2007).

"Die Übergänge ins Erwachsenenalter differenzieren sich zum einen aus in verschiedene Teilübergänge, von denen subjektiv einmal die einen, einmal die anderen in den Vordergrund treten können. Zum anderen aber, und das ist ihr Hauptcharakteristikum, sind diese Übergänge – entgegen der sprachlichen Konnotation – eben nicht als lineare Bewegungen zu denken. Vielmehr folgen sie einer Struktur, die wir in unterschiedlichen Forschungszusammenhängen mit einem Yoyo verglichen haben (EGRIS 2001): Sie sind Hin- und Herbewegungen des Erwachsenwerdens" (Stauber 2008: 127)

So wie im Moment des Interviews der weitere Weg von Maria unklar ist und mit verschiedenen Optionen – zwischen Sesshaftigkeit, der Rückkehr nach Deutschland, anschliessender erneuter Migrationen oder des Aufspannens

---

und mit einer Erweiterung der Verfügung über Lebensmöglichkeiten verbunden, worauf in diesem Beitrag der Fokus gelegt ist. Erzwungene Migration, z.B. durch eine verweigerte Aufenthaltsgenehmigung bzw. Ausweisung aus dem Einwanderungsland oder durch Menschenhandel, schränkt im Gegenteil die Handlungs- und Verfügungsmöglichkeiten der betroffenen Menschen enorm ein.

ihres Lebens an verschiedenen Orten – verbunden ist, ist auch die Phase des Übergangs ins Erwachsenenalter nicht abgeschlossen. Sie versucht jedoch mit der Migration und der bewussten Entscheidung für Spanien als Lebensraum, den Übergangsprozess bewusst gestaltend in die Hand zu nehmen, entgegen der Phase des Eintritts in das Berufsleben, die sie als passiv erleidend erlebt hat (s.o.). Indem sie in ihrer Biografie die Migration in ein anderes Land mit dem Übergang ins Erwachsenenleben verbindet, entwickelt sie eine subjektiv viel versprechende Perspektive. Allerdings immer auch mit dem Risiko des Scheiterns der Pläne. Es kann zu Gegenbewegungen in beiden Transformationsprozessen kommen, die sich wiederum gegenseitig beeinflussen: So kann die berufliche Rückkehroption auf der einen Seite für Maria eine Sicherheit darstellen, eine tatsächliche Rückkehr an den Ort an dem sie aufgewachsen ist, würde sie jedoch im Hinblick auf ihre Emanzipation vom Elternhaus möglicherweise wieder in alte Abhängigkeiten bringen. Hier verbinden sich Effekte biografischer Yoyo-Bewegungen mit denen transnationaler Mobilität, können sich dabei gegenseitig verstärken oder auch abschwächen.

Auch wenn in Übergangsphasen der transnationale Raum als Ressource genutzt werden kann und Potentiale für einen beruflichen oder sozialen Aufstieg bestehen, die ohne die Bereitschaft zur Mobilität so nicht unbedingt erreicht werden könnten (s.o.), bleibt die Gestaltung dieser Übergänge über nationalstaatliche Grenzen hinweg jedoch weitgehend individualisiert und so auch prekär. Insbesondere benachteiligte und niedrig qualifizierte Jugendliche, die sich im Übergang in die Erwerbsarbeit befinden, können bei einem transnational gestalteten Übergang auf keine institutionellen Rahmung oder Unterstützung zurückgreifen und sind deshalb verstärkt auf familiäre und soziale Netzwerke angewiesen. Hier erweist sich die nationalstaatliche Orientierung von Übergangssystemen (vgl. Pohl/Walther 2006) bzw. ihre wohlfahrtsstaatliche Begrenzung als Hürde für die Gestaltung transnationaler Übergänge und weist ähnliche Hindernisse und Risiken für eine transnationale Lebensführung wie die nationalstaatliche Verfasstheit und Ausrichtung von Bildungssystemen und -titeln auf.

Gleichzeitig besteht der Übergang ins Erwachsenenleben nicht nur aus Übergängen ins Erwerbsleben, sondern geht auch mit einer Veränderung und Neugestaltung von sozialen Beziehungsstrukturen, insbesondere der Geschlechter- sowie Generationenbeziehungen einher und enthält auch die Frage der Gestaltung von Partnerschaft und Elternschaft (vgl. Stauber 2008) – Verhältnisse und Beziehungen, die wiederum für die Lebensgestaltung im transnationalen Raum bedeutsam sind. Letztendlich werden die jungen Erwachsenen zukünftig Fragen der Lebensführung oder der räumlichen oder symbolischen Verortung nicht nur mit Blick auf (Möglichkeiten und Begrenzungen durch) familiäre Netzwerke, migrantische Ressourcen und berufliche Optionen entscheiden, sondern auch mit Blick auf mit Orten und Menschen verbundene Beziehungen und Partnerschaften.

6   Fazit

Der transnationale Raum eröffnet in Phasen biografischer Übergänge für junge Erwachsene, insbesondere aus Migrationsfamilien, erweiterte Perspektiven und Möglichkeiten der Lebensgestaltung. Dabei wird von ihnen in der Möglichkeit einer transnationalen Lebensführung oder Migration (a) das Potential eines Neuanfangs bzw. einer Neugestaltung der alltäglichen Lebensführung gesehen, (b) ein akzeptierter Weg der Loslösung und Emanzipation vom Elternhaus (was insbesondere für junge Frauen von Bedeutung ist) sowie (c) in beruflicher Hinsicht Optionen der Weiterqualifikation bzw. des beruflichen und sozialen Aufstiegs. Diese Perspektiven beziehen sich auf zentrale Aspekte von Übergängen ins Erwachsenenleben.

Dabei können sie in ihrer transnationalen Gestaltung des Übergangs von der Jugend ins Erwachsenenleben auf spezifische transnationale Strukturen und Ressourcen zurückgreifen, ebenso auf biografische Potentiale durch das Aufwachsen in einer Migrationsfamilie. Mit der transnationalen Perspektive können den strukturellen Einschränkungen, Diskriminierungen und Hindernissen, die sie als Kinder aus Migrationsfamilien im nationalen Raum der Migrationsgesellschaften möglicherweise erfahren haben[14], biografisch positive Ressourcen und erweiterte Entwicklungsmöglichkeiten entgegengesetzt werden. So wird der transnationale Raum von ihnen als Zukunftsressource gewertet, auch wenn die Akteure selbst diesen Raum nicht unbedingt so bezeichnen würden, sondern sogar, wie hier im Fall von Maria L., diesbezüglich diskursiv in vorherrschenden bipolaren nationalen Denkmustern und Kategorien verhaftet bleiben. Gleichzeitig werden mit den von den Heran-

---

14   wobei sich rassistische Diskriminierungs- oder Benachteiligungserfahrungen mit anderen sozialen Diskriminierungen, z.B. als Kinder aus Arbeiterfamilien oder Bewohner_innen eines marginalisierten Stadtteils, bezüglich ihrer Geschlechterpositionierung oder ihres Alters, überlagern können.

wachsenden realisierten grenzüberschreitenden biografischen Projekten die transnationalen Strukturen immer auch mitgestaltet und somit die migrantische Familiengeschichte weiter tradiert. So enthält dieser (doppelte) Transformationsprozess nicht nur Potentiale für den individuellen Lebenslauf und die Verwirklichung individueller Zukunftsperspektiven, sondern auch für die Gestaltung transnationaler sozialer Räume.

Biografien im transnationalen sozialen Raum sind dabei immer im Spannungsverhältnis von Ermöglichung und Begrenzung zu sehen und in der Forschung zu Transnationalisierung sozialer Räume, Biografien und sozialer Praxen zu berücksichtigen. Gleichzeitig können dabei nicht nur real vollzogene transnationale (Pendel-, Re-, Trans-) Migrationsprozesse in den Blick genommen werden, sondern auch das prospektive und imaginäre Moment der Lebensplanung, als biografisches Potential im transnationalen sozialen Raum, gleich ob die Pläne einer Migration realisiert werden oder nicht. Ansonsten bleibt die Diskussion um transnationale Biografien einseitig an einem Idealtypus orientiert.

Literatur

APITZSCH, URSULA (2000): „Migration als Verlaufskurve und Transformationsprozess. Zur Frage geschlechtsspezifischer Disposition in der Migrationsbiographie". In: DAUSIEN ET. AL. (Hrsg.), S. 62-78.

APITZSCH, URSULA/SIOUTI, IRINA (2008): „Transnationale Biographien". In: HOMFELDT ET.AL. (Hrsg.), S. 97-111.

BAUMAN, ZYGMUNT (1996): „Glokalisierung oder: Was für die einen Globalisierung, ist für die anderen Lokalisierung". In: *Das Argument* 217, S. 653-664.

BECK, ULRICH (Hrsg.) (1998): *Perspektiven der Weltgesellschaft*. Frankfurt a.M.: Suhrkamp Verlag.

BECK-GERNSHEIM, ELISABETH (2004): *Wir und die Anderen*. Frankfurt a.M.: Suhrkamp Verlag.

BHABHA, HOMI K. (2000a): „Das Postkoloniale und das Postmoderne". In: Ders. (Hrsg.), S. 255-294.

– (2000b): *Die Verortung der Kultur*. Tübingen: Stauffenburg Verlag.

BOMMES, MICHAEL (2002): „Migration, Raum und Netzwerke. Über den Bedarf einer gesellschaftstheoretischen Einbettung der transnationalen Migrationsforschung". In: OLTMER (Hrsg.), S. 91-105.

BUKOW, WOLF-DIETRICH/NIKODEM, CLAUDIA/SCHULZE, ERIKA/YILDIZ, EROL (2001): *Multikulturelle Stadt*. Von der Selbstverständlichkeit im städtischen Alltag. Opladen: Leske und Budrich.

BUKOW, WOLF-DIETRICH/OTTERSBACH, MARKUS/TUIDER, ELISABETH/YILDIZ, EROL (Hrsg.) (2006): *Biographische Konstruktionen im multikulturellen Bildungsprozess*. Individuelle Standortsicherung im globalisierten Alltag. Wiesbaden: VS Verlag für Sozialwissenschaften.

BUTTERWEGGE, CHRISTOPH/HENTGES, GUDRUN (Hrsg.) (2000): *Zuwanderung im Zeichen der Globalisierung*. Migrations-, Integrations- und Minderheitenpolitik. Opladen: Leske und Budrich.

CASTRO VARELA, MARÍA DO MAR/DHAWAN, NIKITA (2005): *Postkoloniale Theorie*. Eine kritische Einführung. Bielefeld: Transcript Verlag.

DANNENBECK, CLEMENS/EßER, FELICITAS/LÖSCH, HANS (1999): *Herkunft (er)zählt*. Befunde über Zugehörigkeiten Jugendlicher. Münster, New York, Berlin: Waxmann Verlag.

DAUSIEN, BETTINA (1998): „Geschlecht als biografische Konstruktion. Ein Plädoyer für die Dimension der Biographie in der Analyse sozialer Konstruktionsprozesse". In: WEBER (Hrsg.), S. 115-144.

DAUSIEN, BETTINA/CALLONI, MARINA/FRIESE, MARIANNE (Hrsg.) (2000): *Migrationsgeschichten von Frauen*. Beiträge und Perspektiven aus der Biographieforschung. Werkstattberichte des IBL Nr. 7. Universität Bremen.

EGRIS (2001): "Misleading Trajectories. Transition Dilemmas of Young Adults in Europe". In: *Journal of Youth Studies* 4, S. 101-119.

FAIST, THOMAS (2000): *The Volume and Dynamics of International Migration and Transnational Social Spaces*. Oxford: Oxford University Press.

FISCHER-ROSENTHAL, WOLFRAM/ROSENTHAL, GABRIELE (1997): „Warum Biografieanalyse und wie man sie macht". In: *Zeitschrift für Sozialisationsforschung und Erziehungssoziologie* 17/4, S. 405-427.

FÜRSTENAU, SARA (2008): „Transnationalität und Bildung". In: HOMFELDT ET.AL. (Hrsg.), S. 203-217.

– (2004): „Transnationale (Aus)Bildungs- und Zukunftsorientierungen. Ergebnisse einer Untersuchung unter zugewanderten Jugendlichen portugiesischer Herkunft". In: *Zeitschrift für Erziehungswissenschaft*. 1/ 2004, S. 33-57.

FÜRSTENAU, SARA/NIEDRIG, HEIKE (2009): „Jugend in transnationalen Räumen. Bildungslaufbahnen von Migrantenjugendlichen mit unterschiedlichem Rechtsstatus". In: GEISEN ET.AL. (Hrsg.), S. 239-259.

GEISEN, THOMAS/RIEGEL, CHRISTINE (Hrsg.) (2009): *Jugend, Partizipation und Migration*. Orientierungen im Kontext von Integration und Ausgrenzung. 2. durchgesehene Auflage. Wiesbaden: VS Verlag für Sozialwissenschaften.

GLICK-SCHILLER, NINA/BASCH, LINDA/BLANC-SZANTON, CRISTINA (Hrsg.) (1992): *Towards a Transnational Perspective to Migration*: Race, Class, Ethnicity, and Nationalism Reconsidered. New York: New York Academy of Sciences.

GOGOLIN, INGRID/NAUCK, BERNHARD (Hrsg.) (2000): *Migration, gesellschaftliche Differenzierung und Bildung.* Opladen: Leske und Budrich.
GÖHLICH, MICHAEL/LEONHARD, HANS-WALTER/LIEBAU, ECKART/ZIRFAS, JÖRG (Hrsg.) (2006): *Transkulturalität und Pädagogik.* Interdisziplinäre Annäherungen an ein kulturwissenschaftliches Konzept und seine pädagogische Relevanz. Weinheim, München: Juventa Verlag.
GÜMEN, SEDEF (1996): „Die sozialpolitische Konstruktion „kultureller" Differenzen in der bundesdeutschen Frauen- und Migrationsforschung". In: *Beiträge zur feministischen Theorie und Praxis. Entfremdung. Migration und Dominanzgesellschaft* 19/42, S. 77-89.
HALL, STUART (1999): „Kulturelle Identität und Globalisierung". In: HÖRNING ET.AL. (Hrsg.), S. 393-441.
HELD, JOSEF/SPONA, AUSMA (Hrsg.) (1999): *Jugend zwischen Ausgrenzung und Integration.* Ergebnisse eines internationalen Forschungsprojekts. Riga, Hamburg: Argument Verlag.
HESS, SABINE (2005): *Globalisierte Hausarbeit.* Au-pair als Migrationsstrategie von Frauen aus Osteuropa. Wiesbaden: VS-Verlag.
HOLZKAMP, KLAUS (1983): *Grundlegung der Psychologie.* Frankfurt a.M., New York: Campus Verlag.
HOMFELDT, HANS GÜNTHER/SCHRÖER, WOLFGANG/SCHWEPPE, CORNELIA (Hrsg.) (2008): *Soziale Arbeit und Transnationalität.* Herausforderungen eines spannungsreichen Bezugs. Weinheim, München: Juventa Verlag.
HÖRNING, KARL/WINTER, RAINER (Hrsg.) (1999): *Widerspenstige Kulturen.* Cultural Studies als Herausforderung. Frankfurt a.M.: Suhrkamp Verlag.
HUSA, KARL/PARNREITER, CHRISTOF/STACHER, IRENE (Hrsg.) (2000): *Internationale Migration: die globale Herausforderung des 21. Jahrhunderts?* Frankfurt a.M.: Brandes und Apsel.
KONTOS, MARIA (2000): „Migration als Emanzipationsprojekt?" In: DAUSIEN ET.AL. (Hrsg.), S. 169-199.
KRECKEL, REINHARDT (1992): *Politische Soziologie der sozialen Ungleichheit.* Frankfurt a.M., New York: Campus Verlag.
KRÜGER, HEINZ-HERMANN/ MAROTZKI, WINFRIED (Hrsg.) (2006): *Handbuch erziehungswissenschaftliche Biographieforschung.* Wiesbaden: VS Verlag für Sozialwissenschaften, 2., überarbeitete und aktualisierte Auflage.
LEIPRECHT, RUDOLPH/RIEGEL, CHRISTINE/HELD, JOSEF/WIEMEYER, GABRIELE (Hrsg.) (2006): *International Lernen – Lokal Handeln.* Interkulturelle Praxis »vor Ort« und Weiterbildung im internationalen Austausch. Erfahrungen und Erkenntnisse aus Deutschland, Griechenland, Kroatien, Lettland, den Niederlanden und der Schweiz. 2. Auflage. Frankfurt a.M., London: IKO Verlag.
LENZ, ILSE (2000): „Globalisierung, Geschlecht, Gestaltung?" In: DIES. ET.AL. (Hrsg.), S. 16-48.
LENZ, ILSE/NICKEL, HILDEGARD MARIA/RIEGRAF, BIRGIT (Hrsg.) (2000): *Geschlecht–Arbeit–Zukunft.* Münster: Forum Frauenforschung, Schriftenreihe der Sektion

Frauen- und Geschlechterforschung in der Deutschen Gesellschaft für Soziologie, Bd. 12.

LUTZ, HELMA (Hrsg.) (2009): *Gender Mobil?* Geschlecht und Migration in transnationalen Räumen (Forum Frauen- und Geschlechterforschung Band 26). Münster: Verlag Westfälisches Dampfboot.

– (2007): *Vom Weltmarkt in den Privathaushalt.* Die neuen Dienstmädchen im Zeitalter der Globalisierung. Opladen: Verlag Barbara Budrich .

– (2000): „Biographisches Kapital als Ressource der Bewältigung von Migrationsprozessen". In: GOGOLIN ET.AL. (Hrsg.), S. 179-210.

LUTZ, HELMA/SCHWALGIN, SUSANNE (2006): „Globalisierte Biographien: Das Beispiel einer Haushaltsarbeiterin". In: BUKOW ET.AL. (2006), S. 99-113.

MARVAKIS, ATHANASIOS (1996): *Orientierung und Gesellschaft.* Gesellschaftstheoretische und individualwissenschaftliche Grundlagen politischer Orientierungen Jugendlicher in Strukturen sozialer Ungleichheit. Frankfurt a.M.: Peter Lang-

MECHERIL, PAUL (2003): *Prekäre Verhältnisse.* Über natio-ethno-kulturelle (Mehrfach-) Zugehörigkeit. Münster: Waxmann Verlag.

MOROKVAŠIC, MIRJANA (2009): „Migration, Gender, Empowerment". In: LUTZ (Hrsg.), S. 28–51.

OLTMER, JOCHEN (Hrsg.) (2002): *Migrationsforschung und Interkulturelle Studien.* IMIS-Schriften, Band 11. Osnabrück.

ONG, AHIVA (1999): *Flexible Citizenship.* The Cultural Logics of Transnationality. Durham, London: Duke University Press.

PAGENSTECHER, CORD (1996): „Die ‚Illusion' der Rückkehr. Zur Mentalitätsgeschichte von ‚Gastarbeit' und Einwanderung". In: *Soziale Welt* 47/2, S. 149-159.

PARNREITER, CHRISTOF (2000): „Theorien und Forschungsansätze zu Migration". In: HUSA ET.AL. (Hrsg.), S. 25-52.

POHL, AXEL/WALTHER, ANDREAS (2006): „Benachteiligte Jugendliche in Europa". In: AUS POLITIK UND ZEITGESCHICHTE 47/ 2006, S. 26-36.

PRIES, LUDGER (2008): *Die Transnationalisierung der Sozialen Welt.* Sozialräume jenseits von Nationalgesellschaften. Frankfurt a.M.: Suhrkamp Verlag.

– (2000): „ ‚Transmigranten' als ein Typ von Arbeitswanderern in pluri-lokalen sozialen Räumen". In: GOGOLIN ET.AL. (2000), S. 415-438.

– (1997a): „Neue Migration im transnationalen Raum". In: DERS. (Hrsg.), S. 15-46.

– (Hrsg.)(1997b): *Internationale Migration.* Baden-Baden: Nomos Verlag.

RIEGEL, CHRISTINE (2004): *Im Kampf um Zugehörigkeit und Anerkennung.* Orientierungen und Handlungsformen von jungen Migrantinnen. Eine sozio-biografische Untersuchung. Frankfurt a.M., New York: IKO Verlag.

– (1999): „ ‚Wir sind die RIO-Girls und wir sind sehr gut drauf …' Die Bedeutung des Stadtteils für Jugendliche". In: HELD ET.AL. (Hrsg.), S. 89-105.

RIETZKE, TIM/GALUSKE, MICHAEL (2008): *Lebensalter und Soziale Arbeit.* Band 4: Junges Erwachsenenalter. Baltmannsweiler: Schneider Verlag.

ROBERTSON, ROLAND (1998): „Glokalisierung. Homogenität und Heterogenität in Raum und Zeit". In: BECK (Hrsg.), S. 192-221.

ROSENTHAL, GABRIELE (1995): *Erlebte und erzählte Lebensgeschichte*. Gestalt und Struktur biographischer Selbstbeschreibungen. Frankfurt a.M.: Campus.

STAUBER, BARBARA (2008): „Junges Erwachsenenalter und Geschlecht" In: RIETZKE ET.AL. (Hrsg.), S. 126-148.

STAUBER, BARBARA/POHL, AXEL/WALTHER, ANDREAS (Hrsg.) (2007): *Subjektorientierte Übergangsforschung*. Rekonstruktion und Unterstützung biografischer Übergänge junger Erwachsener. Weinheim, München: Juventa Verlag.

TERKESSIDIS, MARC (2000): „Wir selbst sind die Anderen. Globalisierung, multikulturelle Gesellschaft und Neorassismus". In: BUTTERWEGGE ET.AL. (Hrsg.), S. 188-208.

VÖLTER, BETTINA/DAUSIEN, BETTINA/LUTZ, HELMA/ROSENTHAL, GABRIELE (Hrsg.) (2005): *Biographieforschung im Diskurs*. Theoretische und methodologische Verknüpfungen. Wiesbaden: VS Verlag für Sozialwissenschaften.

WALLERSTEIN, IMMANUEL (1989): *Der historische Kapitalismus*. Berlin, Hamburg: Argument Verlag.

WEBER, KIRSTEN (Hrsg.) (1998): *Life History, Gender and Experience*. Roskilde: Roskilde Adult Education Research Group.

WELSCH, WOLFGANG (1995): „Transkulturalität – die veränderte Verfasstheit heutiger Kulturen". In: *Sichtweisen. Die Vielfalt der Einheit*. Weimar: Stiftung Weimarer Klassik 1995, S. 83-122.

WIMMER, ANDREAS/GLICK-SCHILLER, NINA (2003): "Methodological Nationalism, the Social Sciences and the Study of Migration: An Essay in Historical Epistemology". In: *International Migration Review* 37/3, S. 576-610.

YILDIZ, EROL (2006): „Heterogenität als Alltagsnormalität. Zur sozialen Grammatik eines Kölner Stadtquartiers". In: LEIPRECHT ET.AL. (Hrsg.), S. 99-128.

ZIRFAS, JÖRG/GÖHLICH, MICHAEL/LIEBAU, ECKHARDT (2006): „Transkulturalität und Pädagogik – Ergebnisse und Fragen". In: GÖHLICH ET.AL. (2006), S. 185-194.

Christian Reutlinger und Bettina Brüschweiler

Doppelt „Daneben" und „Draußen" – Was meint in der Rede von der Parallelgesellschaft eigentlich „parallel" zur Gesellschaft?

„Muslimische Käfighaltung"
„(Der Journalist X) bezeichnet (Herrn Y) als strenggläubigen Muslim, der den Koran wörtlich auslege. Genau diese Ankündigung löst der junge Bieler ein. Er strebt eine Parallelgesellschaft an, fordert muslimische Schulen, sieht die Steinigung von Frauen als ‚einen Wert meiner Religion'. In den eigenen vier Wänden lebt der Konvertit den Weg in die Parallelgesellschaft vor: Er ist mit einer aus dem Jemen importierten Frau verheiratet, (…). Muslimische Käfighaltung mit Kopftuch und Schleier. Wer den Studenten und zweifachen Familienvater ohne Einkommen finanziert ist unklar." (Beitrag in Die Weltwoche, 28. 4. 2010)

„Eine Reportage aus Amsterdam zeigt die Entstehung von Parallelgesellschaften und Unterschichten."
„Dass in der Ausbildung der Schlüssel zum sozialen Aufstieg liegt, ist bekannt. Nicht bekannt ist, wie wenig Interesse vor allem Migrantenfamilien an einem solchen Aufstieg ihrer Kinder haben (…). Wer solche Karrieren verhindern will, muss die Kinder aus dem familiären Unterschichten-Biotop aus Gleichgültigkeit und TV-Berieselung herauslösen. (…). Viel wichtiger wäre die ganztägige Betreuung von Kindern und Jugendlichen, um die Entstehung von Parallelgesellschaften und neuen Unterschichten zu verhindern (…)." (Beitrag in Bild.de, 10.4.2008)

„06.3558 – Interpellation: Parallelgesellschaften in der Schweiz?"
„Ich ersuche den Bundesrat, folgende Frage zu beantworten: (…) Wie beurteilt er die Gefahr der Entstehung von Parallelgesellschaften in der Schweiz und Konsequenzen für die Sicherheit unseres Landes und dessen in- und ausländischen Bevölkerung? (…)

Begründung: In der Schweiz leben heute rund 340000 Muslime. Das heisst der Anteil der muslimischen Bevölkerung in unserem Land hat sich in den letzten Jahren vervielfacht. Die Muslime stammen aus rund 100 verschiedenen Ländern, gehören verschiedenen Glaubensgemeinschaften an und sind in rund 300 teilweise überregionalen Organisationen konstituiert. Die Zunahme der Bedeutung der muslimischen Bevölkerungsgruppen in der Schweiz manifestiert sich u.a. in der zunehmenden Zahl von Zwangsheiraten in der Schweiz, in den vermehrten Prozessen zur Durchsetzung des Rechtes, sich über Kleidervorschriften von Betrieben und öffentlichen Institutionen hinwegzusetzen und ein Kopftuch zu tragen, (…). In etlichen Gemeinden und Städten sind eigentliche Parallelgesellschaften im Entstehen" (Interpellation (06.3558) vom 5.10.2006 eines Schweizer Parlamentariers an den Bundesrat[1])

Wie obenstehende Beispiele aufzeigen, münden Debatten um Migration und Integration in jüngster Zeit häufig in eine Diskussion um *Parallelgesellschaften* und der Frage nach Instrumenten und Interventionsmöglichkeiten, welche einer Entstehung von „Unterschichts-Ghettos" oder „ethnischer Kolonien" (vgl. Ceylan 2006; Häußermann 2009a) wirksam entgegensetzen. Glaubt man diesem allgemeinen Tenor, scheinen sich parallele Strukturen rasant zu vermehren und es entsteht der Eindruck, so der Soziologe Wolf-Dietrich Bukow: „dass Migration fast zwangsläufig in *Parallelgesellschaften* oder Parallelwelten endet" (2008: 1). Bemerkenswert ist dabei auch die Tatsache, dass wenn in der öffentlichen Debatte von *Parallelgesellschaften* gesprochen wird, fast ausschließlich die Segregation von MigrantInnen und dies zudem meist im Zusammenhang mit religiösen Gemeinschaften gemeint ist. Die Frage, ob beispielsweise *gated communities*, verstanden als umzäunte, durch Mauern umgrenzte und somit abgeschlossene Nachbarschaften, mit dem Ziel der meist aus der Mittel- und Oberschicht kommenden BewohnerInnen, sich vor realer oder imaginierter Bedrohung zu schützen (vgl. Roost 2000; Siebel 2000) nicht auch eine Art *Parallelgesellschaften* bilden könnten, wird dabei kaum aufgegrif-

---

1   Die Interpellation verlangt Auskunft über wichtige innen- oder aussenpolitische Ereignisse und Angelegenheiten des Bundes. Über die Antwort des Bundesrats kann eine Diskussion verlangt werden. Eine Interpellation kann mit Zustimmung des Ratsbüros als dringlich erklärt und in der laufenden Session behandelt werden, wenn sie bis zum Beginn der dritten Sitzung (in der Regel am Mittwoch der ersten Sessionswoche) einer dreiwöchigen Session eingereicht wird (http://www.parlament.ch/d/wissen/taetigkeiten/parlinstrvorstoesse/Seiten/default.aspx, gefunden am 3.6.2010).

fen². Auch gilt offensichtlich fast allein die Sichtbarkeit³ von Segregation, d.h. eine Konzentration von Zuwanderern in bestimmten Stadtteilen als Beweis für eine gescheiterte Integration (vgl. Häußermann 2009a; Halm/Sauer 2006). Dabei wird großzügig außer Acht gelassen, dass es bis anhin nur wenige Erkenntnisse über die biographischen Wege, wie beispielsweise die Wohndauer der MigrantInnen in den besagten Stadtteilen gibt (vgl. Häußermann 2009a). Auch gilt es nach dem deutschen Soziologen Ludger Pries, die im 21. Jahrhundert immer komplexer werdenden internationalen Migrationsprozesse zu berücksichtigen und die neuen Formen von transnationaler Migration (vgl. Pries i.d.B.) mit in die Diskussion einzuschließen. Als weiteres zentrales Manko dieser Diskussion kann die Tatsache benannt werden, dass der Fokus bisher lediglich auf „die MigrantInnen" und ihr (individuelles oder gruppenspezifisches) „Scheitern" gelegt bzw. ihr „Leben in Parallelwelten" problematisiert wird. Fragen, die auf die Durchlässigkeit gesellschaftlicher Strukturen zielen, also an einer Veränderung der so genannten „Mehrheitsgesellschaft" ansetzen, werden jedoch selten gestellt.

An dieser kritisch-reflexiven Auseinandersetzung über die Diskussion zur *Parallelgesellschaft* setzt der vorliegende Artikel an, indem der Versuch unternommen wird, das „Gebilde" *Parallelgesellschaft* zu dekonstruieren. Hierbei soll aufgezeigt werden, dass der Gegenstand, d.h. das was als *Parallelgesellschaft* diskutiert wird, weder empirisch existent, noch begrifflich adäquat ist: *Parallelgesellschaften* gibt es nicht. Diese Tatsache soll in der Folge genauer dargestellt werden, indem zuerst der populären und medialen Begriffsverwendung, also der Rede von der *Parallelgesellschaft*, auf den Grund gegangen und diese mit empirischen Erkenntnissen der wissenschaftlichen Diskussion gespiegelt wird. Daran anschliessend wird in einem sportlich-epistemologischen Exkurs aufgezeigt, dass es auch vom Begriff *Parallelität* her keinen Sinn macht, bei dem zu beschreibenden Phänomen von *Parallel*gesellschaft zu sprechen. Dieser Befund wird im Anschluss durch raumtheoretische Vergewisserungen untermauert. Abschliessend werden Perspektiven aufge-

---

2 Diese Aussage ist insofern zu relativieren bzw. zu differenzieren, als dass vereinzelt und in jüngster Zeit vermehrt auch bei so genannten „Elite-Migranten" von Parallelgesellschaften gesprochen wird, d.h. von so genannten „Expat Communities", also jenen „Parallelgesellschaften' der Höherqualifizierten [d.h. globalen Nomaden, die ihre Heimat nicht aus politischer oder wirtschaftlicher Not verlassen, sondern dies als integralen Bestandteil ihrer Karriere sehen], die sich in allen Metropolen dieser Welt" gebildet haben (von Arx 2008: 65f.).

3 Der Soziologe und Stadtforscher Hartmut Häußermann meint damit die sichtbare Konzentration von Migranten mit einer entsprechend ethnisch geprägten Infrastruktur aus Läden, Gastronomie, geselligen oder religiösen Einrichtungen.

zeigt, um angesichts der hinter der Rede von der *Parallelgesellschaft* stehenden Veränderungsprozesse auf eine alternative Art und Weise über eine zeitgemäße, sich verändernde Gesellschaft nachzudenken. Hilfreich für dieses Unterfangen sind die Erkenntnisse der Diskussion um Transmigration, verdeutlichen sie doch, dass es angesichts quer zu den tradierten Einheiten (wie insbesondere der Nationalstaat) liegender Vergesellschaftungsprozesse immer weniger darum gehen kann, einen vermeintlichen Gegenstand greifbar, sondern vielmehr die differenten machtdurchdrungenen Prozesse des Ein- und Ausschlusses sichtbar zu machen.

1 Die Rede von der Parallelgesellschaft

Der Begriff der *Parallelgesellschaft* wurde bereits in den späten 1990er Jahren vom Bielefelder Soziologen Wilhelm Heitmeyer in die wissenschaftliche Debatte um Migration und Integration eingebracht. Heitmeyer nutzte den Begriff in Anführungszeichen und im Zusammenhang mit einer von ihm durchgeführten Studie über die Bedeutung der Religion und islamistischer Organisationen für türkische Jugendliche in Deutschland (vgl. Heitmeyer 1996). Aus diesem bestimmten wissenschaftlichen Zusammenhang gelangte der Begriff in den Alltagsdiskurs, wo er im Laufe der Zeit mit ganz anderen Bedeutungen aufgeladen wurde. Insbesondere in Politik und Medien wurde der Begriff immer populärer und erlebte in den letzten 10 Jahren im deutschsprachigen Raum[4] einen starken Aufschwung[5], wie eingangs beispielhaft gezeigt wurde (vgl. Halm/Sauer 2006). Aber bereits in den beiden Jahrzehnten vor dem Ende der sowjetkommunistischen Gesellschaftssysteme in Osteuropa trat der Begriff ins Scheinwerferlicht der Öffentlichkeit. Die sich im Zuge einer gewissen Liberalisierung allmählich und außerhalb der staatlichen kontrollier-

---

4 In Frankreich, den Niederlanden oder den angelsächsischen Ländern wird ebenso eine öffentliche Debatte um *Parallelgesellschaften* geführt. Wobei sie sich nach Ansicht der beiden deutschen Politikwissenschaftler Franz Walter und Matthias Micus in Frankreich bzw. in angelsächsischen Ländern, welche sich traditionell als Staatsnationen verstehen, deren Mitglieder ihre Zugehörigkeit durch das Bekenntnis zu den politischen Grundwerten ausdrücken, dahingehend von der Debatte im deutschsprachigen Raum unterscheidet, dass der Diskussion im deutschsprachigen Raum ein grundlegend anderes nationales Selbstverständnis, nämlich das einer homogenen Abstammung und gemeinsam geteilten Kultur, welche wesentlich auf der Herkunft ihrer Angehörigen fundiert, hinterlegt ist (vgl. Micus/Walter 2006).

5 Ein Beleg für die Popularität des Begriffes ist die Tatsache, dass „Parallelgesellschaft" im Jahr 2004 im Wettbewerb zum Wort des Jahres für deutsche Sprache, den zweiten Rang hinter „Hartz IV" einnahm (Worbs 2009: 218).

ten Sphäre ausbildenden, selbstorgansierten Bürgeraktivitäten gingen so weit, dass oppositionelle BürgerInnen auf selbstorganisierter zivilgesellschaftlicher Grundlage einige der Institutionen des Staates nochmals in eigener Initiative und Verantwortung abbildeten (Meyer 2002b).

Als *Rede von der Parallelgesellschaft* kann einerseits die Diskussion auf politischer Ebene und andererseits die medial verbreitete Meinungsbildung bezeichnet werden. Der Begriff ist vorwiegend negativ konnotiert, dies gründet wohl nicht zuletzt darin, dass die Metapher stets dann bemüht wird, wenn es darum geht, „schwer verständliche, zumeist verstörende, immer aber fremdkulturelle Ereignisse und Handlungsmotivationen zu erklären" (Micus/Walter 2006: 215). So findet die Mehrheit der Bevölkerung wenigstens ansatzweise Antworten auf Fragen, warum sich beispielsweise Jugendliche in den Pariser Vororten tagelange Straßenschlachten mit der französischen Polizei liefern, oder wie Menschen ein Attentat vom 11. September 2001 oder Terroranschläge wie diejenigen in London und Madrid verüben können (vgl. ebd.). Tatsächlich scheint sich die Metapher *Parallelgesellschaft* seit einigen Jahren einer großen „Talkshow-Aufmerksamkeit" zu erfreuen (Micus/Walter 2006: 215).

In diesem Zusammenhang verweist der Soziologe Stefan Gaitanides (2001) auf den politischen Kampagnencharakter der Debatte und spricht der *Rede von der Parallelgesellschaft* wenig rationale Diskussionsgrundlagen zu. Überhaupt scheint die Existenz von „echten" *Parallelgesellschaften* aus wissenschaftlicher Perspektive umstritten, da die Merkmale in bestehenden Definitionen von *Parallelgesellschaften*, welche sich neben Ansprüchen an die kulturelle, religiöse und ethnische Homogenität auch durch eine nahezu vollständige und komplette Verdoppelung aller relevanter Institutionen aus der Mehrheitsgesellschaft und einer weitgehenden lebensweltlichen, zivilgesellschaftlichen und ökonomischen Segregation auszeichnen, in Wirklichkeit kaum erfüllt sind (vgl. Häußermann 2007; Meyer 2002a). Auch wird in der *Rede von der Parallelgesellschaft* unterstellt, dass es sich um eine formal freiwillige Form der Segregation handelt, d.h. diese MigrantInnen wollen offenbar unter sich bleiben. Mit der Verwendung des Begriffes, welcher impliziert, dass institutionell geschlossene und abgegrenzte, nebeneinander bestehende Gesellschaften existieren, wird ein Bild vermittelt, welches wenig mit der Realität moderner Gesellschaften zu tun hat (vgl. Bukow/Nikodem/Schulze/Yildiz 2007). So betont Bukow seinerseits (2008), dass moderne Städte nicht zuletzt genau durch Einwanderung das geworden sind, was sie jetzt sind und dass urbanes Zusammenleben durch eine zunehmende Diversität geprägt wird. Es stellt sich nun die Frage, wie es dazu kommt, dass diese im Alltag offensichtlich funktionierende Durchmischung hinterfragt und in der Folge abgelehnt wird. Bukow et. al. (2007) sprechen hier von „gefühlter" *Parallelgesellschaft*, welche gegenüber Erfahrungen und Informationen offensichtlich relativ immun bleibt. Diese Beständigkeit speist sich auf dieser Ebene sowohl aus gesamtgesellschaftlich angelegten Deutungsmustern wie auch aus einer Skepsis, welche die Veränderungsprozesse der Moderne hervorrufen, und einer Angst, sicher geglaubte Privilegien zu verlieren (vgl. Bukow et. al. 2007). Hartmut Häußermann (2009a) setzt den Begriff mit dem in der angloamerikanischen Diskussion definierten Begriff der *ethnic communitiy* also der *ethnischen Kolonie*[6] gleich. Dass in diesem Zusammenhang der Begriff *Kolonie* ins Spiel gebracht wird, ist mit Blick auf die Begriffsgeschichte des Wortes Kolonie ein interessanter Aspekt. Als Kolonie wurde in der Antike eine Gruppe von Menschen, die aus dem Mutterland ausgewandert waren, um sich in anderen Territorien anzusiedeln bezeichnet. Aber auch im Bezug auf die Ansiedelung selber und damit der Eroberung des Territoriums wurde von Kolonie gesprochen. Im Koloniebegriff zur Zeit des Kolonialismus und Imperialismus taucht diese gleichzeitige Bezeichnung der Ansiedlung, des eroberten Territoriums und zusätzlich als Etikette für die unterworfene Bevölkerung, Eroberer und Siedler und deren Organisationsformen wieder auf (vgl. Heckmann 1998). Es lässt sich hier nur spekulieren, ob in der *Rede von der Parallelgesellschaft* dieser *Kolonie*begriff – verstanden als Eroberung und Unterwerfung der „Ursprungsbevölkerung" – in den von Bukow benannten „gefühlten" *Parallelgesellschaften* mitschwingt: Diffuse und komplexe gesellschaftliche Veränderungen erzeugen eine Angst vor dem Fremden, über die *Rede von der Parallelgesellschaft* wird das Diffuse und Nicht-Greifbare verortbar und erklärbar.

Ein weiteres Argument, welches in der *Rede von der Parallelgesellschaft* oftmals vorgebracht wird, wenn es um die Verhinderung ethnischer Kolonien geht, scheint aus wissenschaftlicher Sicht umstritten: Die Frage nämlich, ob Segregation von MigrantInnen (in der *politisch-medialen Debatte* als *Parallelgesellschaft* bezeichnet) deren Integration behindert oder nicht[7]. Dabei spielen

---

6   Der Soziologe Friedrich Heckmann (1998) definiert ethnische Kolonien als formelle und informelle Strukturen ethnischer Selbstorganisation (ökonomischer, sozialer, kultureller, religiöser und politischer Art) von MigrantInnen.

7   Die Frage, ob homogene Netzwerke von Menschen mit Migrationserfahrung förderlich oder hinderlich sind für (neue) Kontakte und Zugänge zu autochthonen sozialen Zusammenhängen, indem sie bspw. als Sprungbrett auf der Suche nach Arbeits- oder Wohnmöglichkeiten dienen können, oder diese aber verunmöglichen, scheint in der wissenschaftlichen Diskussion eindeuti-

unterschiedliche Modelle und Theorien zu Integration, resp. Assimilation sowie die im Rahmen der Transnationalitätsforschung vermehrt ins Zentrum des Forschungsinteresses gerückten multiplen Verbindungen, welche Migration als dynamischen Prozess im transnationalen Raum sehen, eine wichtige Rolle (vgl. Dahinden i.d.B). In der öffentlichen Debatten scheint den dabei erzielten Erkenntnissen jedoch wenig Bedeutung zuzukommen und es wird an gängigen Vorurteilen und argumentativen Grundfiguren, wie bspw. „Wir" vermuten, dass in den Quartieren mit hohem Migrantenanteil schlimme Dinge passieren, festgehalten (vgl. Häußermann 2009a). Nach dieser aufarbeitenden Übersicht wird klar, dass der wissenschaftliche Diskurs der vorwiegend auf medialer und politischer Ebene stattfindenden *Rede von der Parallelgesellschaft*, sehr viel differenzierter und weitgehend kritisch gegenübersteht.

2   Parallelität – ein sportlich-epistemologischer Exkurs

Der Begriff „Parallel" wird im alltagssprachlichen Gebrauch häufig verwendet, wie bspw. Parallelschaltung, Parallelklasse, Parallelimporte oder Parallel Desktop. Als Vorbereitung zur Dekonstruktion des Begriffes *Parallelgesellschaft* macht ein kleiner Exkurs in die Etymologie Sinn, um anschließend mit Hilfe eines Beispiels zu einer bildlichen Darstellung von Parallelität zu gelangen. Ziel dieses Abschnittes ist die Herausarbeitung der zentralen Dimensionen von Parallelität, d.h. das Setting und die Konstruktionsmechanismen.

Das Wort Parallel wurde im 18. Jahrhundert aus dem Französischen in die deutsche Sprache übernommen (parallèle) und setzt sich aus den griechischen Wortsilben para: neben, entlang (übertragen: gegen, wider im Vergleich mit) und allelon: (von)einander zusammen (vgl. Deutsches Wörterbuch Grimm 1971). Aus dem Schulunterricht ist die mathematische bzw. geometrische Verwendung von Parallel als gleichlaufend bzw. gleich weit voneinander abstehend bekannt, wie dies anhand paralleler Linien oder parallel laufender Kreise verbildlicht werden kann (math. lex. 1, 980. Kant 8, 269 in Deutsches

---

ger: Bezüge zur ethnischen Gruppe bzw. der Mehrheitsgesellschaft scheinen nicht miteinander zu konkurrieren. Und durch moderne Kommunikations- und Transportmittel werden heute persönlich wichtige Kontakte und Netzwerke auch außerhalb der Nachbarschaft geknüpft und über eine größere Distanz aufrecht erhalten – sei es mit Menschen derselben oder anderer nationaler Herkunft. Und nur für wenige Menschen mit Migrationserfahrung gilt, dass sich ihre sozialen Kontakte auf die eigene ethnische Gruppe beschränken (vgl. bspw. Drever 2004; Farwick 2009; Häußermann 2009b; Saletin 2004).

Wörterbuch Grimm 1971). Parallel bedeutet also, dass etwas räumlich oder zeitlich nebeneinander steht oder verläuft. Diese nebeneinander (also parallel) verlaufenden Elemente stehen zwar durch ihre Gleichzeitigkeit in einem gewissen Sinn in einem Bezug zueinander, sollten sich jedoch gerade durch das Nebeneinander nicht tangieren bzw. schneiden, was sich beispielsweise mit dem Bild eines Parallelslaloms aus dem alpinen Skisport veranschaulichen lässt. Die beiden SportlerInnen starten gleichzeitig, jedoch auf getrennten Fahrbahnen, welche sie bis zur Zieleinfahrt möglichst nicht verlassen sollten. Die beiden Rennstrecken sind so angeordnet, dass beide SportlerInnen von den ZuschauerInnen, Fans und der Rennleitung gleichzeitig beobachtet und unmittelbar verglichen werden können. Die so entstehende Spannung baut sich dadurch auf, dass sich die beiden SportlerInnen der Herausforderung stellen, möglichst schnell und möglichst auf ihrer Ideallinie bleibend als SiegerIn über die Ziellinie zu fahren, welches dem Setting „Sport/Wettbewerb" zu Grunde liegt.

Um bei diesem Blickwinkel und Bild zu bleiben, erfolgt das „in Beziehung setzen" jedoch nicht nur aus der Gleichzeitigkeit – zwei zufällig nebeneinander kurvende Skifahrer sind noch nicht in einem direkten Verhältnis zueinander zu sehen, wenn sich ihre Beziehung nicht auch über vorgegebene Settings und ganz bestimmte Mechanismen konstituiert und verändert. Das vorgegebene Setting, wie bspw. ein Rennen (Parallelslalom), internationaler Wettbewerb (Parallelimport) oder Schaltkreise (Parallelschaltung) stellt hierbei den notwendigen Rahmen dar, um die Gleichzeitigkeit überhaupt erst beobachten zu können (bildlich indem auf dem Fernsehschirm ein Überblick über das Renngeschehen gegeben wird und beide FahrerInnen jederzeit sichtbar sind – stürzt bspw. eine FahrerIn, so ist das Parallelrennen seinem Sinn schon vor dem Erreichen des Ziels entleert). Ohne die Beobachtbarkeit durch diese Rahmung bleibt das Wissen um gleichzeitig stattfindende Prozesse abstrakt und bedeutungslos. Schließlich – und das ist vor allem für das gewählte Setting des alpinen Skisport relevant – wissen die beiden FahrerInnen, dass sie sich in einem Vergleich mit einem/einer MitkonkurrentIn befinden (und es ist davon auszugehen, dass sie sich bewusst auf diesen eingelassen haben). Der unmittelbare, beobachtbare Vergleich gelingt neben dem rahmengebenden Setting auch durch ganz bestimmte Mechanismen, die die Elemente miteinander in Beziehung setzen (bildlich durch die eingeblendete Stoppuhr, durch das Wissen „wer" gegeneinander fährt, durch eine gewisse Identifikation der Fans mit der einen oder anderen „Seite" etc.). Fahren die SportlerInnen nacheinander, so ist die räumlich-zeitliche Unmittelbarkeit nicht gewährleistet, d.h. es handelt sich eben um kein *Parallel*rennen.

Setting und Konstitutionsmechanismen der *Rede von der Parallelgesellschaft*
Wendet man die Erkenntnisse dieses Exkurses auf das Beispiel der *Parallelgesellschaft* an, so bedarf es zuerst einmal einer Klärung, welches überhaupt die Elemente sind, die in dieser Rede miteinander in Beziehung gesetzt werden. Kritisch zu hinterfragen ist bei dieser Diskussion insbesondere, ob alle am Vergleich beteiligten AkteurInnen die Möglichkeit haben bzw. hatten, sich bewusst auf diesen einzulassen, oder noch viel grundlegender, ob oder ab wann insbesondere Mitglieder der vermeintlich parallel zur Gesellschaft existierenden Gruppe wissen, dass sie sich in einer Vergleichssituation befinden. Hierzu ist zu klären, in welchem Setting die *Rede von der Parallelgesellschaft* geführt wird.

Denn diese von außen gesetzten Rahmenbedingungen (Setting) werden erst mit der Zeit über die *Rede von der Parallelgesellschaft* manifest, indem sich eine ursprüngliche („erste") (Mehrheits)Gesellschaft einer, hinzugekommenen („zweiten") (*Parallel*)Gesellschaft gegenüberzustehen scheint. Unhinterfragt bleibt – wie schon erwähnt – ob die beiden als gleichlaufend betrachteten „Gesellschaften" (d.h. Elemente) wirklich über dieselben Startbedingungen und dasselbe Verständnis des vorhandenen Settings verfügen, d.h. dass sie sich ähnlich wie beim Rennen überhaupt von Beginn weg parallel entwickeln könnten. Damit scheint begrifflich deutlich zu sein: das, was als *Parallelgesellschaft* diskutiert wird, ist nicht wirklich parallel. Diese Tatsache wird in der Folge weiter ausgeführt. Meist sind es in der Öffentlichkeit präsente Mitglieder der ersten Gesellschaft, die über Politik und Medien im Nachgang zu ganz bestimmten Ereignissen beginnen, die Eigenschaften einer zweiten Gesellschaft zu beschreiben. So wird über die nationalen Medien oder die Politik, wie in den Eingangsbeispielen aufgezeigt, suggeriert, dass beispielsweise Steinigung oder das Einsperren von Frauen im eigenen Haus ein grundsätzlicher religiöser Wert von Muslimen sei. Oder dass sich Menschen mit islamischem Glauben vermehrt über die hierzulande vorherrschende Gesetzgebung hinwegsetzen und damit (schleichend) zu einer Gefahr für die kulturellen, nationalen Grundwerte oder die Sicherheit der Bevölkerung werden. Ereignisse werden damit in Verbindungen mit bestimmten Bevölkerungsgruppen gebracht. Wobei diese als Einheit mit homogenen Eigenschaften hochstilisiert werden.

Es gilt an dieser Stelle zu erwähnen, dass es unbestritten ist, dass die nachfolgend genannten Ereignisse im Einzelfall und für alle betroffenen Menschen großes Leid bedeuten und nicht tolerierbar sind. Es geht bei der Dekonstruktion aber darum aufzuzeigen, wie solche Ereignisse durch Skandalisierung ganzen Bevölkerungsgruppen (als vermeintlich absolut homogen handelnde Gemeinschaft) zugeschrieben werden. Für die vergangenen Jahre können zahlreiche Ereignisse rekonstruiert werden, welche für die Konstitution herangezogen wurden, wie in der Folge exemplarisch dargestellt wird: Beispielsweise der Terroranschlag vom 11. September 2001 auf das World Trade Center in New York oder die Ermordung des niederländischen Filmemachers Theo van Gogh im Jahre 2004 durch muslimische Attentäter wurden in einem Skandalisierungsprozess mit scheinbar allgemeingültigen Wertehaltungen einer anscheinend homogenen islamistischen Religionsgemeinschaft in Verbindung gebracht. Insbesondere in der westeuropäischen Gesellschaft verfestigte sich ausgehend von solchen Attentaten die Ansicht, dass segregiert lebende ZuwanderInnen, und dabei insbesondere Menschen mit muslimischem Hintergrund, eine eigene Welt mit antiwestlichen Wertehaltungen bilden (vgl. Häußermann 2009a). Der Soziologe Georg Simmel formuliert dies bereits 1908 in seinem Exkurs über den Fremden folgendermaßen: „Darum werden die Fremden auch eigentlich nicht als Individuen, sondern als die Fremden eines bestimmten Typus überhaupt empfunden (...)" (1983 [1908]: 512). Simmel beschreibt hier, wie Differenzen nicht als etwas Individuelles, sondern als Eigenschaften einer ganzen Gruppe angesehen werden. Der islamischen Religion als Gesamtheit wird im Zusammenhang mit solchen Attentaten Misstrauen entgegengebracht und jeder Terroranschlag, welcher als islamistisch motiviert wahrgenommen wird, verstärkt diese Denkhaltung (Leibold/Kühnel/Heitmeyer 2006). Themen wie Zwangsheirat, Steinigung und Ehrenmorde können an dieser Stelle ebenfalls genannt werden. So wurde beispielsweise die Geschichte eines 8jährigen Mädchens aus dem Jemen, welches mit einem 30jährigen Mann verheiratet wurde und im Jahre 2008 die Scheidung eingereicht hatte, oder der Ehrenmord von München im Jahre 2009 in den Medien viel beachtet und löste in der Folge eine breite Diskussion zum Thema Zwangsheirat, resp. Ehrenmord aus. Aber auch die Unruhen Jugendlicher in Pariser Vororten im Oktober/November 2005 wurden von den Medien mit speziellem Fokus auf den Migrationshintergrund der aufständischen Jugendlichen in die Welt verbreitet (Lapeyronnie 2009; Schiff/Armagnague 2009). Durch diese Vereinfachung der dahinterliegenden Problemlagen werden

Ereignisse dieser Art einer bestimmten Gruppe von Gesellschaftsmitgliedern oder gar einer ganzen Gesellschaft zugeschrieben und werden in der Folge kaum mehr differenziert betrachtet.

Über solche und ähnliche Ereignisse bilden sich im Zuschreibungsprozess langsam aber sicher zwei sich gegenüberstehende, parallel verlaufende Einheiten oder Elemente heraus. Neben den abwertenden und skandalisierten Ereignissen ist es die Zuordnung negativer Symbole, wie bspw. das Tragen eines Kopftuches oder die vermeintliche Anwendung der Scharia über der staatlichen Rechtsordnung, die zu einer Herausprägung zweier sich gegenüberstehenden und sich konkurrierenden bzw. sich in die Quere kommenden Pole führen: Zur ersten Gesellschaft gehört die als normal, d.h. westlich beschriebene Mehrheit, sie scheint dabei ursprünglich oder schon immer hier zu leben und damit legitim zu sein. Ihre Verhaltens- und Denkweisen entsprechen einer westlich-christlich geprägten Wertvorstellung, welche für jedermann/frau, die hier sozialisiert wurde, bekannt und damit „gut" zu sein scheint. Demgegenüber existiere eine anormale, fremde, abweichende und schlechte Minderheit. Diese Konstruktionen von „Wir" und „Nicht-Wir" (vgl. Mecheril 2004), wobei die zweite Kategorie also „Sie" als anders und illegitim (vgl. Lang 2005) gelten, können zu einer veränderten Fremd- aber auch Selbstwahrnehmung unterschiedlicher Gesellschaftsmitglieder und in der Folge zu einer verstärkten Identifikation mit der eigenen Herkunftskultur führen. So belegt beispielsweise die Studie der beiden Soziologinnen Eva Mey und Miriam Rorata über Jugendliche mit Migrationshintergrund im Übergang ins Erwachsenenalter, dass diese, wenn sie in ihrer ersten Berufswahlphase schlechte Erfahrungen mit ihrem Aufnahmeland machen, sich zurückziehen und sich verstärkt an ihrer ethnischen Gemeinde orientieren (vgl. Leibold et al. 2006; Mey/Rorata 2010a/b). Die Zementierung von Unterschiedlichkeit im Sinne eines: „Wir" die Guten und „Ihr" die Schlechten und die damit verbundene Ausgrenzung und geringe Wertschätzung können bei MigrantInnen Reaktionen von Entfremdung vom Aufnahmeland über verstärkte Identifikation mit den Werten des Herkunftslandes bis hin zu Abschottung gegenüber der Mehrheitsgesellschaft auslösen (vgl. Leibold et al. 2006; Mey/Rorata 2010a/b). Diese Selbstsegregation verstärkt wiederum die negativen Zuschreibungen von Seiten der Mehrheitsgesellschaft. Der Zirkel aus Fremd- und Selbstzuschreibung ist kaum zu durchbrechen (vgl. Gaitanides 1994). Als abwertend empfundene Diskurse über kulturelle oder religiöse Symbole (wie jüngst das Beispiel der Minarett-Abstimmung in der Schweiz zeigte) können zudem auch zur Folge haben, dass sich die „Betroffenen" überhaupt erst damit konfrontiert sehen, dass sie sich mit diesen Themen, welche für sie zuvor unter Umständen wenig Bedeutung besaßen, befassen müssen. So löst beispielsweise die gegenwärtig reichlich polemisch geführte Diskussion um ein Burka-Verbot in verschiedenen europäischen Ländern auch bei Musliminnen, welche sich zuvor kaum mit diesem Thema auseinander gesetzt haben, grundsätzliche Fragen über die persönliche Bedeutung solcher Symbole aus. Sie sind gezwungen, „sich mental und sozial zu verorten" (vgl. Baghdadi 2010/i.E.).

Im Alltagsdiskurs scheinen sich vermeintlich homogene Religionen bzw. Kulturen an ganz bestimmten Artefakten, wie dem Minarett, zu materialisieren. Durch ein Verbot von Türmen scheint das Problem in dieser Alltagslogik gelöst zu sein. Nicht nur in dieser Verkürzung, sondern auch hinter den vorgängig aufgezeigten Dimensionen *Setting und Konstitutionsmechanismen der Rede von der Parallelgesellschaft* stehen bestimmte Raumvorstellungen. Betrachtet man diese genauer, so wird deutlich, dass gerade in raum-zeitlicher Hinsicht nicht haltbare Verkürzungen und Verallgemeinerungen vorgenommen werden, welche es in der Folge genauer zu betrachten gilt. Eine kritische raumwissenschaftliche Betrachtung kann – so die These – zur Dekonstruktion des Konzeptes *Parallelgesellschaft* weiter beitragen.

3 Doppelt „daneben" und „draußen" – Raumvorstellungen und Herausforderungen der Rede von der Parallelgesellschaft

Schon im sportlichen Exkurs zur Parallelität wurde deutlich, dass die Verwendung des Begriffes Parallelität verschiedene raumtheoretische Implikationen beinhaltet: So war die Rede von parallel nebeneinander liegenden Renn- oder Fahrbahnen, d.h. Punkten oder Linien auf der Erdoberfläche. Im Setting „Rennen" werden die Körper der AthletInnen raum-zeitlich entlang dieser Linien verschoben. Erst im Zusammendenken der beiden Raum-Zeit-Pfade entsteht eine Fläche, welche den Vergleich ermöglicht (Setting). Auf dem Bildschirm wird einerseits diese raum-zeitliche Fläche sichtbar, anderseits symbolisiert sich auch die dritte Dimension der Betrachtungsperspektive (Rennleitung, Zuschauer). Zentral ist weiterhin, dass sich die Bahnen nicht schneiden, die FahrerInnen sich nicht „in die Quere kommen". Wer als erste/erster die Ziellinie überfahren hat, gewinnt.

Während diese Annahmen für den Rennbetrieb gelten, schwingen jedoch bei der *Rede von der Parallelgesellschaft* ganz andere räumliche Vorstellungen mit, welche Hinweise geben, dass in diesem Kontext Parallelität nicht konsistent gedacht wird – damit wird auch aus einer raumtheoretischen Vergewisserung deutlich, dass das, was als *Parallelgesellschaft* dargestellt wird, eigentlich nicht parallel im epistemologischen Sinne ist (vgl. Skirennen):

- Annahme 1: Parallel = „daneben" im Sinne von einem „nebeneinander" oder hierarchischen „übereinander": Auf einem Gebiet scheint nur eine Gesellschaft existenzberechtigt, für eine zweite Gesellschaft ist deshalb kein Platz vorhanden und wird deshalb ignoriert oder „weggedrückt", d.h. die *Parallelgesellschaft* stellt – zumindest in den Augen der „Mehrheitsgesellschaft" – die Normalvorstellungen und damit verbunden das Integrationsmodell in Frage.
- Annahme 2: Parallel = „draußen": Die *Parallelgesellschaft* scheint sich „außerhalb" der „Kerngesellschaft", an den gesellschaftlichen Randzonen (durch Segregationsprozesse angestoßen) zu verorten, d.h. sie scheint unkontrollierbar und nicht dazugehörig zu sein.
- Annahme 3: Parallel = „daneben" im Sinne von abweichend oder gar als „gegen": Die *Parallelgesellschaft* scheint der (Mehrheits)Gesellschaft – im Unterschied zur beschriebenen Rennsituation – in die Quere zu kommen, d.h. sie wird als abweichend oder dagegen ankämpfend und damit als bedrohlich beschrieben und auch so empfunden.

Hinzu kommt, wie oben schon erwähnt, dass das Setting (d.h. die BetrachterInnenperspektive) von der „Mehrheitsgesellschaft" bestimmt wird – d.h. dass es sich auch hier um keine hinreichende Voraussetzung einer parallelen Situation handelt. In der Folge gilt es die drei zentralen Annahmen hinsichtlich ihrer Raumvorstellungen genauer zu betrachten. Aus jeder Annahme resultiert eine raumtheoretische Herausforderung für den Diskurs um Migration und Integration.

Erste zentrale Annahme: zwei homogene Räume stehen sich gegenüber
In der *Rede von der Parallelgesellschaft* wird davon ausgegangen, dass in einem Flächenraum oder in einem bestimmten Gebiet/Territorium genau eine

Gesellschaft existenzberechtigt ist (nach dem Motto: Wir sind ein Schweizer Volk aufgrund der Geschichte, des Territoriums etc.[8]). Oder im Umkehrschluss, dass eine Gesellschaft genau zu einem Territorium gehört und sich darin verorten lässt. In dieser Annahme widerspiegelt sich die von Ludger Pries beschriebene „doppelte exklusive Verschachtelung von Flächen- und Sozialraum" (siehe Pries i.d.B.). Die *Rede von der Parallelgesellschaft* suggeriert nun, dass sich durch die aufgezeigten Mechanismen innerhalb eines nationalstaatlichen Territoriums „neben" der Mehrheitsgesellschaft eine Minderheitsgesellschaft zu formieren beginnt. Die aufgezeigte Grundannahme ist damit bedroht, indem fortan auf demselben Territorium zwei Gesellschaften existieren, *getrennt und nebeneinander*. Dies ist ein (räumliches) Problem, denn nach der Vorstellung gibt es auf einem bestimmten Territorium gar keinen Platz für mehr als eine Gesellschaft. Als gesellschaftliche Herausforderung führt dieses Raumproblem dazu, dass man die Menschen aus der Minderheitsgesellschaft, die wie eine Schachtel neben der Mehrheitsgesellschaft zu stehen scheint, wieder „in" die einzig legitime Schachtel führen muss. Oder noch besser, dass dafür gesorgt werden muss, dass sich gar keine zweite Schachtel formiert.

Dieses Verständnis von Integration ist jedoch nur möglich, wenn auch für die heutigen Gesellschaften an der Idee der Verschachtelung von Flächen- und Sozialraum und damit an einer absolutistischen Raumvorstellung festgehalten wird: Zwei geschlossene Behälter, welche die sozialen Verhältnisse in den Schachteln umschließen, stehen sich in dieser Vorstellung gegenüber. Und: Dem Raum wird eine eigene Realität jenseits des Handelns, der Körper oder der Menschen zugeschrieben (siehe Dahinden; Reutlinger i.d.B.). Denn alle Menschen, die in der Schachtel mit der Aufschrift *Parallelgesellschaft* leben, scheinen potentielle „Normalitäts-AbweichlerInnen" zu sein und alle Menschen, die „zugehörig zur Mehrheitsgesellschaft-Schachtel" sind, werden als „normal" betrachtet – so zumindest, wenn man dem Diskurs glauben schenkt. Die sozialen Verhältnisse „in" den jeweiligen Behältern sind scheinbar klar definiert. Dies ist nur möglich, wenn man alle Menschen in einer Schachtel gleich macht, d.h. von massiven Homogenisierungsvorstellungen ausgeht. *„Der Muslime" „an sich" lebt demnach „für sich", d.h. er grenzt sich ab, indem er seine Sprache und die kulturellen Besonderheiten pflegt und an veraltetem Brauchtum und Gesetzen festhält und Kontakte zur fortschrittlichen Welt meidet.*

....

8   Rütlischwur: *Wir wollen seyn ein einzig Volk von Brüdern, In keiner Noth uns trennen und Gefahr.*

Aus einer zeitgemäßen raumtheoretischen Perspektive sind jedoch nicht nur diese Homogenisierungsvorstellungen unzulässig (siehe genauer unten), sondern auch die Vorstellung der doppelten Verschachtelung von Flächen- und Sozialraum oder das Denken von Welt in nebeneinander stehenden Schachteln überhaupt (und damit der absolutistischen Raumvorstellung): In einer immer mobileren und zunehmend vernetzten Welt, werden Behälterraumvorstellungen grundlegend hinterfragt (siehe Reutlinger i.d.B.). Insbesondere Transmigrations-Phänomene verweisen auf eine ganz neue Verkoppelung von Flächen- und Sozialräumen, wie Ludger Pries dies beschrieben hat (siehe Pries i.d.B.): Die so genannte Aufstapelungsthese geht davon aus, dass sich Sozialräume in einem Flächenraum über- und aufeinander zu legen beginnen, während die Ausdehnungsthese davon ausgeht, dass sich heute Sozialgefüge über mehrere Orte hinweg erstrecken und immer weniger an tradierte Einheiten, wie Gemeinde, Gemeinschaft oder Gesellschaft gebunden sind (Pries 2008: 226). Daraus resultiert eine erste raumtheoretische Herausforderung für den Diskurs um Migration und Integration: *Die Konfrontation und das Zusammendenken unterschiedlicher Räume ist nicht mehr länger über Homogenisierungsvorstellungen und das territoriale Denken von Welt möglich. Vielmehr bedarf es neuer Raumvorstellungen, welche einerseits quer und dazwischen verlaufende Transmigrationsphänomene berücksichtigen und Raumkonstruktion aus der Vielfalt heraus konstituieren* (siehe hierzu ausführlich Reutlinger i.d.B.; Reutlinger 2008). *Andererseits aber auch mit dem Phänomen umgehen, dass sich in der Handlungspraxis der Menschen die „Behälterräume" zwar auflösen, diese in der Sprache und im Kopf als Orientierungs- und Denkrahmen jedoch weiterhin wirken, heutzutage im Rahmen einer NeuOrdnung des Räumlichen* (Kessl/Reutlinger 2010) *verstärkt werden und dadurch persistent sind* (vgl. bspw. Nederveen Pieterse 1998).

Zweite zentrale Annahme: der abweichende Raum befindet sich außerhalb und trotzdem innerhalb
Bisher wurde deutlich, dass in der *Rede von der Parallelgesellschaft* diese innerhalb des gleichen Gebietes ansässig betrachtet wird, aber nicht zur eigentlichen Gesellschaft dazugehörig: Diese Drinnen-Draußen-Position scheint zu verschiedenen Problemen zu führen, da die unterschiedlichen in einem Gebiet lebenden Personen über den nationalstaatlichen Rahmen zusammengehören. So sind sie bspw. über soziale Sicherungssysteme miteinander verbunden, was jüngst verstärkt dazu führt, dass Menschen der Ingroup

nicht mehr länger für Menschen der Outgroup bezahlen wollen, wie dies in der Argumentation unterschiedlicher Volksparteien deutlich wird[9].

Ein häufig aufgenommener Strang des gegenwärtigen stadtsoziologischen Diskurses der Segregation liefert in der dahinter stehenden Argumentation eine wichtige Grundlage für Erklärungsmuster: aktuelle gesellschaftliche Entwicklungen führten letztlich zur Dualisierung oder Polarisierung der Lebenslagen bzw. zu sozialen Spaltungsprozessen, die sich räumlich manifestieren. Der Prozess sozialer Segregation zeigt, „wie soziale Ungleichheit sich – wenn es keine sozialstaatliche Intervention gibt – umsetzt in *sozialräumliche Segregation*, die zu sich selbst verstärkenden *Prozessen sozialer Selektion führt, an deren Ende Quartiere* stehen, die von einer *kumulativen Abwärtsentwicklung* betroffen sind: Mit jeder Stufe der Verschärfung der sozialen Probleme verlassen diejenigen Haushalte, die noch über Wahlmöglichkeiten verfügen, die Quartiere, womit dann die *Konzentration und Dichte sozialer Problemlagen* weiter zunimmt" (Häußermann 2001: 38 und 41). In der Regel werden differenziertere Betrachtungsweisen zum Thema Segregation und Migration (siehe bspw. Drewer 2004 oder Farwick 2009) ignoriert.

Vielmehr wird in der *Rede von der Parallelgesellschaft* dieser bestimmte stadtsoziologische Segregationsdiskurs bemüht, vermag er doch aufzuzeigen, wo sich diese „fremde ethnische Kolonie" der *„Parallelgesellschaft* und Unterschicht" (siehe Eingangsbeispiel) befindet: *nicht außerhalb, sondern „am Rande" auf „eigenem Boden"* (vgl. kritisch Reutlinger 2010): „In spezifischen Stadtteilen, die als „benachteiligt" beschrieben werden – Stadtteile, in denen „benachteiligte Bevölkerungsgruppen" leben. Diese territoriale Manifestation einer „neuen Unterschicht" lokalisiert die Bewohnerinnen und Bewohner der identifizierten Stadtteile und Straßenzüge als „Abgehängte" und „Modernisierungsverlierer" und verfestigt zugleich in räumlicher Form die Grenzziehung zwischen einer bürgerlichen Ingroup und einer Outgroup in scheinbar entstehenden ‚*Parallelgesellschaften*'" (Kessl/Reutlinger 2007: 98). Durch diese als kritisch zu betrachtende Argumentationsweise stellen segregierte Quartiere für eine moderne Gesellschaft ein Problem dar, da sich darin scheinbar alle aktuellen gesellschaftlichen Problemlagen ballen. Nicht verwunderlich ist deshalb, dass es in der *Rede von der Parallelgesellschaft* auch wirklich den

---

9 Beispiel der Schweizerischen Volkspartei: „Wir haben es nicht mehr mit einer Zuwanderung in den Arbeitsmarkt, sondern mit einer Zuwanderung ins Sozialsystem zu tun (…). Die hohen Defizite bei der Invalidenversicherung, der Arbeitslosenversicherung und der Mutterschaftsversicherung sind auch auf den überproportionalen Anteil von Ausländern zurückzuführen" (SVP 2009: 6).

Anschein erweckt, dass es homogene Problemquartiere mit der entsprechenden Bevölkerung tatsächlich gäbe.

Aus raumtheoretischer Perspektive (Sozialraumforschung) sind insbesondere diese Grundannahmen kritisch zu hinterfragen: So ist bspw. darauf hinzuweisen, dass die Mehrheit der Bevölkerung, welche in Armut lebt, außerhalb von als „benachteiligt definierten Stadtteilen" lebt. Auch sind für deutschsprachige Länder „Ghettoisierungsprozesse, wie sie teilweise für US-amerikanische Städte diagnostiziert werden, oder die Situation der Banlieues in französischen Städten" in dieser Form nicht nachweisbar. Zusätzlich erweisen sich die als abgehängt beschriebenen Stadtteile, ganz im Unterschied zu manchen Oberschichtsvierteln, wie die erwähnten gated communites (siehe oben), „hinsichtlich der kulturellen Gemeinsamkeiten (Sprache, Herkunft usw.) als extrem heterogen und nicht als homogene ‚*Parallelgesellschaften*', wie immer wieder unterstellt wird" (Kessl/Reutlinger 2010: 79). Die in benachteiligten Stadtteilen vorherrschenden Bedingungen sind nicht so einfach mit einer „Innen-Außen-Zuschreibung" des Einschlusses (*Inklusion*) und des Ausschlusses (*Exklusion*) erfassbar, wie differenziertere Strömungen der Segregationsforschung betonen (Berger et al. 2004; Fahrwick 2009; Kronauer 2002). „Die soziale Polarisierung des sozialen Raumes geschieht vielmehr entlang der oft kleinen, feinen, aber entscheidenden Unterschiede, mit denen die sozialen Differenzen permanent (re)produziert werden, nicht primär aufgrund bestimmter geografischer Grenzziehungen zwischen einzelnen Stadtteilen" (Kessl/Reutilnger 2010: 105). „Soziale Polarisierung" darf deshalb nicht mit einer „Polarisierung aufgrund bestimmter örtlicher Grenzen" verwechselt werden. „Nicht das Quartier ist der Grund für soziale Polarisierungen, sondern die höchst ungleich verteilten Verfügungs- und Zugangsmöglichkeiten" (ebd.: 108). Viele Menschen, die in solchen als benachteiligt definierten Stadtteilen leben, haben im Vergleich zu anderen Gesellschaftsmitglieder „ungleiche Nutzungs- und Aneignungsmöglichkeiten von Orten und sehr beschränkte Verfügungsmöglichkeiten über soziale, ökonomische und kulturelle Ressourcen (…) – und damit verbundene eingeschränkte Möglichkeiten der (Definitions-)Macht über die Gestaltung der Räume" (ebd.). Aus einer raumtheoritischen Perspektive gilt es deshalb, die unterschiedlichen Verfügungs- und Zugangsmöglichkeiten systematisch in den Blick zu nehmen, indem der jeweilige Handlungsraum der unterschiedlichen AkteurInnengruppen kontextualisiert wird, um damit die dahinter liegenden Macht- und Herrschaftsverhältnisse zu thematisieren (Reutlinger/Wigger 2010). Für den

Diskurs um Migration und Integration ergibt sich daraus eine zweite raumtheoretische Herausforderung: *Die bisherige Vorstellung von Innen vs. Außen greift in der heutigen Welt zu kurz. Vielmehr bedarf es neuer Modelle, die Phänomene, welche der Parallelgesellschaft zugeschrieben werden, als konstitutiver Teil unserer Gesellschaft begreifen. Erst durch ein neues Verständnis des Verhältnisses von Innen und Außen werden Ausschlussmechanismen sichtbar und neue Zugangsmöglichkeiten erschließbar.*

Dritte zentrale Annahme: die beiden Räume kommen sich in die Quere und bedrohen sich, oder: das Problem mit der euklidischen Geometrie
Im Unterschied zum Parallelrennen kämpfen die beiden Kontrahenten in der von der *Rede von der Parallelgesellschaft* angedachten Rennsituation nicht auf getrennten Bahnen gegen die Zeit an, sondern sie scheinen einem direkten existenzbedrohenden Nahkampf ausgesetzt: Die Mitglieder der als „fremd" beschriebenen Gesellschaft scheinen die Normen und Wertvorstellungen der Mehrheitsgesellschaft mehr oder weniger bewusst abzulehnen, d.h. sie sind oder anders gesagt benehmen sich aus der Mehrheitsperspektive ein zweites Mal „daneben". Damit lässt sich das dritte räumliche Problem neben der Exklusivitätsvorstellung/Verschachtelung von Gesellschaft und Raum („nebeneinander liegend") und der Verortung in der ausgegrenzten Position in benachteiligten Stadtteilen („außerhalb") beschreiben, dass auf einem Territorium ein „rückständiger Raum" neben einem „fortschrittlichen Raum" existiert. Letzterer ist durch das als abweichend empfundene Verhalten ersterer in seinen Grundfesten bedroht („daneben" erhält hier seine zweite Bedeutung im Sinne von „gegen"). Auf einem nationalen Gebiet scheint sich ein „Kampf der Kulturen" abzuspielen (Huntington 2002), bei dem insbesondere Mitglieder der Mehrheitsgesellschaft der *Parallelgesellschaft* (als „Andere" oder „Fremde") eine zeitliche Distanz („mittelalterlich", „traditionalistisch") unterstellen und darüber einen „dunklen mittelalterlichen Gegenraum" konstruieren. Ziel des Vergleichs ist die Abqualifizierung des zur „eigentlichen" Gesellschaft parallel stehenden Raumes. Diese Mechanismen haben aus der Kolonialisierungs- und der daran anschließenden Entwicklungshilfegeschichte eine eurozentristische Tradition (siehe Reutlinger 2008). Sie führt dazu, dass „das räumliche Nebeneinander einer Vielfalt von Kulturen als Gleichzeitigkeit verschiedener Stufen der Entwicklung" aufgefasst wird, wie dies bspw. der Soziologe Wolfgang Sachs betont (Sachs 1993b: 432f.). In der bi-polaren Vorstellung einer modernen westlichen Welt (dem „Wir") und dem gegenüberliegenden Pol der veralteten,

mittelalterlicher Wertvorstellungen anwendenden Welt (dem „Sie") liegt eine klassische modernisierungstheoretische Entwicklungsvorstellung, wie sie etwa aus der Entwicklungsländerforschung der Nachkriegszeit bekannt ist (vgl. Reutlinger 2008): So genannte Stadientheorien (Rostow 1960) gingen davon aus, dass sich Modernisierung in der geradlinigen Weiterentwicklung der westlichen Industriegesellschaften vollzieht, die damit als „Pioniergesellschaften" sowohl zeitlich als auch geographisch eine Vorreiterrolle gegenüber den „Nachzüglern" bzw. den „unterentwickelten" Gesellschaften (der Peripherie) einnehmen (vgl. Zapf 1975). Generalisierte Annahmen über „entwickelte", westliche Industriegesellschaften wurden als Idealmodell interpretiert, dem die Gesellschaften der Entwicklungsländer nachfolgen sollten. „Es führt ein direkter, vornehmlich evolutionärer Prozeß in Richtung Modernität, und alles, was von diesem Leitbild abweicht, wird als Fehl- oder Unterentwicklung bezeichnet" (Lachmann 1994: 71).

Diese raum-zeitliche Vorstellung von nachholender Entwicklung schwingt auch in der *Rede von der Parallelgesellschaft* mit, indem die Existenz eines „rückständigen Raumes" neben einem „fortschrittlichen Raum" als weiteres (räumliches) Problem beschrieben wird. Hinter dieser Vorstellung einer Gleichzeitigkeit, ungleichzeitiger Entwicklungsstadien in einem Territorium steckt letztlich die latente Angst der Mehrheitsgesellschaft, die eigenen Privilegien zu verlieren, da davon ausgegangen wird, dass die „Rückständigen" dasselbe wollen, wie die „Fortschrittlichen". Von der Minderheitsgesellschaft, dem „rückständigen Raum" geht die Gefahr aus, erobert zu werden, was bspw. im Diskurs der Islamisierung deutlich wird (Hüttermann 2006). Betrachtet man an dieser Stelle das Bild der „ethnischen Kolonie" noch einmal, so scheint sich in der *Rede von der Parallelgesellschaft* die Argumentationslogik umzukehren: Während die Kolonisatoren die Besiedelung fremder Gebiete der Neuen Welt mit dem christlichen Glauben legitimieren konnten und da „Wilde" oder „Heiden" vorfanden, sind es heute scheinbar eben diese Heiden, die sich, mit Verweis auf die Scharia, die „zivilisierten Gebiete" der Alten Welt zurückerobern.

Die Formierung und Verfestigung eines „rückständigen Raumes" wird zur Gefahr und muss problematisiert bzw. bekämpft werden. Deutlich wird diese Angst bzw. das „in die Quere kommen" der tradierten Lebensweise in Argumentationen wie bspw. derjenigen der „Überfremdung", bildlich an Metaphern wie „das Boot ist voll" sichtbar (Kaufmann 2004). Da es keinen Platz oder keine Ressourcen für „mehrere" Gesellschaften gibt (siehe erste zentrale Annahme), muss eine Gesellschaft zwangsläufig „vertrieben" werden, die „Löcher" gestopft und der imaginäre oder tatsächlich vorhandene Strom an ZuwanderInnen unterbunden werden. Diese Vorstellung der Problemlösung ist nur möglich, wenn auch hier an einer Behälterraumvorstellung festgehalten wird, d.h. an einer Vorstellung von einem Behälter, der voll ist, keinen Platz mehr hat, löchrig werden kann und gestopft werden muss, dessen Zugänge und Abflüsse sich reglementieren und kontingentieren lassen.

Aus einer raumtheoretischen Perspektive ist dieses Festhalten an einer Containerraumvorstellung, in welcher der dreidimensionale euklidische Raum als unumgängliche Voraussetzung jeder Raumkonstitution angenommen wird, problematisch. Vom griechischen Mathematiker Euklid wurde um ca. 300 v.Chr. ein Körper durch seine Länge, Breite und Tiefe charakterisiert, daraus entwickelte sich die Auffassung vom „‚euklidischen Raum' als 3-dimensionale Punktmenge, die den Axiomen der euklidischen Geometrie genügen" (Mainzer 2010: 2). Als euklidischer Raum wird damit ein Raum bezeichnet, der „nicht gekrümmt[10]" ist und in dem die Axiome der euklidischen Geometrie gelten. Hierzu zählt bspw., dass die Winkelsumme im Dreieck immer 180° beträgt oder dass in einem Kreis Umfang durch Durchmesser π ergibt (u/d = 3,14159). Das für die vorliegende Diskussion relevanteste Axiom ist jedoch dasjenige, dass eine Linie im ungekrümmten Raum genau eine Parallele haben kann und dass *parallele Geraden einander nicht schneiden.*

Genau in diesem letzten Punkt wird aus raumtheoretischer Perspektive ein Paradoxon der *Rede von der Parallelgesellschaft* deutlich: Entweder man hält an Behälterraumvorstellungen fest. Dann kann ein Raum parallel zum anderen existieren. In diesem Fall ist es jedoch nicht möglich, dass sich die beiden Räume in die Quere kommen, da sich parallele Linien im euklidischen Raum nicht schneiden. Oder man geht davon aus, dass sich zwei Linien schneiden, d.h. zwei wie auch immer konstruierte Gruppen oder Räume schneiden (und damit in die Quere kommen können), dann kann man aber nicht mehr vom euklidischen Raum ausgehen, sondern entsprechend der nicht-euklidischen Geometrie wären die Räume dann gekrümmt[11], d.h. an einem Ort könnten

---

10 In der mathematischen bzw. geometrischen Diskussion wird unter der Krümmung die Richtungsänderung pro Längeneinheit verstanden. Bei einer Geraden ist diese immer gleich null, da sich ihre Richtung nicht ändert (und in einem Kreis ist die Krümmung überall gleich).

11 Bei der Raumkrümmung werden gekrümmte Flächen (2 Dimensionen) mathematisch auf den Raum (3 Dimensionen) bezogen: ein Dreieck auf einer Kugeloberfläche kann im gekrümmten

sich mehrere soziale Prozesse überlappen. Die daraus resultierende Raumvorstellung wäre eine relationale, wie dies bspw. in der gegenwärtigen Sozialraumforschung diskutiert wird: Sozialräume werden nicht als gegebene oder gar absolute Einheiten verstanden, „sondern als ständig (re)produzierte Gewebe sozialer Praktiken" (Kessl/Reutlinger 2010: 20). Dabei wird „bewusst von einem Gewebe" gesprochen, „also einem heterogen-zellulären Verbund, denn in Sozialräumen sind heterogene historische Entwicklungen, kulturelle Prägungen und politische Entscheidungen eingeschrieben und bilden dabei zugleich einen relativ stabilen und damit soziale Handlungsmuster prägenden Verbund" (Kessl/Reutlinger 2008: 14). Aus dem damit aufgezeigten Paradoxon (Parallelen schneiden sich oder nicht, je nach Raumvorstellung) geht eine dritte raumtheoretische Herausforderung für den Diskurs um Migration und Integration hervor: *In der Rede über Migrations- und Integrationsphänomene braucht es eine Adäquatheit und Korrespondenz zwischen Begrifflichkeiten und Raumvorstellungen. Diese ermöglicht es, nicht mehr länger scheinbare Gegenstände zu beschreiben, sondern vielmehr die dahinter liegenden Prozesse in den Blick zu nehmen.*

4 Quintessenz: Die *Parallelgesellschaft* gibt es gar nicht – Herausforderungen für die Soziale Arbeit

Beim vorliegenden Versuch das „Gebilde" (den Gegenstand) *Parallelgesellschaft* begrifflich, wie raumtheoretisch kritisch zu durchleuchten und gegebenenfalls genauer zu bestimmen wurde deutlich, dass die *Rede von der Parallelgesellschaft* mit widersprüchlichen Argumenten durchzogen ist: Auf einer Alltagsebene scheint eine – zumindest gefühlte – Angst vor solch unkontrollierbaren und bedrohlichen *Parallelgesellschaften* vorhanden zu sein. Medien und politische VertreterInnen bedienen diese Angst in letzter Zeit verstärkt, indem sie ein Bild von „dunklen mittelalterlichen Gegenräumen" zeichnen, in denen vergewaltigt, gemordet und geschlagen wird und von denen eine (latente) Gefahr und existentielle Bedrohung ausgeht. Aus distanzierterer Betrachtung lässt sich die *Rede von der Parallelgesellschaft* als menschliches

---

Raum eine Innenwinkelsumme von mehr als 180 Grad (bis zu 540 Grad) haben (im Gegensatz zu ebenen Dreiecken mit der Winkelsumme von 180 Grad).

Bedürfnis aufschließen, diffuse und komplexe gesellschaftliche Veränderungen und Angst vor dem Fremden verort- und erklärbar zu machen.

Aus einer wissenschaftlich-fundierten Perspektive gilt es jedoch dieser *Rede von der Parallelgesellschaft* kritisch zu begegnen, denn dahinter liegen, wie aufgezeigt, problematische Vorstellungen, die das Zusammenleben immer unterschiedlicher und vielfältiger werdender Bevölkerungsgruppen, hinsichtlich sozialer, kultureller und ethnischer Herkunft, Geschlecht, Alter, Religion, Behinderung, sexueller Orientierung, aber auch sozialem Status, Bildung uvm. (vgl. Essed 1996) nicht erleichtern, sondern vielmehr massiv erschweren. Aus diesem Grund muss bspw. kritisch gefragt werden, inwieweit diese auf einer Ebene gesellschaftlicher Vorstellungen und nationalstaatlichen Denkens geführte Rede missbraucht wird, um traditionsmächtige Legitimationsmuster und Privilegien der Mehrheitsgesellschaft zu bewahren (vgl. Bukow et al. 2007). Die mit einer zunehmenden Migration und der daraus resultierenden Integrationsproblematik zusammenhängenden Phänomene werden aus einem nationalistischen Blick uminterpretiert und polemisch verwendet (vgl. Bukow 2008). Zentrale Fragen, wie bspw. nach der jeweiligen Funktion von ethnisch orientierten Communities für die MigrantInnen und deren Einfügen in die Grammatik des urbanen Zusammenlebens, werden gar nicht gestellt. Auch werden in der *Rede von der Parallelgesellschaft* die „Bedingungen", welche für die Definition des Begriffes formuliert werden (Verdoppelung aller relevanter Institutionen usw.) hinsichtlich ihrer Erfüllung kaum überprüft oder hinterfragt. Bei einer genaueren Betrachtung zeigt sich nämlich, dass das Vorkommen paralleler Gesellschaften hierzulande ziemlich unwahrscheinlich ist. Die Frage, ob in unserer Gesellschaft heutzutage institutionell geschlossene und abgegrenzte nebeneinander bestehende Strukturen überhaupt möglich sind, gerade im Hinblick auf moderne Städte, welche durch zunehmende Diversität geprägt sind, wird in der öffentlichen Debatte oftmals gänzlich ausgeblendet. Auch die implizite Unterstellung, es existiere eine religiöse und ethnische Homogenität, kann bei einer differenzierten Betrachtung widerlegt werden. Viel zu unterschiedlich und vielfältig setzen sich die Menschen – insbesondere in als so genannt benachteiligt markierten Stadtteilen – zusammen. *Ein Gegenstand Parallelgesellschaft, als Einheit mit ganz bestimmten Eigenschaften, ist damit* – zumindest in deutschsprachigen Ländern – *nicht auszumachen*.

Auch die angestellten raumtheoretischen Vergewisserungen werfen ein zwiespältiges Licht auf die *Rede von der Parallelgesellschaft*: mit einem territorialen Denken der Welt (absolutistische, essentialistische Raumvorstellung) lassen sich die durch neue Mischungen ergebenen Räumlichkeiten kaum mehr beschreiben. Ein Denken in nebeneinander stehenden Schachteln auf dem Globus, aus welchen Menschen heraus in andere Schachteln laufen (freiwillig oder weil sie getrieben werden) und sich an die darin existierenden Normalitätsvorstellungen anpassen können/müssen (Integration), widerspricht zunehmend den quer und dazwischen verlaufenden gelebten sozialen Prozessen, wie empirische Studien zu Transmigrationsprozessen unterstreichen (siehe Dahinden i.d.B.). Damit scheint eine solche Welt, welche in der *Rede von der Parallelgesellschaft* über eine unreflektierte Anwendung von Begriffen und Raumvorstellungen dargestellt wird, also in Wirklichkeit gar nicht zu existieren.

Doch: wie können die hinter dieser Rede liegenden Phänomene, die sich durch eine zunehmende „Transnationalisierung der sozialen Welt" (vgl. Pries 2008; Mau 2007), d.h. Phänomene wie bspw. die neuen Vernetzungs- und Beziehungsräume (siehe Reutlinger i.d.B), neue Mischungen an Orten oder das Aufeinandertreffen unterschiedlicher sozialer und quer zu den bisherigen Einheiten verlaufender Zusammenhänge, reflexiv für die Soziale Arbeit bearbeitbar gemacht werden? Eine allumfassende Antwort auf diese Frage kann an dieser Stelle nicht gegeben werden, denn zu neu und noch weitgehend unerforscht ist die Vielschichtigkeit dieser Zusammenhänge. Erste Ansatzpunkte liefern die unterschiedlichen Beiträge im vorliegenden Band. Dennoch lassen sich aus den im Beitrag angestellten Überlegungen einige wichtige Aspekte auf den Punkt bringen, die im Sinne von Herausforderungen in einer Transnationalen Sozialen Arbeit (Krawietz/Schröer i.d.B.) zu berücksichtigen wären. Dies wird anhand zentraler Anknüpfungspunkte abschließend dargestellt:

Sozialraumforschung und Transnationale Soziale Arbeit – zentrale Anknüpfungspunkte

Zusammenfassend liegt eine aus den raumtheoretischen Überlegungen übergeordnete Herausforderung darin, nicht mehr länger von *Parallelgesellschaft* (deren vermeintlichen Konstitutionsmechanismen und Gefahren) zu reden, sondern vielmehr die *unterschiedlichen Raumkonstruktionen, d.h. die (Re)Produktion des Raumes* (Lefèbvre 2005 [1974])) und die damit verbundenen *Herrschafts- und Machtkonstellationen*, die letztlich über die Verfügungs- und Zugangsmöglichkeiten zu räumlichen Gegebenheiten entscheiden, *systematisch in den Blick zu nehmen*, wie dies im vorliegenden Beitrag exemplarisch versucht wurde. Anknüpfungspunkte für eine Transnationale Soziale Arbeit wären vor diesem Hintergrund in der gegenwärtigen Diskussion zur Sozialraumforschung zu suchen, da mit der Sozialraumforschung „ein Querblick, eine „Trans-Perspektive"" ermöglicht wird, „um auf das vielfältige, heterogene und widerstreitende Spiel der Veränderung und Reproduktion bestehender Ordnungen des Räumlichen und der damit verbundenen Reden vom Raum reagieren zu können" (Kessl/Reutlinger 2008: 16). Die in der Sozialraumforschung propagierte reflexive räumliche Haltung (siehe Kessl/Reutlinger 2010) macht den Blick frei auf die unterschiedlichen AkteurInnen mit den damit verbundenen Perspektiven auf aktuelle gesellschaftliche (Veränderungs)Prozesse. Diese Perspektiven gälte es in den unterschiedlichen Phasen, wie bspw. bei der Problemdefinition, wie auch bei der Bearbeitung durch die Soziale Arbeit zu berücksichtigen. Als Beispiel für ein kritisch-reflektives Vorgehen kann das Thema Netzwerke angeführt werden, wie es derzeit an unterschiedlichen Stellen diskutiert wird (vgl. Drever 2004; Friedrichs et al. 2009): Zentral ist einerseits die Öffnung der weg von der Funktion (Existenz und Aufrechterhalten) von Netzwerken, d.h. ethnisch-orientierten Communities für die MigrantInnen hin zu Bezügen, die auch die Mehrheitsgesellschaft betreffen (wie am Beispiel des *Parallelgesellschafts*diskurses gezeigt). Andererseits wäre jedoch auch kritisch zu hinterfragen, ob Kategorien wie Mehrheits- und Minderheitsgesellschaft nicht ganz beiseite gelegt werden müssten, denn es ist unklar, ob es bei den dahinter liegenden Phänomenen bzw. Zugangs-/Ausgrenzungsfragen wirklich um ein Problem „der MigrantInnen" („der Minderheitsgesellschaft") geht oder ob nicht ganz andere Fragen ins Zentrum gerückt werden müssten[12].

Diese Frage spitzt sich angesichts aktueller Veränderungsprozesse (im vorliegenden Band bspw. anhand neuer Mobilitäts- und Verflechtungszusammenhänge diskutiert) zu, da Menschen zunehmend mit unbekannten, neuen fremd- oder unsicherheitsproduzierenden Situationen konfrontiert sind. Aus einer reflektierenden Arbeit ist deshalb differenziert auf das Thema Unsicher-

---

12 Entscheidet man sich in einem reflexiv-kritischen Prozess dazu, an diesen durchaus zu hinterfragenden Kategorien „MigrantInnen" und „Mehrheitsgesellschaft" festzuhalten, so stände die Frage (potentieller) Ressourcen, wie auch Gefahren auf der Tagesordnung: Zugangsmöglichkeiten können sich verschließen und Ausgrenzungsprozesse verstärken, gleichzeitig gelingt es durch transnationale Netzwerke Ressourcen, die nicht am Ort gebunden sind, zu mobilisieren. Die daraus resultierende Herausforderung für die Soziale Arbeit lautet: Wie können diese Netzwerke so genutzt werden, dass damit unterschiedliche Zugangsmöglichkeiten eröffnet werden können? Insbesondere die aktuellen Diskussionen zum Sozialen Kapital (vgl. Zychlinski 2007) geben hier wichtige Anhaltspunkte, indem darauf verwiesen wird, dass neben den bindenden Formen („bonding"), d.h. soziales Kapital, das nach innen gerichtet ist und sich auf Zusammenhänge innerhalb einer Gemeinschaft von Menschen bezieht, verstärkt auch Brücken bildende Formen („linking"), die nach außen, also über die konkrete Gemeinschaft hinaus, gerichtet sind, aktiviert bzw. aufgebaut werden sollten (Putnam, 2000: 22).

heit einzugehen, indem bspw. die unterschiedlichen Perspektiven dechiffriert werden. Bezieht sich die Unsicherheit auf Angst vor Verlust von Privilegien, auf die Angst vor der Unkontrollierbarkeit einer fremden und bedrohlichen Gesellschaft oder „lediglich" auf die Unsicherheit im Umgang mit Fremdheit? Als Herausforderung für die Soziale Arbeit gilt es, die entsprechenden Ursachen von Unsicherheiten zu erkennen und für die Menschen in ihrem Bewältigungshandeln alternative Orientierungsrahmen zu generieren, welche ihnen die notwendige Handlungssicherheit geben, ohne dass durch diese Rahmung andere Menschen ihrerseits in ihren Handlungen beeinträchtigt werden (indem sie bspw. weiter an Zugangsmöglichkeiten verlieren). Hierzu sind alternative Entwicklungsmodelle jenseits einfacher modernisierungstheoretischer Logik (siehe oben) und visionäre Gesellschaftsvorstellungen vonnöten, wie dies bspw. in der Diskussion zu „Sozialer Entwicklung" beispielhaft illustriert wird (vgl. Homfeld/Reutlinger 2009; Novy 2007) „Soziale Entwicklung ist als Gesellschaftsvision nach vorne gerichtet. Ihre jeweils realisierbare Form ist vom Prinzip her offen. Eine Bedingung ist jedoch an sie zu knüpfen, nämlich, dass sie von unten von allen Betroffenen und NutznießerInnen selbst mitgestaltet wird und zum Wohlbefinden (engl. „well-being") beiträgt. Erst dann wird soziale Entwicklung machbar und Ergebnis spontaner Prozesse der Selbstorganisation. In der Alltagswelt muss dieser Gestaltungsprozess auch bei der Lösung sozialer Probleme wirksam werden" (Gerstner/Kniffki/Reutlinger/Zychlinsky 2007: 25).

Das parallele Zusammenspiel unterschiedlicher und differenter Menschen in einer Gesellschaft (wie bspw. die von Rawls 1998 skizzierte „wohlgeordnete Gesellschaft") unter einer Sozialen Entwicklungsvorstellung lässt sich abschließend mit folgendem Bild illustrieren: Während sich das Wintersportbild im Beispiel *Parallelgesellschaft* ausschließlich auf den Kampf als erster im Ziel zu sein konzentrierte (Setting Parallelslalom), wäre aus einer reflexiven Perspektive eine Perspektiverweiterung notwendig, indem das gesamte Skigebiet in den Blick genommen wird (Setting Skigebiet als Alltagswelt, d.h. Freizeit-, Sport- und Arbeitssphäre): Jeder und jede wäre hier mit einer Eigenlogik unterwegs, die es zu rekonstruieren gälte. Vergnügen sich Menschen auf einer Skipiste, so teilen sie zwar ein gemeinsames Interesse sich in der Freizeit beim Sport zu erholen, sich zu bewegen und Spaß zu haben. Dennoch ist dies keine homogene Gruppe in der alle gleich sind, gleich aussehen, die selbe Route fahren, die selbe Ausrüstung tragen, die selbe körperliche Konstitution usw. mitbringen. Beim Versuch die Menschen auf dieser Piste zu einer völlig homogenen Gruppe zu machen, würden die Unterschiede noch verdinglicht und Ungleichheiten in der Gegenüberstellung eher (re)produziert als dass sie egalisiert werden.

Ein solches Zusammenspiel unterschiedlicher und vielfältiger Menschen in einem Gebiet könnte dann gelingen, wenn sich die Vorstellung einer Nationalgesellschaft als Containerraum und das damit zusammenhängende Bild von Gesellschaft als Nationalgesellschaft (verbunden mit einer modernisierungstheoretischen Entwicklungsperspektive) zugunsten einer Gesellschaftsform durchsetzt, in der eine Transnationalisierung der sozialen Welt von unten mitgedacht und eine Soziale Entwicklungsvorstellung hinterlegt wird.

Literaturverzeichnis

ALLENBACH, BRIGIT/SÖKEFELD, MARTIN (Hrsg.): *Muslime in der Schweiz*. Zürich: Seismo im Erscheinen.

ARX VON, URSULA (2008): „Zu Hause in einem fremden Land. Die neuen Parallelgesellschaften". In: AVENIR SUISSE/MÜLLER-JENTSCH (Hrsg.), S. 65-80.

AVENIR SUISSE/MÜLLER-JENTSCH, DANIEL (Hrsg.) (2008): *Die Neue Zuwanderung*. Die Schweiz zwischen Brain-Gain und Überfremdung. Zürich: Verlag Neue Zürcher Zeitung.

BADE, KLAUS J./BOMMES, MICHAEL/MÜNZ, RAINER (Hrsg.) (2004): *Migrationsreport 2004*. Fakten – Analysen – Perspektiven. Frankfurt a.M./New York: Campus.

BAGHDADI, NADIA (2010): „ ,Die Muslimin' im Spannungsfeld von Zuschreibung, Abgrenzung und Umdeutung". In: ALLENBACH/SÖKEFELD (Hrsg.).

BECK, ULRICH (Hrsg.) (1998): *Perspektiven der Weltgesellschaft*. Frankfurt am Main: Suhrkamp.

BERGER, MARIA/GALONSKA, CHRISTIAN/KOOPMANNS, RUUD (2004): „Political Integration by a Detour? Ethnic Communities and Social Capital of Migrants in Berlin". In: *Journal of Ethnic and Migration Studies*, 30/3, S. 491-507.

BRUHNS, KIRSTEN/MACK, WOLFGANG (Hrsg.) (2001): *Aufwachsen und Lernen in der sozialen Stadt*. Kinder und Jugendliche in schwierigen Lebensräumen. Opladen: Leske + Budrich.

BUKOW, WOLF-DIETRICH (2008): *Was heisst hier Parallelgesellschaft?* Urbanes Zusammenleben heute. Grundsatzreferat. Online verfügbar unter http://www.deutscherverein.de/03-events/2008/gruppe1/asd/12_Grundsatzreferat_Forum_III _Prof.Dr.Bukow_Uni_zu_Koeln.pdf, zuletzt aktualisiert am 8.12.2008, zuletzt geprüft am 2.6.2010.

BUKOW, WOLF-DIETRICH/NIKODEM, CLAUDIA/SCHULZE, ERIKA/YILDIZ, EROL (Hrsg.) (2007): *Was heißt hier Parallelgesellschaft?* Zum Umgang mit Differenzen. Wiesbaden: VS Verlag für Sozialwissenschaften.

CEYLAN, RAUF (2006): *Ethnische Kolonien*. Entstehung, Funktion und Wandel am Beispiel türkischer Moscheen und Cafés. Wiesbaden: VS Verlag für Sozialwissenschaften.

DILGER, MARTIN/WÖSSNER, FRANK (1997): *Georg Simmels Exkurs über den Fremden*. Eine Textanalyse. Tübingen Institut für Erziehungswissenschaft.

DREVER, ANITA (2004): „Separate Spaces, Separate Outcomes? Neighbourhood Impacts on Minorities in Germany". In: *Urban Studies*, 41/8, S. 1423-1439.

ESSED, PHILOMENA (1996): *Diversity: gender, color and culture*. University of Massachusetts Press.

FARWICK, ANDREAS (2009): *Segregation und Eingliederung*. Zum Einfluss der räumlichen Konzentration von Zuwanderern auf den Eingliederungsprozess. Wiesbaden: VS Verlag für Sozialwissenschaften.

FRIEDRICH-EBERT-STIFTUNG (2009): *Einwanderungsgesellschaft Deutschland*. Wege zu einer sozialen und gerechten Zukunft; Tagesdokumentation des Gesprächskreises Migration und Integration der Friedrich-Ebert-Stiftung. Wirtschafts- und Sozialpolitisches Forschungs- und Beratungszentrum. Bonn. (Zukunft 2020). Online verfügbar unter http://library.fes.de/pdf-files/wiso/06661.pdf, zuletzt geprüft am 3.6.2010.

– (Hrsg.) (1998): *Ghettos oder ethnische Kolonie?* Entwicklungschancen von Stadtteilen mit hohem Zuwandereranteil. Bonn: Friedrich-Ebert-Stiftung (Gesprächskreis Arbeit und Soziales, 85).

FRIEDRICHS, JÜRGEN/GALSTER, GEORGE/MUSTERD, SAKO (2009a) "Neighbourhood Effects on Social Opportunities: The European and American Research and Policy Context. Housing Studies". In: DIES. (Hrsg.), S. 1-10.

FRIEDRICHS, JÜRGEN/GALSTER, GEORGE/MUSTERD, SAKO (2009b) (Hrsg.): *Life in Poverty Neighbourhoods*. European and American Perspectives. London; New York : Routledge.

GAITANIDES, STEFAN (2001): „Die Legende der Bildung von Parallelgesellschaften. Einwanderer zwischen Individualisierung, subkultureller Vergemeinschaftung und liberal-demokratischer Leitkultur". In: *Zeitschrift für Migration und soziale Arbeit*, H. 3+4, S. 16-25.

– (1994): „Interkulturelles Lernen in einer multikulturellen Gesellschaft". In: *Sozialmagazin*, H. 2, S. 26-33.

GERSTNER, WOLFGANG/KNIFFKI, JOHANNES/REUTLINGER, CHRISTIAN/ZYCHLINSKY, JAN (2007a): „Von der Problemorientierung zur Sozialen Entwicklung – Plädoyer für eine Perspektivenveränderung". In: DIES. (Hrsg.), S. 14-29.

– (2007b)(Hrsg.): *Deutschland als Entwicklungsland!* Transnationale Perspektiven sozialräumlichen Arbeitens. Reihe: „caritas international – brennpunkte". Freiburg i.Breisgau: Lambertus Verlag.

GESEMANN, FRANK/ROTH, ROLAND (Hrsg.): *Lokale Integrationspolitik in der Einwanderungsgesellschaft*. Migration und Integration als Herausforderung von Kommunen. Wiesbaden: VS Verlag für Sozialwissenschaften.

HALM, DIRK/ SAUER, MARTINA (2006): „Parallelgesellschaft und ethnische Schichtung – Zur empirischen Bedeutung unterschiedlicher Konzepte des Zusammenlebens von Deutschen und Türken". In: *Aus Politik und Zeitgeschichte*, H. 1-2, S. 18-24.

HÄUßERMANN, HARTMUT (2009a): „Segregation von Migranten, Integration und Schule". In: Friedrich-Ebert- Stiftung (Hrsg.), S. 89-98.

– (2009b): „Behindern ‚Migrantenviertel' die Integration?" In: GESEMANN/ROTH (Hrsg.), S. 235-246.

– (2007): „Ihre Parallelgesellschaften, unser Problem. Sind Migrantenviertel ein Hindernis für Integration?" In: *Leviathan* 35/4, S. 458-469.

– (2001): „Aufwachsen im Ghetto?" In: BRUNS/MACK (Hrsg.), S. 37-51.

HECKMANN, FRIEDRICH (1998): „Ethnische Kolonien: Schonraum für Integration oder Verstärker der Ausgrenzung?" In: FRIEDRICH-EBERT- STIFTUNG (Hrsg.), S. 29-41.

HEITMEYER, WILHELM (1996): *Für türkische Jugendliche in Deutschland spielt der Islam eine wichtige Rolle*. Erste empirische Studie: 27 Prozent befürworten Gewalt zur Durchsetzung religiöser Ziele. Herausgegeben von Die Zeit Online. (35). Online verfügbar unter http://www.zeit.de/1996/35/heitmey.txt.19960823.xml, zuletzt geprüft am 8.6.2010.

HOMFELDT, HANS GÜNTHER/REUTLINGER, CHRISTIAN (2009) (Hrsg.): *Soziale Arbeit und Soziale Entwicklung*. Hohengehren: Schneider.

HUNTINGTON, SAMUEL P. (2002): *Kampf der Kulturen*. Die Neugestaltung der Weltpolitik im 21. Jahrhundert. 6. Aufl. Goldmann Verlag, München 2002 (Originaltitel: The Clash of Civilizations and the Remaking of World Order, übersetzt von Holger Fliessbach).

HÜTTERMANN, JÖRG (2006): *Das Minarett*. Zur politischen Kultur des Konflikts um islamische Symbole. Weinheim: Juventa-Verlag.

KAUFMANN, MARGRIT E. (2004): „Offenheit für Zuwanderung und Integration – Angst vor Überfremdung, Überalterung und Aussterben. Ein diskursanalytischer Beitrag zum deutschen Zuwanderungsgesetz". In: KÖCK ET AL. (Hrsg.), S. 83-95.

KESSL, FABIAN/REUTLINGER, CHRISTIAN (2010): *Sozialraum*. Eine Einführung. 2., durchgesehene Auflage. Wiesbaden: VS Verlag für Sozialwissenschaften.

– (Hrsg.) (2008): *Schlüsselwerke der Sozialraumforschung*. Traditionslinien in Text und Kontexten. Einleitung 1. Aufl. Wiesbaden: VS Verlag für Sozialwissenschaften.

– (2007): „ ‚Sozialhilfeadel oder Unterschicht?' Sieben Einwände gegen die territoriale Manifestation einer ‚neuen Unterschicht' ". In: KESSL ET AL. (Hrsg.), S. 97-102.

KESSL, FABIAN/REUTLINGER, CHRISTIAN/ZIEGLER, HOLGER (Hrsg.) (2007): *Erziehung zur Armut? Soziale Arbeit und die ‚neue Unterschicht'*. 1. Aufl. Wiesbaden: VS Verlag für Sozialwissenschaften.

KÖCK, CHRISTOPH/MOOSMÜLLER, ALOIS/ROTH, KLAUS (Hrsg.) (2004): *Zuwanderung und Integration*. Kulturwissenschaftliche Zugänge und soziale Praxis. Münster, Westf.: Waxmann (Münchener Beiträge zur interkulturellen Kommunikation, 16).

KRONAUER, MARTIN (2002): *Exklusion*. Die Gefährdung des Sozialen im hoch entwickelten Kapitalismus, Frankfurt am Main/New York: campus.
LACHMANN, WERNER (1994): *Entwicklungspolitik*. Band 1. Grundlagen. München; Wien: Oldenbourg.
LANG, SUSANNE (2005): *Die ‚illegitimen Anderen'. Befunde über Selbst- und Fremdwahrnehmungen Jugendlicher*. Schwalbach/Ts.: Wochenschau-Verlag.
LAPEYRONNIE, DIDIER (2009): „Rassismus, städtische Räume und der Begriff des ‚Ghettos' in Frankreich". In: OTTERSBACH/ZITZMANN (Hrsg.), S. 21-50.
LEFÈBVRE, HENRI (1974/2005): *The Production of Space*. Malden/Oxford/Victoria: Blackwell (Original: La production de l'Espace. Paris: Anthropos).
LEIBOLD, JÜRGEN/KÜHNEL, STEFFEN/HEITMEYER, WILHELM (2006): „Abschottung von Muslimen durch generalisierte Islamkritik?" In: *Aus Politik und Zeitgeschichte*, H. 1-2, S. 3-10.
MAU, STEFFEN (2007): *Transnationale Vergesellschaftung*. Die Entgrenzung sozialer Lebenswelten. Frankfurt am Main: Campus.
MECHERIL, PAUL (2004): *Einführung in die Migrationspädagogik*. Weinheim: Beltz.
MEY, EVA/RORATA, MIRIAM (2010a): *Erzählungen junger Menschen mit Migrationshintergrund. Eine Narrative Studie*. E.M.M.E.N. Studie Hochschule Luzern.
– (2010b): *Jugendliche mit Migrationshintergrund im Übergang ins Erwachsenenalter – eine biographische Länsschnittstudie*. Schlussbericht zuhanden des Praxispartners Bundesamt für Migration. Herausgegeben von Hochschule Luzern und Soziale Arbeit. Luzern. Online verfügbar unter http:/www.snf.ch/SiteCollectionDocuments/medienmitteilungen/mm_100608/Secondos_Schlussbericht.pdf, zuletzt geprüft am 29.6.2010.
MEYER, THOMAS (2002a): „Parallelgesellschaft und Demokratie". In: MEYER/WEIL (Hrsg.), S. 343-372.
– (2002b): „Parallelgesellschaft und Demokratie". In: Münkler/Fetscher (Hrsg.), S. 193-230.
MEYER, THOMAS/WEIL, REINHARD (Hrsg.) (2002): *Die Bürgergesellschaft*. Perspektiven für Bürgerbeteiligung und Bürgerkommunikation. Bonn: Dietz.
MICUS, MATTHIAS/WALTER, FRANZ (2006): „Mangelt es an ‚Parallelgesellschaften'? ‚Parallelgesellschaften' erleichtern den Übergang in die Mehrheitsgesellschaft". In: *Der Bürger im Staat*56/4, S. 215-224.
MÜNKLER, HERFRIED/FETSCHER, IRING (Hrsg.) (2002): *Der demokratische Nationalstaat in den Zeiten der Globalisierung*. Politische Leitideen für das 21. Jahrhundert; Festschrift zum 80. Geburtstag von Iring Fetscher. Berlin: Akademie-Verlag.
NEDERVEEN PIETERSE, JAN (1998): „Der Melange-Effekt". Globalisierung im Plural, in: BECK (Hrsg.), S. 87-124.
NOVY, ANDREAS (2007): „Soziale Entwicklung in der Einen Welt". In: GERSTNER ET AL. (Hrsg.), S. 30-40.
OTTERSBACH, MARKUS/ZITZMANN, THOMAS (Hrsg.) (2009): *Jugendliche im Abseits*. Zur Situation in französischen und deutschen marginalisierten Stadtquartieren. Wiesbaden: VS Verlag für Sozialwissenschaften.

PRIES, LUDGER (2008): *Transnationalisierung der Sozialen Welt*. Frankfurt am Main: Suhrkamp.

PUTNAM, ROBERT D. (2000): *Bowling Alone – The Collapse and Revival of American Community*. New York, u.a.: Simon and Schuster.

RAWLS, JOHN (1998): *Eine Theorie der Gerechtigkeit*. Berlin: Akademie-Verlag (Klassiker auslegen, 15).

REUTLINGER, CHRISTIAN (2010 i.E.): „Rand". In: REUTLINGER ET AL. (Hrsg.).

– (2008): *Raum und Soziale Entwicklung*. Kritische Reflexion und neue Perspektiven für den sozialpädagogischen Diskurs. Weinheim und München: Juventa.

REUTLINGER, CHRISTIAN/FRITSCHE, CAROLINE/LINGG, EVA (Hrsg.) (2010 i.E.): *Raumwissenschaftliche Basics*. Eine Einführung für die Soziale Arbeit. Wiesbaden: VS Verlag für Sozialwissenschaften.

REUTLINGER, CHRISTIAN/WIGGER, ANNEGRET (Hrsg.) (2010): *Transdisziplinäre Sozialraumarbeit*. Grundlegungen und Perspektiven des St. Galler Modells zur Gestaltung des Sozialraums. Berlin: Frank & Timme.

ROOST, FRANK (2000): *Die Disneyfizierung der Städte*. Großprojekte der Entertainmentindustrie am Beispiel des New Yorker Times Square und der Siedlung Celebration in Florida. Opladen: Leske und Budrich (Stadt, Raum und Gesellschaft, Bd. 13).

ROSTOW, WALT WHITMAN (1960): *Stadien wirtschaftlichen Wachstums*. Eine Alternative zur marxistischen Entwicklungstheorie. Göttingen: Vandenhoeck & Ruprecht.

SACHS, WOLFGANG (Hrsg.) (1993a): *Wie im Westen so auf Erden*. Ein polemisches Handbuch zur Entwicklungspolitik. Dt. Erstausg. Reinbek bei Hamburg: Rowohlt.

– (1993b): „Einleitung." In: Sachs (Hrsg.), S. 7-15.

SALENTIN KURT (2004): „Ziehen sich Migranten in ‚ethnische Kolonien' zurück?" In: BADE ET. AL. (Hrsg.), S. 97-116.

SCHIFF, CLAIRE/ARMAGNAGUE, MAÏTENA (2009): „Die paradoxen Ausgrenzungen der Jugendlichen mit Migrationshintergrund in Frankreich. Betrachtung der algerischen, portugiesischen und türkischen Einwanderer". In: OTTERSBACH/ZITZMANN (Hrsg.), S. 113-134.

SIEBEL, WALTER (2000): „Wesen und Zukunft der europäischen Stadt". In: *db deutsche bauzeitung*, H. 10, S. 42-46. Online verfügbar unter http://bauzeitung.de/files/db_essays/0010siebel.pdf. zuletzt geprüft am 8.7.2010.

SIMMEL, GEORG (1983): *Soziologie*. Untersuchungen über die Formen der Vergesellschaftung. Original 1908. 6. Auflage. Berlin: Duncker & Humblod.

WORBS, SABINE (2009): „‚Parallelgesellschaft' von Zuwanderern in den Städten?" In: Gesemann/Roth (Hrsg.), S. 217-234.

ZAPF, WOLFGANG (1975): „Die soziologische Theorie der Modernisierung". In: *Soziale Welt*, 26/2, S. 212-226.

ZYCHLINSKI, JAN (2007): „Sozialkapital – ein dynamischer Exkurs". In: GERSTNER ET AL. (Hrsg.), S. 108-112.

Quellenverzeichnis

BILD.DE (2008): *Mehr Schule für weniger Parallelgesellschaft?* In: Bild.de 10.4.2008. Online verfügbar unter http://www.bild.de/BILD/news/kolumnen/2008/fest-innenpolitik/04/10/ganztagsschulen.html, zuletzt geprüft am 8.7.2010.

DEUTSCHES WÖRTERBUCH (1971): *PARALLEL*. Herausgegeben von Jacob und Wilhelm Grimm. Online verfügbar unter http://www.woerterbuchnetz.de/woerterbuecher/dwb/wbgui?lemid=GP00853), zuletzt geprüft am 2.6.2010.

DIE WELTWOCHE (2010): *Muslimische Käfighaltung*. In: Die Weltwoche, Jg. 10, Ausgabe 17, 28.4.2010. Online verfügbar unter http://www.weltwoche.ch/ausgaben/2010-17/artikel-2010-18-religion-muslimische-kaefighaltung.html, zuletzt geprüft am 14.6.2010.

PARLAMENTSDIENSTE BERN (Hrsg.): *Die Bundesversammlung – Das Schweizer Parlament*. Online verfügbar unter http://www.parlament.ch/d/wissen/taetigkeiten/parlinstrvorstoesse/Seiten/default.aspx, zuletzt geprüft am 3.6.2010.

SVP SCHWEIZ (2009): *Migrationspapier 2009 der SVP*. Positionspapier verabschiedet am Sonderparteitag vom 2. Mai 2009. Online verfügbar unter http://www.svp.ch/display.cfm/id/100803/disp_type/display/filename/d2009-05Migrationspapier_def.pdf, zuletzt geprüft am 5.7.2010.

Teil III Soziale Unterstützung und Soziale Arbeit

NADIA BAGHDADI UND MANDY SCHÖNE

Familie an der Schnittstelle von Transnationalismus, sozialer Unterstützung und Care

Wenn von länderübergreifenden Beziehungen und Netzwerken, d.h. von Transnationalität[1], die Rede ist, stehen Familien, deren Mitglieder in verschiedenen Ländern leben, im Mittelpunkt des Interesses. Vieldiskutiert in diesem Zusammenhang sind Geldrücksendungen von Migrantinnen und Migranten an ihre Familien in den Herkunftsländern. Die deutsche Tageszeitung Frankfurter Allgemeine schreibt beispielsweise am 21. Februar 2010 unter dem Titel „Ziegen statt Geld für Verwandte in Afrika":

„Migranten überweisen jedes Jahr hundert Milliarden Dollar an ihre Verwandten in ihren Heimatländern. Doch nicht immer kaufen die Empfänger davon die gewünschten Waren. Internetunternehmen haben daraus ein Geschäftsmodell gemacht. Statt des Geldes verschicken sie Ziegen, Handys oder Kühlschränke."

Familie ist auch eine naheliegende Assoziation, wenn wir von sozialer Unterstützung bzw. Care, der Sorge und Versorgung von Menschen im Allgemeinen sprechen: Wir denken an eine Mutter, die ihr Kind erzieht oder an eine betagte Frau, die ihren noch betagteren Mann versorgt. Insbesondere die Versorgung von betagten Eltern ist ein in den Medien zunehmend diskutiertes Thema. So lautet in der Schweizer Tageszeitung Tagesanzeiger am 20. April 2010 eine Überschrift: „Wenn der Alltag zum Ernstfall wird. Pflegebedürftige Senioren, die zu Hause leben, werden meist vom Ehepartner betreut. Oder von der Tochter. Es gibt aber auch mehr und mehr Männer, die sich um die Eltern kümmern. Ein Sohn erzählt."

---

[1] Wie Richter in diesem Band verwenden wir Transnationalisierung für den Prozess der Herausbildung grenzüberschreitender Netzwerke, Aktivitäten und Strukturen, Transnationalität zur Beschreibung der Merkmale dieser grenzüberschreitenden Welten und den Begriff Transnationalismus für die Forschungsperspektive, welche diese Aspekte einbezieht und analysiert.

Was wäre nun, wenn dieser Sohn weit weg wohnen würde? Wie würde sich das Unterstützungs- und Caresystem der Familie gestalten? Würde es sich auf das Verschicken von Geld bzw. Kühlschränken beschränken? In anderen Worten, wie wirken transnationale Lebensweisen von Familien auf ihre Unterstützungs- und Versorgungsstrukturen? Um solche und ähnliche Fragen theoretisch und empirisch bearbeiten zu können, wird in diesem Beitrag aufgezeigt, wie die beiden Theorie- und Forschungsstränge, die Transnationalisierung auf der einen und die soziale Unterstützungs- bzw. Care-Forschung auf der anderen Seite, zusammen gedacht werden können bzw. sollten. Dabei eignet sich Familie als Beispiel dafür, das Potenzial der beiden Forschungsstränge füreinander zu ergründen. Dies, weil in theoretischen und empirischen wissenschaftlichen Arbeiten zur „Transnationalisierung der sozialen Welt" (Pries 2008) – ähnlich wie in den oben illustrierten Mediendiskursen – oft von familiären Netzwerken ausgegangen wird; vergleichbar wird Familien bei Fragen von sozialer Unterstützung und Care eine wesentliche Funktion zugeschrieben. In einem ersten Schritt legt der Beitrag dar, dass und wie Familie sowohl in der Transnationalismus-Forschung als auch in der sozialen Unterstützungs- bzw. Care-Forschung ein zentrales Element darstellt. In einem zweiten Teil gilt es, wiederum anhand des Bereichs Familie, die Schnittstelle von Transnationalisierung und sozialer Unterstützung auszuloten. Dabei steht aber nicht nur das Gemeinsame und Verbindende im Fokus, sondern gleichzeitig werden sogenannte „blinde Flecken" der einzelnen Forschungsstränge aufgezeigt und Erweiterungsmöglichkeiten verdeutlicht und anhand eines breit untersuchten Beispiels, den länderübergreifenden Versorgungsketten, den sogenannten „global care chains", illustriert. In einem letzten Schritt werden abschliessend (notwendige) Annäherungen der Transnationalismus-Forschung mit der sozialen Unterstützungs- und Care-Forschung diskutiert.

1 Familie aus der Perspektive von Transnationalismus, sozialer Unterstützung und Care

"The family is at once a social construct, a conceptual entity, a moral order, and a set of real social and cultural practices" (Grillo 2008: 19).

In diesem Beitrag orientieren wir uns an Grillos nicht-essentialisierendem Verständnis von Familie als soziales Konstrukt, als eine imagined community im Andersonschen Sinne (Anderson 1991). Was Familie ist und wer zu einer bestimmten Familie gehört ist demnach nicht per se vorgegeben, sondern vielmehr Ergebnis von Vorstellungen über Mitgliedschaft und Beziehungen einzelner Mitglieder untereinander sowie den damit verbundenen Werten, Rollen und Zuständigkeiten. Diese Konstruktionsleistung erlaubt eine gewisse Wahlmöglichkeit, wie Bryceson und Vuorela feshalten: "One may be born into a family and a nation, but the sense of membership can be a matter of choice and negotiation" (Bryceson/Vuorela 2002: 10). Diese Aussage darf allerdings nicht darüber hinwegtäuschen, dass Familienkonstellationen und -verständnisse immer auch die sie umgebenden gesellschaftlichen Werte, Normen und Strukturen reflektieren und im Alltag als „natürliche" und biologisch begründete Einheiten wahrgenommen werden. So ist etwa die Vorstellung von Familie als heterosexueller Gemeinschaft von Mann und Frau mit Kindern weit verbreitet und familiäre Zuständigkeiten sind oftmals entlang der Linien von Geschlecht und Generation strukturiert.[2] Typischerweise wird ausserdem von einem Zusammenfallen von Familie und Haushalt ausgegangen, auch wenn in der Literatur weitgehend Konsens darüber besteht, dass sich familiäre Formen zunehmend pluralisieren.

Familiäre Beziehungen werden in der Literatur oft als „Austauschrelationen" beschrieben (Hamburger/Hummrich 2007: 126), welche auf wechselseitiger Abhängigkeit, geteilter Zuneigung sowie dem Austausch von ökonomischen und anderen Ressourcen zum gegenseitigen Vorteil beruhen. Die konkreten Austauschverhältnisse „ergeben" sich teilweise in der alltäglichen Praxis und aufgrund von verbreiteten normativen Vorstellungen; nichtsdestotrotz benötigen sie zumindest beim Auftreten von Unklarheiten und Spannungen der aktiven Verhandlung. Familie wird demnach als eine dynamische und interaktive Einheit verstanden, d.h. es handelt sich, wie aus Grillos Zitat hervorgeht, um gelebte soziale Beziehungen und Praxen.

Was dies im Einzelfall beziehungsweise in einem bestimmten Kontext bedeutet, muss empirisch erst erhoben werden. In diesem Beitrag interessieren jedoch weniger die typischen und untypischen familiären Muster, als vielmehr die Frage, wie Familie einerseits unter transnationalen Voraussetzungen und andererseits im Zusammenhang mit sozialer Unterstützung und Care disku-

....
2   Die Reproduktion dieser heteronormen Sichtweise in Theorie und Forschung wird insbesondere in den Queer Studies kritisch diskutiert (vgl. dazu Manalansan 2006).

tiert wird und welche zentralen Erkenntnisse für den jeweils anderen Forschungszugang nützlich sein können.

Familie in transnationalen Bezügen – die Perspektive der Transnationalismus-Forschung

Familiäre Beziehungen sowie Verwandtschafts- und Bekanntschaftsnetzwerke sind seit längerem integraler Bestandteil der Migrationsforschung: ethnische Netzwerke und „Haushaltsstrategien" werden zur Erklärung von Wanderung und Wanderungsrichtung herangezogen. Die Transmigrationsforschung, angestossen von Glick Schiller, Basch und Blanc-Szanton (1992), konzeptualisiert Migration neu (ausführlich in Pries und Dahinden i.d.B.) und verändert dadurch auch die Perspektive auf Familie im Migrationskontext und die damit verbundenen Forschungsfragen und Analyserahmen. Nun stehen nicht mehr Familien und ihre Lage im „Aufnahmeland" oder die „Daheimgebliebenen im Herkunftsland" im Fokus, sondern die familiären Beziehungen, Aktivitäten und Praktiken, die verschiedene Wohnorte und Länder verbinden. Diese neue räumliche Perspektive auf Netzwerke des „Dazwischens" und das „Verbindende" bleiben bei einer ausschliesslich nationalstaatlich eingefärbten Sicht verborgen (vgl. auch Baghdadi 2010; Reutlinger i.d.B.). Transnationale Familiennetzwerke sind explizit oder implizit ein zentrales Untersuchungsgebiet der *transnationalism studies*, ebenso die Diskussion der Bedeutung solcher Netzwerke für das Migrationsgeschehen insgesamt, wie die Beiträge von Dahinden, D'Amato und Pries in diesem Band exemplarisch belegen. Konkret wird danach gefragt, wer (erste bzw. zweite Migrantengeneration, nicht-migrierte Personen oder verschiedene „Herkunftsgruppen") in welcher Intensität in transnationale (familiäre) Beziehungen eingebunden ist und was (Personen, Kommunikation, Waren, Geld etc.) sich wie über welche Grenzen bewegt. Die Transmigrationsforschung verdeutlicht hierbei, dass grenzüberschreitende Bewegungen und Transaktionen – und dies gilt besonders für Familien – nicht unidirektional und linear, sondern vielmehr multidirektional bzw. zirkulär erfolgen (vgl. Glick Schiller/Basch/Blanc-Szanton 1992).

Schliesslich werden in vielen Studien und theoretischen Arbeiten die Auswirkungen dieses sozialen Phänomens auf der Mikro-, Meso- und Makroebenen abgeschätzt und zwar vornehmlich für soziale Räume (vgl. Reutlinger i.d.B.), Vergesellschaftung (vgl. Pries 2008), aber auch für die Integration von Menschen (vgl. Dahinden 2009) sowie ihre biografischen Verläufe (vgl. Riegel i.d.B.). Für die Analyse von Familienkonstellationen haben diese Erkenntnisse weitreichende Konsequenzen. So gilt es zu berücksichtigen, dass sich durch Transmigration die Ortsgebundenheit von Sozialbeziehungen, im Sinne einer Ko-Präsenz vor Ort, verändert. In anderen Worten, wird die „Einheit von Sozialität, Anwesenheit und Raum" (Mau 2007: 8) im Zuge transnationaler Entwicklungen und der Verdichtung von Raum und Zeit in einer globalisierten Welt (vgl. hierzu die *time-space-compression*-These von Harvey 1989) aufgebrochen. Mit Blick auf transnationale Familien wird deutlich, dass die Deckungsgleichheit von Familie und Haushalt in besonderer Weise nicht (mehr) als gegeben angenommen werden kann.

Erste empirische Arbeiten zu transnationalen Familien (Baldassar 2007) zeigen in diesem Zusammenhang, dass Migration und insbesondere räumliche Distanz zwischen Familienmitgliedern nicht nur zu veränderten „Wohnarrangements" und biografischen Verläufen führen, sondern auch verstärkte Bemühungen erforderlich werden, die familiären Bande zu pflegen und zu erneuern, etwa durch regelmässige Telefonanrufe oder Besuche. Grundsätzliche Vorstellungen von Familie und Haushalt werden in Frage gestellt, d.h. bisher Unhinterfragtes und Selbstverständliches muss plötzlich verhandelt werden (vgl. Bryceson/Vuorela 2002). So werden Überzeugen, Normen und Werte innerhalb von Familien neu interpretiert und Beziehungen und Austauschverhältnisse zwischen Familienmitgliedern ebenso wie das Verständnis der eigenen Rolle und Familienidentität (über den Lebenszyklus) neu definiert. Räumliche Trennung und geringere zeitliche Verfügbarkeit beeinflussen insbesondere die alltäglichen Zuständigkeiten für bestimmte Aufgaben und damit einhergehend die Geschlechter- und Generationenbeziehungen. Dabei können die veränderten familiären Muster und Bilder in Konflikt mit gesellschaftlichen und staatlichen Vorstellungen stehen. Studien über die Konstruktion von Familie in der Migrationspolitik in verschiedenen Ländern der EU (Kraler/Kofman 2009) problematisieren u.a., dass nur bestimmte Formen von Familie, zum Beispiel nur verheiratete Paare, aufenthaltsrechtlich anerkannt sind und damit (offiziell) „gelebt" werden können. Die Komplexität wird auch dadurch erhöht, dass Familienmitglieder in mindestens zwei gesellschaftlichen und nationalstaatlichen Kontexten situiert sind. Vor diesem Hintergrund wird das interaktive und dynamische Moment, Familie zu leben, für transnationale Familien von grösster Bedeutung.

Bislang verfügen wir allerdings noch über ein unzureichendes systematisches und breitgefächertes Wissen über transnationale familiäre Lebensweisen und insbesondere über deren Einfluss auf Unterstützungsstrukturen und gegenseitige Sorge und Versorgung (vgl. auch Krawietz/Schröer i.d.B.). Im Fokus von Arbeiten, welche grenzüberschreitende (familiäre) Netzwerke zum Thema haben, stehen, wie bereits erwähnt, die Erfassung und Beschreibung dieses Phänomens. Darauf aufbauend werden die veränderten Zugehörigkeiten und Identitäten und die Entstehung von neuen kulturellen Formen und Differenzen thematisiert.[3] Als typisches Beispiel sei an dieser Stelle Goulbournes (2010) Monographie zu "Transnational families: ethnicities, identities and social capital" erwähnt. Auch Geschlechteraspekte finden in den letzten Jahren besondere Berücksichtigung, z.B. in Coles' (2008) "Gender and Family among transnational professionals".

Aspekte der alltäglichen Lebensführung – beispielsweise wie transnationale Familien einen Gemeinschaftssinn herstellen, wie sie sich gegenseitig unterstützen und welche Unterschiede im Zugang zu Mobilität, Ressourcen und Kapitalien bestehen – werden weit seltener thematisiert (vgl. Bryceson/Vuorela 2002). Bislang sind erst wenige Arbeiten zu nennen, die untersuchen, wie sich Beziehungskonstellationen im transnationalen Kontext verändern und wie sich Care-Praxen "at a distance" gestalten (vgl. Baldassar 2007; Zontini 2006). Schwerpunkt bilden im Kontext der Feminisierung von Migration die Untersuchungen zu transnationalen Haushaltsarbeiterinnen und ihren Familien. Die sozialpsychologischen Effekte und die möglicherweise veränderte Qualität von Sorge und sozialer Unterstützung und deren Konsequenzen für die Wohlfahrtssysteme sind – insbesondere für andere Untersuchungsgruppen – noch kaum beachtet; auch Fragen nach Ungleichheit werden wenig systematisch gestellt (für eine Ausnahme s. Dahinden i.d.B.). Hier bietet die soziale Unterstützungs- und Care-Forschung wertvolle Anregungen.

Familie als Ressource und Sorgeinstanz – die Perspektiven der sozialen Unterstützungs- und Care-Forschung

Weiter oben wurden familiäre Beziehungen im Kern als Austauschrelationen beschrieben, mit der impliziten Vorstellung, dass Familie auf der Verpflichtung basiert, sich zu unterstützen und zu versorgen. Familie gilt demnach als die intensivste und konstanteste Hilfe- und Sorgeinstanz innerhalb persönlicher Beziehungen. So werden u.a. die Wirkungen familiärer Unterstützungsleistun-

---

3 vgl. hierzu auch die Diskussion um Hybridität (vgl. Bhabha 1990).

gen beim Übergang von der Schule in den Beruf als zentrale soziale Ressource gewertet (vgl. Menz 2009; Nestmann/Wehner 2008) oder mit der Zunahme pflegerischer Leistungen gegenüber den eigenen Verwandten (insbesondere der Eltern) die Bedeutung der Familie als zentrale Sorgeinstanz (vgl. Brückner 2008) verdeutlicht.

In den Arbeiten zu sozialer Unterstützung wird als zentrales Merkmal von Familie oft die Zusammengehörigkeit von zwei (oder mehreren) aufeinander bezogenen Generationen gesehen, die zueinander in einer Eltern-Kind-Relation stehen (vgl. Menz 2009). Dabei erscheint das Besondere von familiären Beziehungen, dass sie als selbstverständlich, natürlich gegeben gelten[4]: „dabei ist es das wiederholte Beziehungshandeln, welches Zusammengehörigkeit schafft" (Menz 2009: 68). In dieser Definition ist soziale Unterstützung weder ein Persönlichkeitszug oder eine reine Umweltvariable, sondern ein Beziehungskonstrukt, das interaktional definiert wird (vgl. Nestmann/Wehner 2008) und sowohl zur Linderung belastender und beeinträchtigender Lebensereignisse, Lebensumstände oder Lebensverläufe beiträgt als auch präventive Funktionen hat, indem sie menschliches Wohlbefinden und das Wohlergehen fördert und Störungen verhindert (vgl. Nestmann/Wehner 2008; Nestmann 2001; Homfeldt/Schröer/Schweppe 2006). Ganz allgemein zielt soziale Unterstützung, insbesondere in und durch Familie, also darauf, Handlungsmöglichkeiten von Menschen zu erweitern und strukturelle sowie emotionale Abhängigkeiten abzubauen (vgl. Homfeldt/Schröer/Schweppe 2006). Konkret werden in der Literatur vier mögliche Formen, die soziale Unterstützung annehmen kann, unterschieden: die emotionale, informativ-beratende, praktisch-instrumentelle (inkl. materielle) und interpretativ-deutende Unterstützung (vgl. House 1981; Nestmann 2001).

Wesentlich in der sozialen Unterstützungsforschung, gerade mit Blick auf die Soziale Arbeit, ist, dass ihr Blickwinkel nicht primär von institutionellen Settings ausgeht, sondern sich auf das Verhältnis von Akteuren und sozialen Netzwerken richtet, d.h. auf die konkrete Analyse menschlichen Handelns mit seinen Determinanten und Konsequenzen (vgl. Nestmann 2009). In solchen Forschungen steht die Frage im Mittelpunkt, ob und wie Menschen in ihrer Handlungsmächtigkeit gestärkt werden. Individuelle Herausforderungen werden dabei im Zusammenhang mit strukturellen Bedingungen analysiert. Vor diesem Hintergrund steht seit Beginn der Forschungen in den 80ern des

---

4   Kritisch zu dieser Definition von Familie siehe u.a. Matthias 2009.

letzten Jahrhunderts vor allem die Stabilität der Beziehungen in der Familie im Vordergrund. Konkret bedeutet das, dass neben Fragen nach dem Bestand der Familien ganz allgemein vor allem charakteristische Kennzeichen des Verhältnisses zwischen den Partnern sowie zwischen Eltern und Kindern thematisiert werden (vgl. Matthias 2009). Hinsichtlich des Analyserahmens sozialer Unterstützungsforschung werden zwei verschiedene Perspektiven unterschieden: eine soziologische und ein sozialpsychologische. Gegenstand der soziologischen Analyse ist soziale Wirklichkeit mit ihrer institutionellen Ordnung und deren Konstruktionsprozessen. Der Blick richtet sich damit nicht auf die einzelnen Personen, sondern auf die wiederkehrenden interaktiven Ablaufmuster bzw. Gewohnheiten. In einer sozialpsychologischen Analyse richtet sich der Blick dagegen auf die Eigenschaften und Dispositionen der beteiligten Personen selbst (vgl. Lenz/Nestmann 2009). Bei den Analyseebenen sozialer Unterstützungsforschung richtet sich das Augenmerk insbesondere auf die Ebene des Beziehungsalltags der Person mit ihren in der Biografie gemachten Beziehungserfahrungen, auf die des Diskurses mit Leitvorstellungen und Wirklichkeitskonstruktionen, auf die der sozialstrukturellen Begebenheiten sowie auf die der Repräsentationen von Beziehungssymbolen (vgl. Lenz/ Nestmann 2009).

Als Besonderheit für das soziale Beziehungshandeln in Familien wird in den Forschungen zur sozialen Unterstützung hervorgehoben, dass diese eine regelmässige Vergewisserung braucht, damit sie als Ressource zu ihrer Entfaltung kommen kann. Dabei haben empirische Studien, insbesondere in den 80ern und 90ern des letzten Jahrhunderts, darauf verwiesen, dass die Bedeutung der haushaltsangehörigen Familienmitglieder wesentlich grösser ist als die der räumlich getrennt lebenden, d.h. „räumliche Nähe" wurde als ein wichtiges Kriterium für familiäre soziale Unterstützung gedeutet. Im Gegensatz dazu stehen jüngere, aktuelle Annahmen, dass familiäres Beziehungshandeln räumliche und zeitliche Distanzen überwinden kann und daher soziale Unterstützungsleistungen sich anzupassen vermögen (vgl. Menz 2009).

Mit Blick auf den Sorgeaspekt von Familie gewinnt in jüngster Zeit vor allem die Entwicklung hin zu einer zunehmenden Entgrenzung der familiären- und Arbeitswelt an Einfluss: „Im Zuge der Rationalisierung und Radikalisierung der Gesellschaft gehen Sorgevorgänge als Versorgung und Umsorgung der nachwachsenden [und alternden, Baghdadi/Schöne] Generation in den Privatbereich der Familie zurück" (Menz 2009: 83; vgl. dazu auch Jurczyk/ Schier/Szymenderski/Lange/Voß 2009). Sich dem Begriff des Sorgens (Care) zu nähern, stellt in diesem Zuge zunächst ein schwieriges Unterfangen dar, da es sich vor allem um ein „soziales Phänomen" (Brückner 2008: 167) handelt, mit dem sich sehr unterschiedliche Disziplinen befassen. Care als Kombination von Wissen, Handeln und Gefühlen umfasst den gesamten Bereich der Fürsorge und Pflege, insbesondere der Erziehung und der Betreuung in unterschiedlichen Phasen des Lebenszyklus sowie der personenbezogenen Hilfe in besonderen Lebenssituationen (vgl. Brückner 2008; Hochschild 1995). Ähnlich wie bei der sozialen Unterstützung richten sich Care-Tätigkeiten – seien sie bezahlt oder unbezahlt – primär und direkt auf das Wohlergehen von Menschen. Das Konzept Care schliesst jedoch in den meisten gebräuchlichen Definitionen neben den emotionalen Aspekten, die auch im sozialen Unterstützungsansatz als wesentlich erachtet werden, die konkreten Tätigkeiten des Versorgens ein. Um der Vielfalt möglicher Leistungen im Rahmen eines familiären Unterstützungsarrangements gerecht werden zu können, erachten Soom-Ammann und van Holten (2010) in Anlehnung an Fisher und Tronto (1990) die Unterscheidung zwischen caring-about, taking care, caregiving und care-receiving als hilfreich. Eine mehrdimensionale Fassung von Care ermöglicht es gemäss Soom-Ammann und van Holten im Kontext der Pflege- und Hilfsbedürftigkeit mehr als nur reine Pflegeleistungen zu berücksichtigen, was besonders dann wichtig sei, wenn sich dieses über nationale Grenzen hinweg erstrecke.

- Caring-about (SICH-SORGEN) beschreibt den emotionalen Aspekt von „am Herzen liegen" bzw. sich verbunden fühlen. Darunter fallen auch Belastungserfahrungen im Rahmen von Sich-Sorgen-Machen und Aktivitäten, bspw. regelmässige Telefonate, Briefe und E-Mails, zur Aufrechterhaltung einer Sozialbeziehung und als Ausdruck von Verbundenheit und Anteilnahme.
- Taking care (SORGEN, DASS ....) bezieht sich auf das Übernehmen von Verantwortung für Care. Damit sind jene Leistungen gemeint, die sich indirekt auf die gepflegte/unterstützte Person beziehen, d.h. die Organisation einer angemessenen Betreuung oder Pflege. Hier kommen jene Tätigkeiten ins Spiel, die oftmals gar nicht sichtbar verrichtet werden. So zum Beispiel das Management der privaten Betreuung durch Dritte oder auch das Erbringen administrativer Arbeiten.

- Caregiving (SORGEN FÜR …) verweist auf konkrete Tätigkeiten des „sich kümmern um jemanden" und auf personenbezogene Handreichungen. Das umfasst einerseits, was in der Regel unter den Begriff der Pflege subsumiert wird, wie Essen eingeben, Intimpflege, Anziehen und Verabreichung von Medikamenten, geht aber andererseits darüber hinaus und schliesst alltägliche Leistungen im Haushalt wie Kochen und Gartenarbeit ein.
- Care-receiving beschreibt die Rolle der gepflegten Person und berücksichtigt – damit verbunden – die Beziehungsdynamik im Care-Arrangement.

Die Care-Forschung, die sich v.a. in feministischen Forschungstraditionen etabliert hat, untersucht diese Care-Aspekte einerseits in institutionellen Settings, d.h. der professionalisierten Sorge, und andererseits im privaten Bereich von Familien. In solchen Forschungen unterschiedlicher disziplinärer Prägung stehen Fragen nach Arbeitsteilung und Ungleichheit im Mittelpunkt, meist mit Blick auf die Care-erbringenden Personen – in der Regel Frauen – und dies sowohl auf der Mikroebene der einzelnen Haushalte und Familiengefüge als auch auf der aggregierten, statistischen und damit volkswirtschaftlichen Ebene. Eine weitere Analyseebene nimmt die politisch-institutionellen Rahmenbedingungen sowie die Gender-, Care- und Wohlfahrtsregime in den Blick. Dabei werden die gesellschaftliche Reproduktion und Institutionalisierung der Geschlechter- und Care-Ordnung als auch die institutionelle Zusammensetzung und Finanzierung von Care einbezogen. Vor diesem Hintergrund bilden u.a. Sozialpolitik sowie die Handlungs- und Professionstheorie den Analyserahmen, in dem Care diskutiert und verhandelt wird.

Bei direkter Care für Kinder, Kranke und Gebrechliche wird in einem grossen Teil der Literatur herausgestrichen, dass es sich um Personen handelt, die in ihrem Lebenslauf oder in besonderen Lebenssituationen von anderen Menschen abhängig sind und nicht autonom für sich selber sorgen können. Eine solche Beziehung – gerade auch im Bereich der unbezahlten, privaten Sorge- und Versorgungsleistungen, die in Familien für Kinder, Kranke und Gebrechliche erbracht werden – sei von einem Verantwortlichkeits- und Abhängigkeitsverhältnis zwischen Care erbringender und -empfangender Person charakterisiert (vgl. Lanz 2009). Doch wie z.B. Madörin (2009) darlegt, können Care-Tätigkeiten mehr oder weniger lebensnotwendig sein und Abhängigkeiten mehr oder minder ausgeprägt. Ausserdem werde ein grosser

Teil der Care-Arbeiten für nicht-abhängige Erwachsene geleistet. Als wesentlich für die Ausgestaltung einer „Care-Situation" werden, der Ökonomin Jochimsen (2003) folgend, Motivation, Kompetenzen und Ressourcen (Zeit und Geld) angesehen. Care-Arrangements reflektieren ausserdem herrschende Geschlechterverhältnisse: mit dem Bild des fürsorglichen Menschen ist stärker Weiblichkeit als Männlichkeit verbunden (Maihofer/Tomke/Wolf 2001). Weitere Merkmale von Care-Arbeit, die immer wieder erwähnt werden, sind „Präsenz, Verantwortlichkeit und Verlässlichkeit" (Stutz/Strub 2009: 196). Präsenz, „das vor Ort sein", scheint unabdingbar. Damit weist der Begriff Care auch deutliche Überschneidungen zum sozialen Unterstützungskonzept auf.

Während in der sozialen Unterstützungsforschung Fragen der Handlungsmächtigkeit der Akteure und damit die positiven Aspekte sozialer Beziehungen und sozialer Einbindungen im Vordergrund stehen (vgl. Nestmann 2001; Homfeldt/Schröer/Schweppe 2006), sind es in der Care-Forschung Fragen von Ungleichheit und Gerechtigkeit im Zusammenhang mit (unbezahlter) Care-Arbeit und Arbeitsteilung. Geschlecht ist gerade in letzterem Forschungsgebiet die zentrale Analysekategorie.

2 Transnationale Familien als Ressource und Sorgeinstanz

Forschungsperspektiven

Wie aus dem Vorangehenden deutlich wurde, ist das Thema Familie sowohl in der sozialen Unterstützungs- und Care-Forschung als auch in der Transnationalismus-Forschung zentraler Untersuchungsgegenstand (vgl. Matthias 2009). Vor dem Hintergrund der bisherigen Ausführungen lässt sich nun in einer verbindenden Perspektive zwischen Transnationalisierung von Familie und sozialer Unterstützung und Care fragen, wie sich soziale Unterstützung und Care-Arrangements in Familien gestalten, die durch räumliche Distanz geprägt sind. Oder abstrakter formuliert, was soziale Unterstützung und Care bedeuten, wenn sie im Kontext von Transnationalisierung, insbesondere von familiären Beziehungen, stehen. Dazu wollen wir kurz Gemeinsamkeiten und sogenannte blinde Flecken der einzelnen Forschungsstränge und Erweiterungsmöglichkeiten aufzeigen.

In den betrachteten Forschungstraditionen richtet sich die Analyseperspektive auf die Beziehungs- und Netzwerkebene, was sie füreinander besonders anschlussfähig macht (vgl. auch Homfeldt/Schröer/Schweppe 2006). Allerdings betrachten sie diese auf unterschiedliche Art und Weise und verdeutlichen so die Forschungsdefizite auf dem Gebiet der sozialen Unterstützung und Care in transnationalen Familien. Die soziale Unterstützungsforschung bietet hilfreiche Konzepte und Erkenntnisse zur Untersuchung des konkreten und alltäglichen Beziehungshandelns und dessen Qualität. Sie kann insbesondere eine wichtige Erweiterung für solche Studien im Rahmen der Transnationalismus-Forschung sein, die widersprüchliche Ergebnisse zu den Folgen transnationaler Familien aufweisen: während die einen emotionale Defizite durch physische Trennung feststellen, betonen andere das Potenzial dieser Familien Gemeinschaft aufzubauen. Allerdings bleibt in den Forschungen zur sozialen Unterstützung der Aspekt der Unterstützung über Ländergrenzen hinweg ausgeblendet. Ansätze, „länderübergreifende" Aktivitäten und Unterstützungspraxen im Rahmen familiärer Netzwerke zu untersuchen, bietet hingegen die Transnationalismus-Forschung. Insbesondere Fragen nach räumlicher Nähe und Distanz werden in diesem Zusammenhang aufgeworfen und drängen dazu, die Notwendigkeit der Nähe im Zusammenhang mit der Erbringung von sozialen Unterstützungs- und Care-Leistungen zu untersuchen. Erste empirische Arbeiten auf diesem verbindenden Gebiet zeigen, dass soziale Unterstützung offenbar auch unter Bedingungen von räumlicher Distanz nicht einfach wegfällt, sich aber verändert. Ganz allgemein macht die Transnationalismus-Forschung auf Dynamiken und Veränderungen, z.B. von Familienvorstellungen, aufmerksam. In diesem Zusammenhang ist Bryceson und Vuorela's (2002: 3) Definition von „transnationaler Familie" interessant: „Transnational families' are defined here as families that live some or most of the time separated from each other, yet hold together and create something that can be seen as a feeling of collective welfare and unity, namely 'familyhood', even across national borders". Es gilt also den Familienbegriff kritisch zu prüfen, respektive zu erweitern, und zu fragen, was Familie im jeweiligen Kontext bedeutet, wie Gemeinschaftssinn hergestellt wird und welche soziale Unterstützung Familienmitglieder einander geben, wenn z.B. die Mutter hauptsächlich in einem anderen Land lebt. Kann sie diese überhaupt leisten und wenn ja, in welcher Form? Wie wird diese von den Familienmitgliedern bewertet? Hier bietet die soziale Unterstützungsforschung mit ihren verschiedenen Ebenen und Formen der sozialen Unterstützung eine gute Deutungsfolie zur Analyse der Formen transnationaler Unterstützung in Familien.

In einem der bisher sehr wenigen schon durchgeführten Forschungsprojekte an der Schnittstelle von Transnationalisierung und sozialer Unterstützung kommen Hollstein, Huber und Schweppe (2009) u.a. zu dem Schluss, dass der transnationale Kontext Einfluss auf die familiäre finanzielle Unterstützung zu nehmen scheint, und zwar sowohl auf die Unterstützungserwartungen als auch auf die Unterstützungsleistungen. Sie beschreiben u.a. wie es angesichts knapper Ressourcen auf Seiten der Gebenden zu einem Dilemma kommt: „Unterstützung leisten zu wollen bzw. zu müssen und diese eigentlich nicht leisten zu können" (Hollstein/Huber/Schweppe 2009: 365). Aufgrund dessen gehört dieses Spannungsverhältnis zu den Bewältigungsaufgaben von armen Migrantinnen und Migranten in den Ziilländern.

Um das Feld der sozialen Unterstützungsforschung, insbesondere in transnationalen Kontexten, erweitern zu können, schlagen Homfeldt, Schröer und Schweppe (2008) vor, die sozialpsychologischen Elemente der sozialen Unterstützungsforschung mit Agency-Theorien und damit um sozialwissenschaftliche Elemente zu ergänzen. In diesem Verständnis liesse sich eine transnationale soziale Unterstützung und Sorge „ausgehend von den Akteuren (...) als sozialer Prozess der Aneignung und Gestaltung nationale Grenzen überschreitender sozialer Welten begreifen, durch die die subjektive Handlungsmächtigkeit der Akteure in ihren jeweiligen Netzwerken gestärkt wird" (Homfeldt/Schröer/Schweppe 2008: 221). Somit rücken als wesentliche Betrachtungsperspektiven soziale Konstellationen, Netzwerke und soziale Prozesse der Handlungsermächtigung sowie deren gesellschaftliche Verortung in den Mittelpunkt. Es wird die Frage zentral, wie die Beziehungsmuster die Handlungsfähigkeit bestimmen (vgl. Homfeldt/Schröer/Schweppe 2006).

Schliesslich muss die Care-Perspektive als wesentliche Erweiterung zur Transnationalismus-Forschung und sozialen Unterstützungsforschung gesehen werden. Sie verdeutlicht, dass soziale Unterstützung in transnationalen Familien nicht analysiert und bewertet werden kann ohne die Berücksichtigung der Strukturen, in welche das spezifische Care-Arrangement einer Familie eingebettet ist. So kann u.a. Baldassar (2007) in ihren Forschungsarbeiten aufzeigen, dass Care nicht nur eine Frage der persönlichen Wahl oder des familiären Arrangements ist, sondern ebenfalls durch formelle Strukturen geprägt wird. So bleiben im Zusammenhang mit Mobilitätsmöglichkeiten und -barrieren oder institutionellen Care-Angeboten die jeweiligen nationalstaatlichen Rahmen relevant. Dabei werden diese Ebenen jeweils von verschiedenen Vorstellungen und Normen von adäquater Care beeinflusst.

Das Thema Familie an der Schnittstelle von sozialer Unterstützung, Care und Transnationalisierung wird im nächsten Abschnitt anhand eines breit untersuchten Themas, der länderübergreifenden Versorgungsketten, d.h. der sogenannten "global care chains", beispielhaft illustriert.

Das Beispiel "global care chains"

Die Zunahme transnationaler Familien wird in der Literatur in Verbindung gebracht mit der Zunahme des Care-Bedarfs in der Pflege und in Haushalten in Ländern des Nordens, der von Haushaltsarbeiterinnen aus Ländern des Südens gedeckt wird (vgl. Krawietz/Schröer i.d.B.; Zontini 2006). Dieses Phänomen wird in der Literatur als "international transfer of caretaking" (Parreñas 2001) oder "global care chains" (Hochschild 2001) bezeichnet und weist darauf hin, dass Haushalts- und Pflegeleistungen von einem Land in ein anderes „transferiert" werden. Hochschild (2001) problematisiert diesen Abzug von Versorgungskapital in den Herkunftsländern als "Care Drain": Besonders in den Familien der Migrantinnen entstünden Betreuungslücken. Mit dem Begriff der Verkettung macht sie deutlich, dass die Versorgung der Kinder in Abwesenheit ihrer Mütter an in der Regel weibliche Familienmitglieder und Verwandte weitergegeben wird, sei es aus persönlichen bzw. familiären Gründen oder aufgrund einer restriktiven Migrationspolitik, welche eine Familienzusammenführung ausschliesst. Im Fall der in Deutschland tätigen polnischen Haushaltsarbeiterinnen stellen Lutz und Schwalgin (2008) fest, dass teilweise wiederum bezahlte Migrantinnen, mehrheitlich aus der Ukraine, in Polen zum Einsatz kommen. Hier ist allerdings kritisch zu bemerken, dass die Weitergabe von Migrantin zu Migrantin doch eher selten ist (vgl. dazu die Ergebnisse von Metz-Göckel/Münst/Kałwa 2010).

Wenn man die Unterstützungs- und Careleistungen der Haushaltsarbeiterinnen durch eine „Trans-Brille" (Reutlinger 2008: 235) betrachtet, zeigt sich, dass Multilokalität und eine transnationale Lebenspraxis für viele dieser Frauen eine physisch erfahrbare Realität ist. So weisen insbesondere die Studien in Deutschland nach, dass sich die sogenannten neuen Dienstleisterinnen zwischen ihrem Herkunftsland und ihrem Arbeitsort in regelmässigen Intervallen hin- und herbewegen (u.a. Lutz/Schwalgin 2008). Ein selbstorganisiertes Rotationssystem wurde v.a. unter Osteuropäerinnen ausgemacht, d.h. die meisten Frauen arbeiten einige Monate und kehren in der Zeit, in der eine Kollegin die Stelle übernimmt, zu ihren eigenen Familien zurück, um nach einiger Zeit wiederum die Kollegin abzulösen. Dieses System erlaubt den Frauen zu pendeln und nicht „auswandern" zu müssen (Morokvasic 1994). Die

"Trans"-Perspektive macht in diesem Zusammenhang deutlich, dass die Bewegungen von Personen, aber auch ihre Unterstützungsleistungen, multidirektional erfolgen.

Wenn man nun die „Trans-Brille" um die „Unterstützungs-" und „Care-Brille" ergänzt, zeigt sich ein komplexes Geflecht, in dem sich Arbeitgebende, Arbeitnehmende und ihre Familien befinden. Werden die Haushaltsarbeiterinnen in den Blick genommen, zeigt sich, dass sie in zweierlei Hinsicht und Richtungen Unterstützungs- und Careleistungen erbringen. Zum einen gegenüber ihren Arbeitgebenden: sie kochen, sie waschen, sie putzen und hüten Kinder. Männer und Frauen (des Nordens) können dank der Einstellung von Migrantinnen Erwerbstätigkeit und familiäre Aufgaben besser kombinieren. Auf der anderen Seite unterstützen und versorgen die transnationalen Haushaltsarbeiterinnen ihre Familien in den Herkunftsländern. Dabei lassen sich anhand von Studien zu transnationalen Familien, Remittances und "global care chains", die in verschiedenen Ländern durchgeführt wurden, die weiter oben ausdifferenzierten Formen sozialer Unterstützung (emotional, informativ-beratend, praktisch-instrumentell, interpretativ-deutend) und Care (caring about, taking care, caregiving, carereceiving) aufzeigen.

Zur praktisch-instrumentellen Unterstützung zählen materielle Leistungen, worauf das einleitende Beispiel bereits verweist. Die finanziellen Transferleistungen, sogenannte Remittances von Migrantinnen und Migranten, sind ein gut aufgearbeitetes Thema. Beispielsweise die Studie „International Migration, Remittances and the Brain Drain" der Weltbank (Schiff/Özden 2005) zeigt, dass vorwiegend Familienangehörige in den Genuss dieser informellen, privat organisierten Unterstützung kommen. Die Gelder werden laut dieser Studie und entgegen verbreiteter Auffassung vorwiegend in Erziehung und Gesundheit und produktive Aktivitäten investiert und weniger für Konsum ausgegeben. Problematisiert werden im Zusammenhang mit materieller Unterstützung die ungleichen Abhängigkeitsverhältnisse der involvierten Personen. Beispielsweise Parreñas (2005) erachtet in der Beziehung zwischen Müttern und ihren Kindern als problematisch, dass diese durch jahrelange räumliche Distanz vorwiegend durch die Sicherung des Lebensunterhalts und einer guten Ausbildung in Privatschulen oder -universitäten bestimmt ist. Dadurch entsteht eine Art „warenförmige Mutterschaft" (Parreñas 2005). Studien stellen ausserdem unterschiedliche Interessen und Erwartungen zwischen Unterstützung leistenden Migrantinnen und Migranten und denjenigen, die Leistungen und Hilfe erhalten, fest. Ohne diese Schwierigkeiten in Frage stellen zu wollen, ist es dennoch wichtig zu beachten, dass materielle Unterstützungen in beide Richtungen fliessen (können). Hollstein, Huber und Schweppe (2009) belegen in ihrer Untersuchung, dass migrierte Personen nicht nur Unterstützung leisten, sondern auch welche empfangen. Als Beispiel erwähnen sie das Senden von preisgünstigen Medikamenten aus den Herkunftsländern. Die Autorinnen schliessen daraus, dass Migrantinnen und Migranten gleichzeitig als Gebende und Empfangende (caregiver und carereceiver) zu verstehen sind.

Doch die Unterstützungsleistungen beschränken sich nicht auf Geld- und Warenüberweisungen. Auch informativ-beratende, interpretativ-deutende und emotionale Unterstützungsleistungen überqueren nationale Grenzen (vgl. u.a. Baldassar 2007). Dabei bieten die heutigen, verbilligten Kommunikationstechnologien die Möglichkeit, die Bindung zur Familie intensiver zu gestalten als dies früher möglich war. Mithilfe von Telefonanrufen über Billiganbieter oder Skype und Emails ist eine tägliche Kontaktaufnahme mit zurückgelassenen Kindern und Familienangehörigen möglich, und die engen sozialen und emotionalen Beziehungen können aufrechterhalten werden (caring about). Im Zusammenhang mit „transnationaler Mutterschaft" zeigen Studien (z.B. Parreñas 2001), wie Alltagsroutinen, die Intimität erzeugen, wegfallen und neue Rituale, z.B. Gutenachtgeschichten über Skype, erfunden werden. Solche Rituale werden als zentral erachtet, um emotionale Sicherheit und Geborgenheit über grosse räumliche Distanzen vermitteln zu können. Migrantinnen bleiben trotz geografischer Distanz nicht nur wichtige emotionale Bezugspersonen, sondern organisieren zudem die Versorgung ihrer Kinder und Angehörigen aus der Ferne (taking care) und nehmen auch selber weiterhin Erziehungsaufgaben, beispielsweise die Aufgabenbeaufsichtigung über Skype, wahr. Dies wird durch regelmässige Besuche oder gar eine Pendelmigration dank günstigeren Transportmöglichkeiten unterstützt.

Gleichzeitig übernehmen die Dienstleisterinnen eine wichtige Rolle gegenüber den Kindern, die sie in der fremden Familie betreuen. Laut Hochschild (2001) werden so nicht nur materielle Ressourcen in Form von Arbeit umverteilt, sondern auch Emotionen in Form von Zuwendung. Während für die Kinder der westlichen Gesellschaften auf diese Weise ein emotionaler Mehrwert entstehen kann, tragen die Migrantinnen ein hohes Risiko, sich von ihren eigenen Kindern zu entfremden – trotz der zahlreichen Unterstützungsbemühungen aus der Distanz. Die „emotionalen Kosten" hätten jedoch nicht nur die Mütter, sondern besonders auch die Kinder zu tragen, die unter der langjährigen Trennung besonders leiden würden (vgl. Parreñas 2005). Auch die Beziehung zwischen den Eltern wird vielfach als durch die räumliche Distanz belastet beschrieben (z.B. Pribilsky 2004). Emotionaler Stress wie Angst, Schuld, Scham oder ein schlechtes Gewissen werden ausserdem in Studien zur Angehörigenpflege, insbesondere von alternden Eltern (z.B. Baldassar 2007), belegt. Doch ist zu erwähnen, dass Distanz nicht von allen in unterschiedlichen Studien Befragten als belastend empfunden wird. In gewissen Situationen erlaubt Distanz sogar eine emotionale Annäherung oder ein Entkommen aus unbefriedigenden Beziehungen (z.B. Zontini 2006). Metz-Göckel, Münst und Kałwa (2010: 345) stellen fest, dass die Abwesenheit von Müttern „zu einer nachträglichen Wertschätzung und Anerkennung der zuvor jahrelang und selbstverständlich verrichteten Gebrauchsarbeit" führt. Ausserdem weist Parreñas (2005) darauf hin, dass die Abwesenheit der Mütter Kindern neue Möglichkeiten der emotionalen Bindung zum Vater oder anderen Bezugspersonen eröffnen kann. Und wie weiter oben an empirischen Beispielen gezeigt wurde, ist davon auszugehen, dass die Unterstützungssysteme von Familien in vielen Fällen an die neuen Verhältnisse angepasst werden können, und dies sowohl auf der praktischen und emotionalen Ebene von Caregiving und Unterstützung als auch auf der Ebene des familiären Zusammenhalts und Zugehörigkeitssinns. Positiver ausgerichetete Forschungen fokussieren sich in diesem Zusammenhang auf die Ressourcen, die in transnationalen Netzwerken zirkulieren (Metz-Göckel/Münst/Kałwa 2010; Zontini 2006).

Zusammenfassend sind die Auswirkungen von transnationalen Unterstützungssystemen als ambivalent einzuschätzen: sie sind gleichzeitig be- und entlastend. Sie eröffnen Handlungsmöglichkeiten in einigen Bereichen bzw. für einige Personen, während andere Personen stärker eingeschränkt werden, insbesondere, wenn es sich um die prekären Unterstützungssysteme von armen Migrantinnen und Migranten handelt (Hollstein/Huber/Schweppe 2009). Allerdings gilt es Fragen nach der Handlungsermächtigung noch systematischer zu untersuchen. Weitere Studien sind zu den politisch-institutionellen Rahmenbedingungen in den verschiedenen Ländern notwendig, die in ihrem Zusammenwirken analysiert werden müssen (vgl. auch Krawietz/Schröer i.d.B).

Auch auf der Makrobene werden ambivalente Befunde deutlich. So wird einerseits festgestellt, dass die finanziellen Transfers zur Reduzierung von Armut und zur Erhöhung der Einkommen in den Herkunftsländern führen. Andererseits entstehen neue Ungleichheiten zwischen Haushalten mit und ohne transnationale Unterstützung in den Herkunftsländern, zwischen Ländern des Nordens und des Südens sowie zwischen Frauen mit und ohne

Migrationshintergrund in Ländern des Nordens.[5] Weiter ist in einigen Herkunftsländern der Rückzug von Regierungen, besonders im Bereich der Wohlfahrtsstaatspolitik, zu beobachten. Entwicklungsprogramme, die sich auf Transmigrantinnen und -migranten stützen, bedürfen also eines kritischen Blicks, um die Ambivalenz dieser Förderpolitik deutlich zu machen (vgl. Hollstein, Huber, Schweppe 2009: 369). Die Beispiele verdeutlichen, dass die Komplexität von sozialer Unterstützung und Care erst im Zusammendenken mit ihrer transnationalen Dimension und umgekehrt erfasst werden kann. Ein Zusammenführen der Erkenntnisse und Ansätze der Entwicklungs-, Unterstützungs- und Migrationsforschung kann hierbei den Blick schärfen.

3 Conclusion: (Notwendige) Annährungen der Transnationalismus- mit der sozialen Unterstützungs- und Care-Forschung und umgekehrt

In den Ausführungen ist deutlich geworden, dass sich soziale Unterstützungs- und Care-Forschung lange Zeit an einem nationalstaatlichen Referenzrahmen orientierte bzw. auch heute noch orientiert. In der Transnationalismus-Forschung wiederum tauchen Fragen der sozialen Unterstützung und Care erst jüngst auf (vgl. Homfeldt/Schröer/Schweppe 2008). Vor diesem Hintergrund müssen sich Transnationalisierungs- und soziale Unterstützungs- bzw. Care-Forschung annähern und zunehmend in Bezug zueinander gebracht werden. Am Phänomen der Transnationalisierung familiärer Beziehungen konnte in diesem Beitrag verdeutlicht werden, dass das Verbinden verschiedener Forschungsstränge und -perspektiven zu einer differenzierten und mehrdimensionalen Analyse verhilft. Das trifft insbesondere für das Tragen einer sogenannten „Trans-Brille" beim Betrachten von Fragen sozialer Unterstützung und Care sowie umgekehrt zu. Durch verstärkte und zunehmende Prozesse der Transnationalisierung der sozialen Welt werden auch veränderte Formen der sozialen Unterstützung und Care etabliert, die es neu zu untersuchen und analysieren gilt (vgl. dazu auch Herz 2010). Dabei lässt sich die Zusammenführung der verschiedenen Forschungsstränge als eine gegenseitige Erweiterung verstehen:

---

5   Kritisch dazu Metz-Göckel/Münst/Kałwa 2010.

Zum einen wird dafür plädiert, Phänomene der Transnationalisierung mit einer „sozialen Unterstützungs- und Care-Brille" zu analysieren. Die soziale Unterstützungsforschung bietet mit ihren soziologischen und sozialpsychologischen Analyserahmen und -ebenen eine wichtige Forschungsperspektive, mit der transnationale Phänomene differenziert analysiert werden können. Sie bietet eine Art Folie, vor deren Hintergrund die verschiedenen transnationalen Phänomene und deren Auswirkungen beschrieben werden können. Dabei scheint insbesondere für die Analyse von transnationalen sozialen Netzwerken (wie u.a. Familien) diese Brille von zentraler Bedeutung, da so der bisher starke Fokus auf Zugehörigkeit, Integration etc. in Frage gestellt wird. Transnationalismus-Forschung wird um die wichtige Frage nach den Handlungsmöglichkeiten und -einschränkungen erweitert. Ausserdem werden sowohl in sozialpsychologischer als auch in soziologischer Hinsicht veränderte bzw. verschobene Arbeitsteilung sowie Ungleichheiten verstärkt in die Diskussion eingebracht. Darüber hinaus wird daran erinnert, die Rolle des Staates in die Untersuchung einzubeziehen und, damit verbunden, nach der Wichtigkeit von Ort und Präsenz zu fragen.

Zum anderen erfahren aber insbesondere auch umgekehrt soziale Unterstützung und Care durch das Aufsetzen einer „Trans-Brille" eine wesentliche Erweiterung ihres Analyserahmens und laufen so nicht Gefahr, einem methodologischen Nationalismus zu verfallen (vgl. Köngeter 2009). Denn Care und soziale Unterstützung sind zunehmend grenzüberschreitend zu denken: Beziehungen dürfen nicht nur auf den „Nahraum" (Lingg/Stiehler 2010) gedacht und konzipiert werden. So ist etwa, wie gezeigt, das Zusammenfallen von Familie und Haushalt kritisch zu hinterfragen. Eine „Trans-Brille" auf soziale Unterstützung und Care stellt auch die Vorstellung von Gemeinschaften, Beziehungsnetzwerken und Familie als kulturelle und linguistische Einheiten in Frage (vgl. Bryceson/Vuorela 2002). Ansonsten könnten wesentliche veränderte Praxen, Normen und Rollen ausser Acht geraten; die Erkenntnisse der sozialen Unterstützungs- und Care-Forschung drohen so, einseitig bewertet und nur schwer u.a. auf die Praxis Sozialer Arbeit übertragbar zu sein. Während die Care-Forschung seit Ende der 90er auf die zunehmende Transnationalisierung von familiärer Sorge-, Pflege- und Betreuungsbeziehungen aufmerksam macht, bleibt eine ähnliche Thematisierung in Forschungen zu sozialer Unterstützung bisher noch weitgehend aus (vgl. Herz 2010; Hollstein/Huber/Schweppe 2009).

Literatur

ABEL, EMILY.K./NELSON, MARGARET K. (Hrsg.)(1990): *Circles of Care*. Albany: State University of New York Press.

ANDERSON, BENEDICT (1991): *Imagined Communities*: Reflections: Reflections on the Origin and Spread of Nationalism. London: Verso.

BAGHDADI, NADIA (2010): „Transit". In: REUTLINGER ET AL. (Hrsg.), S. 257-264.

BALDASSAR, LORETTA (2007): "Transnational Families and Aged Care: The Mobility of Care and the Migrancy of Ageing". In: *Journal of Ethnic and Migration Studies* 33/2, S. 275-297.

BHABHA, HOMI (1990): "The Third Space". In: *Rutherford* (Hrsg.), S. 207-221.

BRÜCKNER, MARGRIT (2008): „Kulturen des Sorgens (Care) in Zeiten transnationaler Entwicklungsprozesse". In: HOMFELDT ET AL. (Hrsg.), S. 167-184.

BRYCESON, DEBORAH/VUORELA, ULLA (Hrsg.) (2002): *The transnational family*: new european frontiers and global networks. Oxford: Berg.

CARITAS (Hrsg.) (2009): *Sozialalmanach*: Zukunft der Arbeitsgesellschaft. Luzern: Caritas-Verlag.

COLES, ANNE (2008): *Gender and family among transnational professionals*. New York: Routledge.

DAHINDEN, JANINE (2009): "Are we all transnationals now? Network transnationalism and transnational subjectivity: the differing impacts of globalization on the inhabitants of a small Swiss city". In: *Ethnic and Racial Studies* 32/8, S. 1365-1386.

ECARIUS, JUTTA (Hrsg.)(2007): *Handbuch Familie*. Wiesbaden: VS Verlag.

FISHER, BERNICE/TRONTO, JOAN (1990): "Toward a Feminist Theory of Caring". In: ABEL ET AL. (Hrsg.), S. 35-62.

GLICK SCHILLER, NINA/BASCH, LINDA/BLANC-SZANTON, CRISTINA (1992a): "Transnationalism: A New Analytical Framework for Understanding Migration". In: DIES. (Hrsg.), S. 1-24.

– (Hrsg.)(1992b): *Towards a Transnational Perspective on Migration*: Race, Class, Ethnicity, and Nationalism Reconsidered. New York: The New York Academy of Sciences.

GOULBOURNE, HARRY (2010): *Transnational families*. Ethnicities, identities and social capital. London: Routledge.

GRILLO, RALPH (2008): *The Family in Question*. Immigrant and Ethnic Minorities in Multicultural Europe. Amsterdam: University Press.

HAMBURGER, FRANZ/HUMMRICH, MERLE (2007): "Familie und Migration". In: ECARIUS (Hrsg.), S. 112-136.

HARVEY, DAVID (1989): *The Condition of Postmodernity*. Oxford: Basil Blackwell.

HERZ, ANDREAS (2010): "Informelle Unterstützungsstrukturen in Zeiten der Transnationalisierung". In: *Sozial Extra* 1/2, S. 41-43.

HOCHSCHILD, ARLIE RUSSELL (2001): "Global care chains and emotional surplus value". In: HUTTON ET AL. (Hrsg.), S. 130-146.

- (1995): "The Culture of Politics: Traditional, Postmodern, Cold-modern and warm-modern ideals of care". In: *Social Politics* 2/3, S. 331-346.
HOLLSTEIN, TINA/HUBER, LENA/SCHWEPPE, CORNELIA (2009): „Transmigration und Armut. Zwischen prekärer Unterstützung und risikohafter Bewältigung". In: *Zeitschrift für Sozialpädagogik* 7/4, S. 360-372.
HOMFELDT, HANS GÜNTHER/SCHRÖER, WOLFGANG/SCHWEPPE, CORNELIA (Hrsg.) (2008): *Soziale Arbeit und Transnationalität*. Herausforderungen eines spannungsreichen Bezugs. Weinheim: Juventa.
- (2006): *Transnationalität, soziale Unterstützung, agency*. Nordhausen: Verlag Traugott Bautz.
HOUSE, JAMES S. (1981): *Work stress and social support*. Reading MA: Addison-Wesley Educational Publishers Inc.
HUTTON, WILL/GIDDENS, ANTHONY (Hrsg.) (2001): *On the edge*. Living with global capitalism. London: Vintage.
JOCHIMSEN, MAREN A. (2003): *Careful Economics*. Integrating Caring Activities and Economic Science. Boston/Dordrecht/London: Kluwer Academic Publishers.
JURCZYK, KARIN/SCHIER, MICHAELA/SZYMENDERSKI, PEGGY/LANGE, ANDREAS/VOß, G. GÜNTER (2009): *Entgrenzte Arbeit – Entgrenzte Familie*. Grenzmanagement im Alltag als neue Herausforderung. Berlin.
KÖNGETER, STEFAN (2009): „Der methodologische Nationalismus der Sozialen Arbeit in Deutschland". In: *Zeitschrift für Sozialpädagogik* 7/4, S. 340-359.
KRALER, ALBERT/KOFMAN, ELEONORE (2009): *Family migration in Europe*: policies vs. reality. IMISCOE Policy Brief 16.
LAIREITER, ANTON-RUPERT (2009): „Soziales Netzwerk und soziale Unterstützung". In: LENZ ET AL. (Hrsg.), S. 75-99.
LANZ, ANNI (2009): „Care-Arbeit – nicht leicht in Begriffe zu fasen. Eine Buchbesprechung". In: *Olympe. Feministische Arbeitshefte zur Politik* 30, S. 89-92.
LENZ, KARL/NESTMANN, FRANK (Hrsg.) (2009): *Handbuch Persönliche Beziehungen*. Weinheim und München: Juventa Verlag.
LINGG, EVA/STIEHLER, STEVE (2010): „Nahraum". In: REUTLINGER ET AL. (Hrsg.), S. 169-179.
LUTZ, HELMA/SCHWALGIN, SUSANNE (2008): *Vom Weltmarkt in den Privathaushalt*. Die neuen Dienstmädchen im Zeitalter der Globalisierung. 2., überarb. Aufl. Opladen: Verlag Barbara Budrich.
MADÖRIN, MASCHA (2009): „Beziehungs- oder Sorgearbeit? Versuch einer Orientierung". In: *Olympe. Feministische Arbeitshefte zur Politik* 30, S. 66-69.
MAIHOFER, ANDREA/BÖHNISCH, TOMKE/WOLF, ANNE (2001): *Wandel der Familie*. Düsseldorf: Hans-Böckler-Stiftung (Arbeitspapier, 48).
MANALANSAN, MARTIN F. (2006): „Queer Intersections: Sexuality and Gender in Migration Studies". In: *International Migration Review* 40/1, S. 224-249.
MATTHIAS, HEIKE (2009): „Persönliche Beziehungen in der Familienforschung". In: LENZ ET AL. (Hrsg.), S. 123-144.

MAU, STEFFEN (2007): *Transnationale Vergesellschaftung. Die Entgrenzung sozialer Lebenswelten*. Frankfurt am Main: Campus.
MENZ, SIMONE (2009): *Familie als Ressource. Individuelle und familiäre Bewältigungspraktiken junger Erwachsener im Übergang in die Arbeit*. Weinheim und München: Juventa Verlag.
METZ-GÖCKEL, SIGRID/MÜNST, A. SENGANATA/KAŁWA, DOBROCHNA (2010): *Migration als Ressource. Zur Pendelmigration polnischer Frauen in Privathaushalte der Bundesrepublik*. Opladen & Farmington Hills: Barbara Budrich.
MOROKVASIC, MIRJANA (1994): „Pendeln statt auswandern. Das Beispiel der Polen". In: DIES. ET AL. (Hrsg.), S. 166-187.
MOROKVASIC, MIRJANA/RUDOLPH, HEDWIG (Hrsg.)(1994): *Wanderungsraum Europa. Menschen und Grenzen in Bewegung*. Berlin: Ed. Sigma.
NESTMANN, FRANK (2001): „Soziale Netzwerke – soziale Unterstützung". In: OTTO ET AL. (Hrsg.), S. 1684-1692.
NESTMANN, FRANK/WEHNER, KARIN (2008): „Den Kindern auf der Spur – Sozialwissenschaftliche Forschung auf der Suche nach der Sicht der Kinder". In: DERS. ET AL. (Hrsg), S. 41-67.
NESTMANN, FRANK/GÜNTHER, JULIA/STIEHLER, STEVE/WEHNER, KARIN/WERNER, JILIAN (Hrsg.) (2008): *Kindernetzwerke. Soziale Beziehungen und soziale Unterstützung in Familie, Pflegefamilie und Heim*. Tübingen: dgvt-Verlag.
OTTO, HANS-UWE/THIERSCH, HANS (Hrsg.) (2001): *Handbuch Sozialarbeit/Sozialpädagogik*. Neuwied: Luchterhand.
PARREÑAS, RHACEL SALAZAR (2005): *Children of global migration*: Transnational families and gendered woes. Stanford: Stanford University Press.
– (2001): *Servants of globalization*. Women, migration, and domestic work. Stanford: Stanford University Press.
PRIBILSKY, JASON (2004): "Aprendemos a convivir: conjugal relations, co-parenting, and family life among Ecuadorian transnational migrants in New York City and the Ecuadorian Andes". In: *Global Networks* 4/3, S. 313-334.
PRIES, LUDGER (2008): *Die Transnationalisierung der sozialen Welt*. Frankfurt am Main: Suhrkamp Verlag.
REUTLINGER, CHRISTIAN (2008): „Social development als Rahmentheorie transnationaler Sozialer Arbeit." In: HOMFELDT ET AL. (Hrsg.), S. 235-249.
REUTLINGER, CHRISTIAN/FRITSCHE, CAROLINE/LINGG, EVA (Hrsg.) (2010 im Erscheinen): *Raumwissenschaftliche Basics. Eine Einführung für die Soziale Arbeit*. Wiesbaden: VS Verlag für Sozialwissenschaften.
RUTHERFORD, JONATHAN (Hrsg.) (1990): *Identity, Community, Culture and Difference*. London/New York: Routledge.
SCHIFF, MAURICE/ÖZDEN, CAGLAR (Hrsg.) (2005): *International Migration, Remittances and the Brain Drain*. Washington/New York: World Bank/Palgrave MacMillan.
SCHRÖER, WOLFGANG/SCHWEPPE, CORNELIA (2010): „Transmigration und Soziale Arbeit. Eine Einführung". In: SOZIAL EXTRA 1/2, S. 37.

SOOM-AMMANN, EVA/VAN HOLTEN, KARIN (2010): *Familiale Unterstützungs- und Pflegearrangements im transnationalen Kontext – Eine Zwei-Generationen-Perspektive*. Unveröffentlichtes Vortragsmanuskript (12.06.2010). 10. Internationale Konferenz „Migration und Familie/Migration and Family", Universität Basel.

STUTZ, HEIDI/STRUB, SILVIA (2009): „Cash und Care: Der ‚kleine Unterschied' und seine Folgen für die Frauen auf dem Arbeitsmarkt". In: CARITAS (Hrsg.), S. 195-208.

ZONTINI, ELIZABETTA (2006): "Italian families and social capital: Care provision in a transnational world". In: *Community, Work and Family* 9/3, S. 325-345.

Quellen:

BÖS, NADINE (21. Februar 2010): „Ziegen statt Geld für Verwandte in Afrika". In: *Frankfurter Allgemeine Zeitung FAZ.NET*: http://www.faz.net/s/RubE2C6E0BCC2F04DD787CDC274993E94C1/Doc~EBCCDB999683346A8A56AB2800E07206A~ATpl~Ecommon~Scontent.html (Zugriff 20.07.2010).

LÄUBLI, MARTIN (20. April 2010): „Wenn der Alltag zum Ernstfall wird". In: *Tages-Anzeiger*. S. 31.

JOHANNA KRAWIETZ UND WOLFGANG SCHRÖER

Transnationale Sorge im lokalen Dienstleistungsmix – Neue Forschungsperspektiven Sozialer Arbeit

1 Einleitung

Die Pflegeversorgung im Alter wird nicht mehr nur über nationale Kräfte wie der Familie, lokale Dienstleistungsanbieter und Leistungen des Wohlfahrtsstaates abgedeckt. Im Kontext der so genannten ‚neuen Dienstmädchenfrage' wird von einem veränderten Versorgungs-, Betreuungs-, Erziehungs- und Pflegebedarf privater Haushalte vor allem in reichen Ländern infolge familiärer Strukturveränderungen, steigender Frauenerwerbsarbeit, des wachsenden Bedarfs der Altenbetreuung und Altenpflege sowie der fortschreitenden Privatisierung im öffentlichen Betreuungs-, Versorgungs- und Pflegesystem ausgegangen (vgl. z.B. Geissler 2002). Zur Bewältigung und Deckung dieses Bedarfs greifen Familien zunehmend auf außerfamiliäre Unterstützungen zurück bzw. geben Aufgaben der Pflege, Betreuung, Versorgung und Erziehung an bezahlte Arbeitskräfte ab. Dabei kommt dem Rückgriff auf Haushaltsarbeiterinnen[1] mit Migrationshintergrund eine bedeutende Rolle zu, weil sie, oft im Gegensatz zu einheimischen Arbeitskräften, die diesbezüglich eingerichteten, schlecht bezahlten, ungesicherten und prekären Arbeitsverhältnisse eher akzeptieren. Zudem werden sie aufgrund ihres zum Teil guten Bildungsstandes sowie ihrer vorhandenen oder zugeschriebenen emotionalen Fähigkeiten durch eigene Mutterschaft oder kultureller Zuschreibungen ihrer Herkunftsländer als Arbeitskräfte favorisiert (vgl. Lutz 2007).

Die internationale Forschung zu transnationaler Sorge[2] (Care) hat sich in den vergangenen Jahren vor allem auf die transnationale Erbringung von Fürsorgetätigkeiten konzentriert. Mit dem Begriff "global care chains" – "a series of

---

[1] Da es sich hierbei fast ausschließlich um weibliche Migranten handelt, wird im Folgenden auch die weibliche Form im Beitrag beibehalten.
[2] Mit dem Begriff Sorge bzw. Fürsorge (englisch: care) sind sowohl körperbezogene Tätigkeiten wie die Pflege als auch nicht unmittelbar körperbezogene Tätigkeiten der Unterstützung, Betreuung, Erziehung und Versorgung gemeint (ausführlich in Baghdadi/Schöne i.d.B.).

personal links between people across the globe based on paid or unpaid work of caring" (Hochschild 2000: 131) – macht die Forschung deutlich, dass das Phänomen der neuen Dienstmädchen nicht einen Einweg-Prozess von ärmeren in reichere Länder bedeutet, sondern damit die Verkettung von Sorge zwischen den Herkunftsländern und den Ankunftsländern einhergeht. Entsprechend hat auch die Weltkommission für Migration (2005) darauf hingewiesen, dass Migration heute stärker zirkulär zu begreifen ist. Demnach können nicht nur transnationale Prozesse der sog. "brain circulation" beschrieben, sondern ebenfalls Prozesse von "care circulation" beobachtet werden (Schröer/Schweppe 2009). In der Erbringung von Sorge wird entsprechend einer grenzüberschreitenden Perspektive die Verkettung zwischen den Herkunftsländern und den Ankunftsländern analysiert.

In Deutschland erfolgt die Herstellung der transnationalen Versorgungsketten häufig einer Ost-West-Verbindung. Bedingt durch ein nominales Lohngefälle pendeln Frauen aus ehemals sozialistischen Ländern, wie z.B. Polen und Ungarn, in die BRD und zurück, um sich durch eine Tätigkeit als Rund-um-die-Uhr Betreuungskraft ihren Lebensunterhalt und häufig auch den ihrer Familie zu sichern. Häufig kommen diese grenzüberschreitenden Versorgungsarrangements, in denen Familien die Versorgung ihrer pflegebedürftigen älteren Angehörigen an Migrantinnen outsourcen, auf informelle Weise zustande. Die Migrantinnen erhalten über Verwandte und Bekannte Telefonnummern von Familien, die eine Person zur Versorgung ihrer Angehörigen suchen und umgekehrt. Kontaktdaten von Betreuungskräften und Pflegehaushalten werden über Mund-zu-Mund-Propaganda und private Netzwerke weitergegeben. Indem sich diese Vernetzung im Privaten auf informelle Weise abspielt, sind die Beschäftigungsverhältnisse dieser transnationalen Betreuungsarrangements irregulär und die Arbeitsbedingungen der Betreuungskräfte häufig prekär (vgl. Irek 1998; Morokvašic 2003; Münst 2007).

2   Die Transnationalisierung lokaler Sozialer Dienste

Es sind jedoch nicht nur Familien und Betreuungskräfte, die durch die Weitergabe von Kontaktdaten Transnationale Sorge-Konstellationen herstellen und aufrechterhalten. Seit einiger Zeit beteiligen sich auch organisationelle Dienstleister für Ältere an der grenzüberschreitenden Erbringung von Versorgungsdienstleistungen, wie die folgenden Beispiele verdeutlichen sollen:

„Suchen Krankenschwester mit Erfahrung, guten Deutschkenntnissen und Führerschein" (Praca za granicą vom 29.7.2008)

So lautet der Titel einer Stellenanzeige eines deutschen ambulanten Pflegedienstes, die im Sommer 2008 in der 'Praca za granicą' [übersetzt: ‚Arbeit im Ausland'] erschien. Es handelt sich dabei um eine überregionale polnische Zeitung, die über die Suche bei der Arbeit in anderen Ländern informiert und über Erfolgsgeschichten von Arbeitsmigrantinnen berichtet. Finanziert wird das Blatt durch Werbeanzeigen von Firmen wie Vermittlungsagenturen, Billigfluglinien, günstige Telefonhotlines und durch Anwälte, die sich auf die Rechtsberatung in anderen Ländern spezialisiert haben. Anzeigen von ambulanten Pflegediensten und Pflegeheimen aus Deutschland lassen sich in jüngster Zeit immer wieder mal in diesem ‚Blatt' und anderen polnischsprachigen Zeitungen finden.

Wenig ist bisher darüber bekannt, wie häufig es durch eine solche Anzeige zu einem Betreuungs- und Beschäftigungsarrangement zwischen Migrantinnen und ortsansässigen Dienstleistungsanbietern kommt und welche Gründe für eine erfolgte bzw. nichterfolgte Vermittlung eine Rolle spielen. Die grenzüberschreitende Suchbewegung lokaler Pflegeanbieter zeigt jedoch, wie sehr diese unter Druck stehen, Arbeitskräfte für ihre Einrichtungen zu gewinnen. Damit unterlaufen lokale Anbieter die von deutscher Regierungsseite aus genutzte Beschränkung der Arbeitnehmerfreizügigkeit bis Ende Mai 2011, mit der von politischer Seite aus die Intention verfolgt wird, den Arbeitsmarkt im Sozial- und Gesundheitsbereich weiterhin mit nationalen Arbeitskräften zu decken. Um Fachkräfte aus den osteuropäischen Mitgliedsländern[3] zu beschäftigen, können die lokalen Dienstleistungsanbieter auf eine Ausnahmeregelung (sog. ‚Vorrangprüfung' § 284 SGB III)[4] zurückgreifen, die es ihnen ermöglicht, trotz der rechtlichen Restriktionen Personal aus anderen Ländern anzustellen. Der Versuch hiesiger Anbieter Personal in der Pflege aus anderen Ländern zu rekrutieren, weist darauf hin, dass es nicht nur die Angehörigen von Pflegebe-

---

3 Diese Regelungen gelten bisher nicht für Bulgarien und Rumänien, die im Jahre 2007 der Europäischen Union beigetreten sind. Die volle Arbeitnehmerfreizügigkeit für EU-Bürger aus diesen beiden Ländern ist erst ab dem Jahre 2014 vorgesehen.

4 Zur Beschäftigung einer Pflegekraft aus einem osteuropäischen EU-Mitgliedstaat muss ein in Deutschland ansässiger Pflegeanbieter gegenüber der Agentur für Arbeit nachweisen, dass er auf dem nationalen Arbeitsmarkt keine Arbeitskraft für eine ausgeschriebene Stelle findet (‚Vorrangprüfung'). Eine Arbeitserlaubnis-EU für diese Person wird erteilt, wenn für die angestrebte Tätigkeit keine inländischen Arbeitnehmer zur Verfügung stehen und die Person eine mindestens dreijährige Berufsausbildung als Fachkraft in der Pflege vorweisen kann.

dürftigen sind, die eine transnationale Verkettung von Sorgetätigkeiten herstellen. Auch etablierte lokale Anbieter von Pflegedienstleistungen scheinen zunehmend in einen transnationalen Transfer von Sorgetätigkeiten zwischen ost- und westeuropäischen Ländern eingebunden zu sein.

Neben den etablierten hiesigen Pflegeanbietern sind es auch weitere Akteure, die die lokale Wohlfahrtsproduktion zunehmend grenzüberschreitend gestalten. Seit der ersten EU-Osterweiterung im Jahre 2004 lässt sich eine Verbreitung so genannter Vermittlungsagenturen beobachten, die Migrantinnen aus den neuen osteuropäischen Mitgliedsstaaten in die Pflegehaushalte zur Versorgung Älterer vermitteln (Krawietz 2010). Über die Anzahl der in Deutschland tätigen Agenturen liegen keine genauen Daten vor. Michael Isfort u.a. (2009: 78) kommen in ihrer Untersuchung auf ca. 73 Organisationen in der Bundesrepublik, Helma Lutz (2009a: 43) schätzt die Anzahl der Agenturen auf 65. Manche dieser Pflegevermittler sind irregulär tätig und beschränken ihre Arbeit lediglich auf eine schnelle Vermittlung. Gegen Provision von Seiten der Betreuungskräfte und Familien werden Kontaktdaten weitergeleitet und der Transfer der Migrantinnen in den Pflegehaushalt organisiert.

Andere Agenturen haben ihre Vermittlungsdienste in den letzten Jahren professionalisiert. Neben der Vermittlung einer Betreuungskraft in den Pflegehaushalt beraten manche Organisationen Angehörige bei der Antragstellung von Pflegeversicherungsleistungen, beschäftigen Außendienstmitarbeiter, die die Betreuung der Pflegearrangements begleiten und arbeiten mit Rechtsberatern zusammen, die sich rechtlich für die Familien bei der Inanspruchnahme von Pflegeleistungen einsetzen. Immer wieder kommt es auch vor, dass die Agenturen von unterschiedlichen Akteuren Sozialer Dienste auf informelle Weise in der Vermittlung von Betreuungskräften unterstützt werden. So inserieren die Agenturen ihre Angebote in Stadtteil- und Apothekenzeitungen. In Krankenhäusern werden sie zum Teil inoffiziell vom Sozialen Dienst weiterempfohlen oder sie dürfen in Arztpraxen ihre Werbebroschüren auslegen.

Einige Agenturen haben in den letzten Jahren versucht formelle Kooperationen mit ambulanten Pflegedienstleistern einzugehen. Ein Beispiel für eine transnationale Versorgungszusammenarbeit stellt das Angebot „Diakonie24"[5] der Wohlfahrtsorganisation Diakonie Ruhr Hellweg dar. Innerhalb der Kooperation vermittelt die Agentur eine Betreuungskraft als ‚Selbständige' zur Versorgung eines Pflegebedürftigen, die dann für die Zeit ihrer Tätigkeit mit

---

5 www.diakonie24.de

dem Pflegebedürftigen zusammen arbeitet und wohnt. Gleichzeitig übernimmt der Pflegedienst weiterhin pflegerisch-qualifizierte Tätigkeiten innerhalb dieser Versorgungsarrangements. Auf Seiten der Wohlfahrtsanbieter scheint solch ein offen deklarierter neuer Dienstleistungsmix noch eine Ausnahme und es bleibt offen, inwieweit er sich in nächster Zeit zu einem institutionalisierten Zukunftsmodell entwickeln wird. Viele Anbieter Sozialer Dienste lehnen eine Zusammenarbeit mit den Agenturen ab. Die Tätigkeit der Agenturen ist rechtlich aufgrund von Scheinselbständigkeit und Scheinentsendung der Betreuungskräfte in Deutschland umstritten (vgl. Husmann 2010) und wird nicht selten von den Anbietern als Konkurrenz zur eigenen Tätigkeit betrachtet.

In diesem neuen lokalen Dienstleistungs-Mix scheint sich derzeit eine komplementäre Dienstleistungsstruktur zwischen der Agentur und dem Pflegedienst zu entwickeln. Der Pflegedienst ist nur punktuell in der Versorgung eines Pflegebedürftigen im Einsatz und übernimmt innerhalb der Pflegearrangements alle formell als qualifiziert anerkannten Dienstleistungen, wie beispielsweise das Verabreichen von Spritzen und Tabletten und die Wundversorgung. Rechtlich dürfen osteuropäische Betreuungskräfte diese Tätigkeiten bisher nicht übernehmen. Im Gegensatz zu dieser medizinisch-pflegerisch orientierten Versorgung sind die Betreuungskräfte für alle weiteren Aufgaben rund um die Betreuung und Pflege des Pflegebedürftigen zuständig. Hierzu gehören vor allem die haushaltsbezogenen Tätigkeiten wie das Reinigen des Hauses/der Wohnung, Kochen und Waschen. Zudem sind es insbesondere die zeitintensiven Tätigkeiten der Pflege und Betreuung, die die Betreuungskräfte übernehmen. Zu diesen Aufgaben gehört die Unterstützung der älteren Person beim Essen, bei Toilettengängen, beim Anziehen, die Begleitung bei Spaziergängen und zum Arzt oder dem Pflegebedürftigen ‚Gesellschaft leisten'.

Neben der Beteiligung lokaler Sozialer Dienste an diesem grenzüberschreitenden Dienstleistungsmix beteiligen sich auch staatliche Akteure an einer transnationalen Versorgungsstruktur der Pflegeversorgung im Alter. So führte die deutsche Regierung im Jahre 2002 zunächst auf temporärer Basis und ab dem Jahre 2005 auf einer permanenten Basis eine bilaterale rechtliche Regelung zur Beschäftigung von Migrantinnen aus Polen und anderen mittel- und osteuropäischen Mitgliedsstaaten als ‚Haushaltshilfen' in Pflegehaushalte ein (§ 4Abs. 9a ASAV) (vgl. auch Shinozaki 2009, Karakayali 2010). Über die so genannte Zentrale Auslands- und Fachvermittlung (ZAV) der Bundesagentur für Arbeit ist es für Pflegehaushalte seitdem möglich, eine „Haushaltshilfe" aus einem osteuropäischen Mitgliedsstaat in einem Haushalt eines Pflegebedürftigen zu beschäftigen. Während diese Arbeitskräfte bis zum Jahre 2009 lediglich haushaltsnahe Dienstleistungen übernehmen durften, können sie seit diesem Jahr auch „pflegerische Alltagshilfen" wie die Unterstützung beim An- und Auskleiden, beim Aufstehen und Zu-Bettgehen, beim Essen und Trinken, etc. übernehmen (Bundesagentur für Arbeit 2010). Voraussetzung zur Anstellung solch einer Haushaltshilfe ist die Inanspruchnahme von wohlfahrtsstaatlichen Leistungen aus der Pflegeversicherung. Die Einführung eines solchen Rekrutierungs- und Beschäftigungsprogramms zeigt, wie auch staatliche Akteure die Transnationalisierung von Betreuungsarrangements im Alter fördern und in die lokale Wohlfahrtsproduktion integrieren.

Aber nicht nur in der BRD lässt sich ein Ineinandergreifen von etablierten nationalen und transnationalen Institutionen und Akteuren bei der Herstellung von Wohlfahrt beobachten. Auch in anderen europäischen Ländern kann eine Integration transnationaler Dienstleistungsformen in die lokale Wohlfahrtsproduktion beobachtet werden. In Italien nimmt beispielsweise die katholische Kirche eine bedeutende Rolle bei der Vermittlung von Haushaltskräften ein, die in Klöstern oder durch die von ihr unterstützten Beratungsstellen, Pflegehaushalten bei der direkten Kontaktaufnahme behilflich sind (Bettio 2006: 276; von Kondratowitz 2005: 421). In Österreich bestehen seit 2008 ein Selbständigenmodell und ein sozialversicherungsrechtlich formell abgesichertes Angestelltenmodell für Migrantinnen aus osteuropäischen Mitgliedsstaaten, um in Privathaushalten als 24-Stunden-Betreuungskraft zu arbeiten. Hierdurch entstanden neue Konstellationen, um die transnationale Versorgungsformen in die bereits vorhandenen hiesigen Strukturen einzubinden: Migrantinnen können seitdem entweder als ‚Freelancer' ihre haushaltsnahen Dienstleistungen in Pflegehaushalten anbieten, als abhängig Beschäftigte in einem Pflegehaushalt tätig sein oder als Beschäftigte über einen österreichischen Wohlfahrtsträger in Privathaushalten Pflegebedürftiger arbeiten. Um die Qualität der Hausbetreuung zu gewährleisten, kontrolliert mindestens einmal jährlich eine qualifizierte Pflegekraft der österreichischen Sozialversicherungsanstalt, ob eine ‚ordnungsgemäße' Versorgung des Pflegebedürftigen durchgeführt wird und berät die beteiligten Parteien (Pflegebedürftiger, Angehöriger, Hausbetreuerin) hinsichtlich der Verbesserung des Betreuungsarrangements (Schmid 2010).

Dass Soziale Dienste und Fürsorgetätigkeiten nicht nur aus den Geber- in Empfängerländer transferiert werden, sondern ebenfalls eine zirkuläre Verkettung dieser transnationalen Dienstleistungsstrukturen bei lokalen Anbietern nach sich gezogen hat, darauf weisen unterschiedliche empirische Beispiele hin. Einige Pflegevermittlungsagenturen haben neben ihrer anfänglichen Vermittlung von Betreuungskräften in westeuropäische Länder nun auch begonnen in Polen selbst ihre privatisierten Betreuungsdienste für wohlhabende Familien anzubieten – wenngleich diese bisher noch eher selten angenommen werden.

Ein weiteres Beispiel für eine transnationale Verkettung von sozialen Dienstleistungen stellt eine seit kurzem bestehende grenzüberschreitende Kooperation zwischen dem Caritasverband des Erzbistums Paderborn und der Caritas Polen dar. Beide kirchliche Wohlfahrtsorganisationen bieten in Zusammenarbeit ein Beratungsangebot für diejenigen Haushaltshilfen an, die über das Rekrutierungsprogramm der Regierung über die Agentur für Arbeit in deutschen Pflegehaushalten arbeiten. Ziel dieses Projektes ist „die Verbesserung der Lebens- und Arbeitsbedingungen polnischer Haushaltshilfen" [...] und ihrer Heimatfamilien, sowie der Haushalte/Familien, die diese Frauen beschäftigen, gemeinsam zu sichern". Als Aufgaben hat sich das Kooperationsprojekt zum Ziel gesetzt, über „legale Beschäftigungsmöglichkeiten in Deutschland zu beraten", die Frauen „in Polen sprachlich und fachlich auf ihren Einsatz" vorzubereiten, die Herkunftsfamilien zu begleiten, „um z.B. zu vermeiden, dass Kinder durch die Abwesenheit der Mutter vernachlässigt werden"[6]. Die grenzüberschreitende Herstellung von Sorgetätigkeiten hat bei diesen beiden Organisationen mittlerweile Formen transnationaler Beratung nach sich gezogen.

Diese gerade aufgeführten Beispiele verdeutlichen, wie sehr von einem zunehmenden neuen lokalen Dienstleistungsmix gesprochen werden kann. Die sozialen Dienstleistungsstrukturen entwickeln sich seit einigen Jahren dynamisch und neue Angebots-, Vernetzungs- sowie Nutzungsstrukturen entstehen. Gerade im Bereich der sozialen Dienstleistungen im Alter kann zunehmend von einem Dienstleistungsmix zwischen öffentlichen, privaten und dem sog. dritten Sektor zugehörigen, zivilgesellschaftlichen sowie privatgewerblichen Angeboten ausgegangen werden. Transnationalisierte Versorgungsstrukturen und Soziale Dienste existieren nicht mehr nur neben den bisher etablierten professionellen Sozialen Dienstleistungen, sondern sind eng mit diesen

---

6 „Schutzwürdige Interessen sichern"
http://www.caritas-paderborn.de/41852.asp?id=21667&page=2&area=dicvpad

verwoben. Damit ist ein Spektrum ganz unterschiedlicher Professionsbereiche der Sozialen Arbeit, von medizinischen und psychologischen Berufe bis hin zu Pflege-, Gesundheits-, Freizeit- und Unterhaltungsdiensten, angesprochen.

3   Neue Herausforderungen Sozialer Arbeit

Die aufgeführten Beispiele und Überlegungen eines neuen Dienstleistungsmix in der Pflege stellen aus unserer Sicht für die Soziale Arbeit eine besondere Herausforderung dar, da sich Soziale Dienste bisher vor allem im nationalstaatlichen Rahmen verortet haben. Ein Blick in die internationalen Studien zur Sozialen Arbeit zeigt, dass zwar die lokalen und nationalstaatlichen Organisationsstrukturen der Sozialen Arbeit beschrieben und miteinander verglichen werden (vgl. Schweppe/Hirschler 2007). In der sozialpädagogischen Diskussion ist der Begriff Transnationalität jedoch bisher kaum systematisch aufgenommen worden. Vor allem herrscht der Eindruck vor, dass damit nur eine neue Spielart der Migrationtheorie angeboten oder die Arbeit von internationalen Hilfsorganisationen aus einem neuen Blickwinkel reflektiert wird. Somit erscheint der Begriff nur für diejenigen in der Sozialen Arbeit interessant, die sich ohnehin mit interkulturellen Aspekten unserer Gesellschaft und Migrationsbewegungen (vgl. Treichler/Cyrus 2005; Otto/Schroedter 2006) oder mit Fragen der Entwicklungszusammenarbeit beschäftigen (vgl. Gerstner u.a. 2007; Treptow 2007). Insgesamt bleibt die Diskussion um Transnationalität in der Sozialen Arbeit in diesen beiden Horizonten stecken.

Die Mehrzahl der etablierten systematischen Zugänge innerhalb der Sozialen Arbeit bezieht sich dagegen – sieht man von sehr allgemeinen Bezugnahmen z.B. auf die Menschenrechte ab (vgl. Staub-Bernasconi 1998) – auf regionale und nationale Kontexte und die hier etablierten bzw. institutionalisierten Sozialen Dienste. Zudem orientieren sich viele Perspektiven der internationalen Sozialen Arbeit, wie sie auch in Deutschland rezipiert werden, an politisch-normativen Handlungskonzepten, die vornehmlich auf die educacion popular als einer pädagogischen Befreiungslehre (vgl. Lutz 2006) oder auf Ansätze wie den des community development (vgl. Kampfens 1997) zurückgeführt werden. Diese Ansätze haben vor allem eine Orientierungsfunktion in der internationalen Sozialen Arbeit, überdecken aber häufig den Bedarf einer empirischen Forschung zur Veränderung der Dienstleistungsinfrastruktur in einer globalisierten Welt. So stellt Transnationalität nicht nur die Migrationstheorie und die Reflexion der Entwicklungszusammenarbeit in der Sozialen Arbeit vor neue Herausforderungen, sondern auch die Infrastruktur sozialer Dienste.

Transnationale Sorge taucht in diesen Darstellungen der Wohlfahrtsproduktion aber kaum auf. Das Fehlen einer solchen Perspektive mag daran liegen, dass man durch Transnationale Sorge die nationalen Professionsansprüche gefährdet sieht. Letztlich würde, so die Befürchtung, gerade das in vielen Ländern umkämpfte Bestreben nach Qualitätsstandards in der Pflege und eine entsprechende Anerkennung der Sozialen Arbeit als Beruf durch die transnationalen Akteure unterlaufen. Darum wird Transnationale Sorge erst gar nicht als Soziale Arbeit wahrgenommen. Doch diese professionspolitischen Erwägungen können nicht darüber hinweg täuschen, dass in der Wohlfahrtsproduktion vieler Regionen Transnationale Sorge Teil des lokalen Dienstleistungsmix geworden ist. Interessant erscheint es gerade deshalb aus einer sozialpädagogischen Perspektive den Blickwinkel auf das organisationelle Feld der Erbringung von Pflege in der lokalen Wohlfahrtsproduktion zu erweitern und unterschiedliche Fragen einer grenzüberschreitenden Perspektive Sozialer Arbeit aufzuwerfen.

4   Zukünftige Forschungsperspektiven transnationaler Sozialer Dienste in der Sozialen Arbeit

Wie dieser neue (trans-)nationale Mix von verschiedenen Akteuren im Detail hergestellt, interpretiert und ausgehandelt wird und welche Folgen dieser für die lokalen Dienstleistungen mit sich bringt, lässt sich bisher nur ansatzweise erahnen. Die genannten Beispiele werfen unserer These nach unterschiedliche Forschungsfragen auf, die systematisch näher untersucht werden müssten.

Aus Sicht der Sozialen Arbeit ist es von Interesse, welche Veränderungen sich auf der Ebene bisheriger vorhandener lokaler Sozialer Dienste durch die Vermischung mit transnational erbrachten Dienstleistungen ergeben. Führt etwa die Beschäftigung von Migrantinnen in Privathaushalten zu einer wie in der Öffentlichkeit häufig propagierten Verdrängung bisher national organisierter professioneller Anbieter von Sozialen Dienstleistungen? Entwickeln sich etwa komplementäre Dienstleistungen zu einander? In welcher Form verändern sich lokale Dienstleistungsstrukturen durch die Integration von grenzüberschreitenden Formen Sozialer Dienste? Das oben genannte Beispiel der Arbeitsteilung von ambulanten Pflegediensten und Migrantinnen in

Privathaushalten deutet bereits an, welche Umstrukturierungen sich durch die Kombination transnationaler und lokaler Versorgungsformen in Zukunft entwickeln könnten. Die Verschränkung lokaler Dienstleistungsstrukturen mit einem transnationalen 24-Stunden-Versorgungs-Service weist Merkmale einer ‚Zwei-Klassen-Dienstleistungsversorgung' auf. Die lokalen Anbieter stellen die qualifizierten und damit anerkannten, rechtlich abgesicherten und medizinisch-pflegerischen Tätigkeiten bereit. Die Migrantinnen übernehmen in prekären, unsicheren Beschäftigungsverhältnissen all diejenigen Tätigkeiten, für die von Seiten des Wohlfahrtsstaates keine oder nur unzureichende Leistungen bereitgestellt werden und die die Familie selbst zu bewältigen haben, wie alle zeitintensiven haushaltsnahen und betreuerischen Tätigkeiten.

Eng daran geknüpft ist auch die Frage, wie sich die Beziehungsverhältnisse und Unterstützungsformen innerhalb der Familie verändern, wenn Familien ihre normativen Verpflichtungen zur Versorgung Verwandter auf transnationale Weise outsourcen? Führt etwa die Beschäftigung einer Migrantin als 'Live-In' in einem Pflegehaushalt zu einem 'Crowding Out' und damit zu einem Rückzug der Familienmitglieder aus ihren Verpflichtungen zur Pflegeübernahme oder vielmehr zu einem 'Crowding In' und damit zu einer Stärkung familiärer Unterstützung (vgl. Künemund/Rein 1999)? Oder kommt es durch das enge Zusammenleben von Betreuungskraft und Pflegebedürftigen in einem Haushalt zu Veränderungen in der Qualität von Unterstützungsformen und -beziehungen zwischen Pflegebedürftigen, Angehörigen und Betreuungskraft? Werden möglicherweise Angehörige zu ‚Pflegemanagern' und übernehmen die leichten, angenehmen Pflegetätigkeiten, wie z.B. Spaziergänge, Einkäufe erledigen und die Organisation von Treffen? Ersetzen die Migrantinnen für Angehörige diejenigen Pflegeaufgaben, die Sassen für Haushaltsarbeiterinnen bereits als "the dirty work" (Sassen 2000) beschrieben hat, zu denen all die zeitintensiven und wenig anerkennenden Haushaltstätigkeiten und alle intimen, physisch und psychisch belastenden Formen der Sozialen Unterstützung gehören? Solche Fragen nach der Veränderung intergenerationaler Unterstützungsformen Älterer sind zwar immer wieder im Kontext nationaler Bedingungen wie wohlfahrtsstaatlicher Unterstützungsstrukturen gestellt und untersucht worden (z.B. Künemund, Rein 1999; Szydlik, Haberkern 2008), jedoch noch nicht im Zusammenhang mit der Beschäftigung von Migrantinnen in der Pflege.

Darüber hinaus ist es aus unserer Perspektive für die Soziale Arbeit von Bedeutung auf einer Makroebene von Politiken zu analysieren, wie Transnationale Sorge in die lokale Wohlfahrtsproduktion eingebunden ist. Dafür ist zum Beispiel ein Vergleich von Care-Regimes fruchtbar (Rostgaard 2003; Bettio/Plantenga 2004; Bettio et al. 2006). Mit dem Begriff Regime werden nicht nur institutionelle Strukturen und rechtliche Regulierungen von Care-Tätigkeiten im Alter analysiert. Darunter werden die jeweils national-spezifischen, historisch gewordenen Entwicklungskontexte sozialstaatlicher Institutionen und Einrichtungen verstanden, die das je besondere sozial-politische und sozialpädagogische Regulations- und Interventionsverständnis der nationalen Gesellschaften prägen. Dazu gehören die diskursiven und institutionellen Traditionen im Umgang mit sozialer Exklusion und sozialen Konflikten ebenso, wie das normative Verständnis sozialer Integration, die herrschenden Definitionen und Interpretationen von Arbeit und ihrer sozialen Reproduktion sowie die jeweils historisch eingespielte Relation von individuellen Interessen und kollektiven Belangen (als sozialpolitisches Regulativ von Anspruch und Zumutbarkeit).

Die Betrachtung der Regime ermöglicht so das gesamte organisationelle Feld der Wohlfahrtsproduktion zu betrachten, wodurch auch die diskursiven und professionellen Traditionen im Umgang mit Care analysiert werden. Zudem werden die damit verbundenen Herrschafts- und Abhängigkeitsverhältnisse in der Wohlfahrtsproduktion berücksichtigt, die in verschiedenen lokalen Kontexten sehr unterschiedlich hergestellt werden können. Gerade in der internationalen Sozialen Arbeit ist wenig empirisch und systematisch erforscht, nach welchen Logiken der Zusammenhang zwischen lokaler Wohlfahrtsproduktion und Transnationaler Sorge hergestellt wird.

Für eine solche international vergleichende Perspektive wäre es aus unserer Sicht von Bedeutung – wie zu Anfang postuliert – Migration nicht nur als Einweg-Prozess zu verstehen und damit lediglich die Empfängerländer und ihre Care-Regimes in den Blick zu nehmen, sondern auch die Bedeutung von Geberländern zu beachten. Von Kondratowitz (2005: 421ff.) hat darauf hingewiesen, dass bei vergleichenden Analysen „deutlich aus der Perspektive der jeweiligen Wohlfahrtsstaaten und der in ihnen und von ihnen bestimmten Handlungsimperative im Empfängerland argumentiert worden ist. Aus welchen Geberländern die Migranten/innen kommen […] auch wie auf jeweils staatlicher Ebene die Reaktionsformen auf diese Abwanderung verlaufen, blieb bisher weitgehend unausgesprochen". Um nicht – wie so häufig von der Transnationalitätsforschung gefordert – wiederum selbst in nationalen Containern verhaften zu bleiben, wäre es darum angemessen, ebenso die Rolle der lokalen Wohlfahrtsproduktion in den Geberländern transnationaler Sorgearbeit in die Untersuchungen mit einzubeziehen.

Ausgehend von diesen Perspektiven sollte es eine Aufgabe der Sozialen Arbeit sein, sich nicht in die nationalen Institutionen zurückzuziehen, sondern die unterschiedlichen sozialen Unterstützungs- und Dienstleistungsregimes, wie sie sich angesichts der entgrenzten Herausforderungen herausbilden, zu analysieren. Soziale Arbeit könnte so ein Lernen im Transformationsprozess ermöglichen, indem sie die sozial- und interkulturellen Dynamiken, Bewältigungsprozesse, Konflikte und Differenzen darstellt, die in diesem Prozess auftreten. In diesem Kontext bedarf es gerade eines differenzierteren Blickes, der die mikro-, meso-, makro- Ebene unterscheidet.

Literatur

BETTIO, FRANCESCA/PLANTENGA, JANNEKE (2004): "Comparing care regimes in Europe". In: *Feminist Economics* 10/1, S. 85-113.

BETTIO, FRANCESCA/SIMONAZZI, ANNAMARIA/VILLA, PAOLA (2006): "Change in care regimes and female migration: the 'care drain' in the Mediterranean". In: *Journal of European Social Policy* 16, S. 271-285.

BUNDESAGENTUR FÜR ARBEIT/ZENTRALE AUSLANDS- UND FACHVERMITTLUNG (ZAV) (2010): *Haushaltshilfen aus Osteuropa. Pflegerische Alltagshilfen erlaubt*. Pressemitteilung Nr. 04/2010 vom 20.April 2010. Download am 07.07.2010 unter http://www.arbeitsagentur.de/nn_29928/Dienststellen/besondere-Dst/ZAV/A01-Allgemein-Info/Presse/2010/042010-Haushaltshilfen,mode=print.html.

CAMPFENS, HUBERT (1997): *Community development around the world*. Practice, Theory, Research, Training. Toronto: University of Toronto Press.

EREL, UMUT/MOROKVASIC-MÜLLER, MIRJANA/SHINOZAKI, KYOKO (Hrsg.) (2003): *Crossing Borders and Shifting Boundaries*. 1: Gender on the Move. Opladen: Leske & Budrich.

GATHER, CLAUDIA/GEISSLER, BIRGIT/RERRICH MARIA S. (Hrsg.) (2000): *Weltmarkt Privathaushalt. Bezahlte Hausarbeit im globalen Wandel*. Münster: Westfälisches Dampfboot.

GEISSLER, BIRGIT (2002): „Die Dienstmädchenlücke im Haushalt. Der neue Bedarf nach Dienstleistungen und die Handlungslogik der privaten Arbeit". In: GATHER ET AL. (Hrsg.), S. 30-49.

GERSTNER, WOLFGANG/KNIFFKI, JOHANNES/REUTLINGER, CHRISTIAN/ZYCHLINSKI, JAN (Hrsg.) (2007): *Deutschland als Entwicklungsland. Transnationale Perspektiven Sozialräumlichen Arbeitens*. Freiburg i.Brsg: Lambertus.

HABERKERN, KLAUS/SZYDLIK, MARC (2008): „Pflege der Eltern – Ein europäischer Vergleich". In: *Kölner Zeitschrift für Soziologie und Sozialpsychologie* 60/1, S. 78-101.

HEID, SABINE/JOOST, ANGELA/LARSEN, CHRISTA (Hrsg.) (2009): *Illegale Beschäftigung in Europa*. Die Situation in Privathaushalten älterer Personen, München/Mering: Hampp.

HOCHSCHILD, ARLIE RUSSELL (2000): "Global Care Chains and Emotional Surplus Value". In: HUTTON/GIDDENS (Hrsg.), S. 130-146.

HUSMANN, MANFRED (2010): „Rechtliche Rahmenbedingungen grenzüberschreitender Haushalts- und Pflegearbeit". In: KRAWIETZ ET. AL (Hrsg.), S. 29-56.

HUTTON, WILL/GIDDENS, ANTHONY (Hrsg.) (2000): *On the Edge*. Living with Global Capitalism. London: Jonathan Cape.

IREK, MAŁGORZATA (1998): *Der Schmugglerzug*. Warschau–Berlin–Warschau. Berlin: Hans Schiller.

KARAKAYALI, JULIANE (2010): *Transnationales Sorgen*. Biographische Interviews mit care workers aus Osteuropa. Wiesbaden: VS-Verlag.

KONDRATOWITZ, HANS-JOACHIM VON (2005): „Die Beschäftigung von Migranten/innen in der Pflege". In: *Zeitschrift für Gerontologie und Geriatrie* 38, S. 417-423.

KRAWIETZ, JOHANNA (2010): „Pflegearbeit unter Legitimationsdruck – Vermittlungsagenturen im transnationalen Organisationsfeld". In: KRAWIETZ ET. AL (Hrsg.), S. 249-275.

KRAWIETZ, JOHANNA/SCHEIWE, KIRSTEN (Hrsg) (2010): *Transnationale Sorgearbeit*. Rechtliche Rahmenbedingungen und gesellschaftliche Praxis. Wiesbaden: VS-Verlag.

KÜNEMUND, HARALD/ REIN, MARTIN (1999): "There is More to Receiving than Needing: Theoretical Arguments and Empirical Explorations of Crowding In and Crowding Out". In: *Ageing and Society* 19, S. 93-121.

LUTZ, HELMA (2009a): "Who cares? Migrantinnen in der Pflege in deutschen Privathaushalten". In: HEID ET AL. (Hrsg.), S. 41–50.

– (Hrsg.) (2009b): *Gender Mobil?* Geschlecht und Migration in transnationalen Räumen. Münster: Dampfboot.

– (2007): *Vom Weltmarkt in den Privathaushalt*. Die neuen Dienstmädchen im Zeitalter der Globalisierung. Leverkusen/Opladen: Budrich

MOROKVAŠIC, MIRJANA (2003): "Transnational Mobility and Gender: a View from Post-Wall Europe". In: EREL ET AL. (Hrsg.), S. 101-131.

MÜNST, SENGANATA (2007): „Persönliche und ethnische Netzwerke im Migrationsprozess polnischer Haushaltsarbeiterinnen". In: NOWICKA (Hrsg.), S. 161-177.

NOWICKA, MAGDALENA (Hrsg.) (2007): *Von Polen nach Deutschland und zurück*. Die Arbeitsmigration und ihre Herausforderungen für Europa. Bielefeld: Transcript.

OTTO, HANS-UWE/SCHRÖDTER, MARK (2006): „Soziale Arbeit in der Migrationsgesellschaft". In: *neue praxis*. Sonderheft 8, S. 1-18.

ROSTGAARD, TINE (2003): *Social Care Regimes – The Configuration of Care for Children and Older People in Europe*. Paper at the ESPAnet Conference Changing European Societies – The Role for Social Policy from 13.-15.11.2003. Im Internet verfügbar unter: http://www.sfi.dk/graphics/ESPAnet/papers/Rostgaard.pdf (Zugriff am 27.07.2010).

SCHMID, TOM (2010): „Hausbetreuung in Österreich – zwischen Legalisierung und Lösung?" In: *Krawietz et. al* (Hrsg.), S. 171-198.

SCHRÖER, WOLFGANG/SCHWEPPE, CORNELIA (2009): „Transnationalität und Soziale Arbeit. Einführung in den Themenschwerpunkt". In: *Zeitschrift für Sozialpädagogik* 4, S. 338-339.

SCHWEPPE, CORNELIA/HIRSCHLER, SANDRA (2007): „Internationalität und Soziale Arbeit – Eine Bilanz". In: *Sozialwissenschaftliche Literaturrundschau* 55, S. 113-127.

SHINOZAKI, KYOKO (2009): „Die ,Green Card' als Heilmittel für Arbeitskräfteknappheit? Ein Vergleich der Migration von ,Hoch- und Niedrigqualifizierten". In: Lutz (Hrsg.), S. 69-84.

STAUB-BERNASCONI, SILVIA (1998): „Soziale Arbeit als Menschenrechtsprofession". In: WÖHRLE (Hrsg.), S. 305-331.

TREICHLER, ANDREAS/CYRUS, NORBERT (Hrsg.) (2004): *Handbuch Soziale Arbeit in der Einwanderungsgesellschaft*. Frankfurt a. M: Brandes & Apsel.

TREPTOW, RAINER (2007): *Katastrophenhilfe und Humanitäre Hilfe*. München: Reinhardt.

WELTKOMMISSION FÜR INTERNATIONALE MIGRATION (2005): *Migration in einer interdependenten Welt*: Neue Handlungsprinzipien. New York. Im Internet verfügbar unter www.gcim.org/mm/German_report.pdf (Zugriff am 07.07.2010).

WÖHRLE, ARMIN (Hrsg.) (1998): *Profession und Wissenschaft Sozialer Arbeit*. Positionen in einer Phase der generellen Neuverortung und Spezifika in den neuen Bundesländern. Pfaffenweiler: Centaurus.

Marina Richter

Eine transnationale Brille für die Soziale Arbeit?

Abstract: Auch die Soziale Arbeit scheint immer mehr von einer Transnationalisierung oder zumindest einer Diskussion um Transnationalität inspiriert zu werden. Der Beitrag nimmt diese Entwicklung als Ausgangspunkt und diskutiert mögliche Felder einer Übersetzung der überwiegend theoretisch geführten Diskussionen in die Praxis der Sozialen Arbeit. Ausgehend von Wolfgang Welschs Bild der transnationalen Brille werden drei Felder einer solchen Übersetzungsleistung skizziert: die KlientInnen der Sozialen Arbeit, die SozialarbeiterInnen selbst und die Soziale Arbeit als Organisation.

Inwiefern soll Soziale Arbeit transnational werden? Und inwiefern kann Soziale Arbeit von der Diskussion um Transnationalität profitieren? Solche und ähnliche Fragen charakterisieren die Debatte über die Transnationalisierung der Sozialen Arbeit. Diese Debatte spielt sich vor einem doppelten Hintergrund ab: Einerseits stellt die Migrationsforschung mit ihrer Transmigrationsdebatte einen wichtigen Bezugspunkt für die Soziale Arbeit dar. Dies zeigt sich beispielsweise, wenn man verwandte Disziplinen wie die Pädagogik und dort speziell die interkulturelle Pädagogik betrachtet, wo derzeit ein regelrechtes „going transnational" stattfindet. Andererseits sickert diese Debatte nur sehr zaghaft in die Soziale Arbeit und wenn, dann in hochtheoretisierter Form, fernab der Praxis. Die verschiedenen Debatten der Transnationalismusforschung werden denn auch in der Sozialen Arbeit mehrheitlich im Sinne eines Perspektivenwechsels wahrgenommen. Wolfgang Welsch formuliert diesen Perspektivenwechsel als Chance. Er bezieht sich dabei zwar auf das Konzept der Transkulturalität, seine grundsätzliche Idee der „Brille", die sich zum Zweck des Perspektivenwechsels aufzusetzen lohnt, lässt sich jedoch auch auf die Debatten der Transnationalisierung übertragen:

„Mir scheint, dass das Transkulturalitätskonzept gute Aussichten hat, dem heutigen Weltzustand und seiner Komplexität gerecht zu werden. (…) Man möge dieses Konzept einmal wie eine Brille erproben. Vielleicht *vermag man dann neue Dinge zu sehen und vertraute Dinge anders zu sehen. Mancher mag diese Brille dann auch anbehalten, weil er merkt, dass er die Welt jetzt besser versteht."* (Welsch 2005: 240 ff.)

Wolfgang Welschs Aufforderung Folge leistend, wollen wir uns diese transnationale Brille aufsetzen und die konkrete Praxis der Sozialen Arbeit so betrachten. Die Übersetzungsarbeit von der Theorie in die Praxis stellt sich jedoch als schwierig heraus. Wie die Beiträge im Sammelband von Homfeldt, Schröer und Schweppe (2008) belegen, lassen sich beispielsweise die Praxis sozialer Dienste (Leiprecht/Vogel 2008) oder die pädagogische Auslandsarbeit (Witte 2008) zwar im Nachhinein als transnational verstehen. Die AutorInnen analysieren die untersuchten Felder der Sozialen Arbeit sozusagen ex-post auf ihre Transnationalität hin. Doch fehlt diesen Beispielen ein transnationales Grundverständnis, das schon ex-ante vorhanden gewesen wäre. Entsprechend bewegt sich ein Grossteil der Beiträge auf der Ebene der Begriffsklärung und versucht einen analytischen Forschungsblick auf die Praxis zu werfen. Die Übersetzungsarbeit in die Praxis bleibt jedoch weiterhin zu leisten.

Im Sinne eines Ausblicks, sollen daher mögliche Übersetzungsansätze in den folgenden drei Feldern diskutiert werden: (1) Transnationalität der Praxis der Sozialen Arbeit in Bezug auf die KlientInnen, (2) SozialarbeiterInnen selbst als Menschen mit transnationalen Verbindungen und schliesslich (3) Transnationalität im Sinne einer Kooperation verschiedener Organisationen der Sozialen Arbeit über Landesgrenzen hinweg.

Transnationalität (1): Ein transnationaler Blick auf die KlientInnen

Soziale Arbeit hat im traditionellen Verständnis die Aufgabe, ihren KlientInnen zu helfen sich in die Gesellschaft (wieder) einzugliedern. Sie hat damit ein doppeltes Mandat: erstens unterstützt sie ihre KlientInnen und zweitens ist sie gesellschaftlichen Zielen verpflichtet. Durch die Ergänzung um einen Kodex der Sozialen Arbeit[1] wird es zu einem „Tripelmandat" ausgeweitet (Staub-Bernasconi 2009). Damit orientiert sich Soziale Arbeit zumindest in der

---

1 Der internationale Kodex der Sozialen Arbeit wurde 2004 von der International Federation of Social Workers (IFSW) und der International Association of Schools of Social Work (IASSW) verabschiedet. Er ist auf der Homepage der IFSW www.ifsw.org einzusehen. Auf diesem Kodex basieren die ethischen Richtlinien nationaler Verbände.

ursprünglichen Form an nationalstaatlichen Grundsätzen und Grenzen. Aus einer solchen Perspektive werden Migrierte zu „Migrationsanderen", wie Paul Mecheril (bspw. 2004) es formuliert. Migration und der Umgang mit den Migrationsanderen lösten eine Auseinandersetzung mit Fremdheit aus. Kultur als Artikulationsform des Fremden und oft auch als erklärende Variable für soziale Probleme wurde dadurch zu einem zentralen Thema der Sozialen Arbeit. Franz Hamburger bringt die Probleme und Gefahren dieser Entwicklung auf den Punkt: „Die Fixierung auf (Inter-)Kulturalität, die an vielen Ausbildungsstätten von Pädagogen und Pädagoginnen zu beobachten ist und die durch wissenschaftliche Kommunikation stabilisiert wird, ist konfliktgenerierend, weil die Einsicht in die tatsächlichen Handlungsparadoxien (...) durch Kulturstereotypen verhindert wird (Hamburger 2009: 125)."

Eine transnationale Brille soll helfen, diese Stereotypen zu brechen. Dabei geht es nicht nur darum, MigrantInnen als transnational agierende Menschen zu verstehen, sondern vielmehr darum, die Definition der Klientel zu reflektieren. Im Sinne einer akteurszentrierten Perspektive sollten Bedürfnisse, Stärken und Schwächen aus dem Blickwinkel der einzelnen KlientInnen ausgehend eruiert werden. Gerade ein oft den KlientInnen entgegengebrachtes kulturelles Verständnis kann den Blick auf Probleme verschleiern (siehe hierzu die Ausinandersetzung von Franz Hamburger mit dem Begriff der interkulturellen Pädagogik, Hamburger 2009). Gemäss dem Zitat von Welsch vermag eine transnationale Perspektive der heutigen Komplexität sozial benachteiligter Lebensagen in ihrer Mehrfachbenachteiligung besser gerecht zu werden als eine kulturalisierende Perspektive. Im Sinne einer weiteren Übersetzung in die Praxis stellt sich daher die Frage, wie sich die Soziale Arbeit aus dem kulturalisierenden Diskurs zu befreien und den Blick für die Akteure zu öffnen vermag.

Weiter lassen sich sowohl Probleme als auch Ressourcen von KlientInnen in nationalen wie auch in transnationalen Kontexten verorten. Oft stellt gerade die Verbindung nationaler und transnationaler Kontexte das Problem oder die Ressource dar. Solchen Verflechtungszusammenhängen wird in der Praxis der Sozialen Arbeit derzeit kaum Rechnung getragen. Aus einer national ausgerichteten Perspektive können transnational organisierte Strukturen der Verflechtung und Unterstützung auch nicht adäquat abgebildet und verstanden werden. Wie sich eine national organisierte Soziale Arbeit auf transnationale Unterstützungsnetzwerke und Verflechtungszusammenhänge einlassen kann, muss dabei aber noch geklärt werden.

In Bezug auf MigrantInnen als Klientel scheint die transnationale Brille besonders gut zugeschnitten. Hier drängt sich vor allem auch eine Diskussion zum Integrationsparadigma auf. Begreift man Integration im Sinne der klassischen Migrationsforschung als Eingliederung in eine nationale Gesellschaft, so wird man früher oder später immer auf kulturelle Fragen stossen und sich über notwendige Anpassungen einigen müssen. Hier eröffnet eine transnationale Perspektive Möglichkeiten, Teilhabe und Teilnahme an einer Gesellschaft anders zu definieren als über Eingliederung.

Transnationalität (2): Transnationale SozialarbeiterInnen

Stellt man sich die Aufgabe, mit einer transnationalen Brille auf die Praxis der Sozialen Arbeit zu blicken, so geht gerne vergessen, dass SozialarbeiterInnen selbst oft auch transnationale AkteurInnen sind. Damit meine ich erstens, dass sie im Sinne interkultureller MediatorInnen kulturelles Wissen für die Vermittlung und Übersetzung zwischen verschiedenen gesellschaftlichen und kulturellen Kontexten mitbringen. Jedoch wird dieses kulturelle Wissen nicht mit einer Ausbildung gleichgesetzt. Kulturelles Wissen kann im Sinne Bourdieus als informelles kulturelles Kapital verstanden werden. Man erwirbt es sich durch seine Lebensgeschichte und nicht in einem formell definierten Rahmen wie einer Schule. Dadurch werden interkulturelle MediatorInnen oft als Amateure mit speziellen Fähigkeiten für Projektarbeit angestellt und dann bspw. nur für tatsächlich durchgeführte Kurse bezahlt. Es macht dabei den Anschein, dass kulturelle Kompetenzen nicht für die Soziale Arbeit ausreichen und daher nicht gebührend bezahlt werden oder dass kulturelle Kompetenzen tiefer bewertet werden als eine Ausbildung in Sozialer Arbeit. Die mangelnde Professionalisierung vermindert den Wert kultureller Kompetenzen gegenüber anderen, in einer Ausbildung erlernter, Fähigkeiten.

Zweitens sind SozialarbeiterInnen (gerade solche mit eigener Migrationsgeschichte) Teil transnationaler Netzwerke und bringen eine mehrfache Verflechtung in die Soziale Arbeit direkt ein. Gerade wenn sie vor ihrer Migration bereits in der Sozialen Arbeit tätig waren, so bringen sie ein enormes Potential mit, die Verflechtung von einer individuellen auf eine organisatorische Ebene zu übertragen. Claudio Bolzman erkennt in einer Studie mehrere Typen solcher transnationaler SozialarbeiterInnen (Bolzman 2009): Personen eines ersten Typs konzentrieren ihre Aufgaben als SozialarbeiterInnen auf den lokalen Kontext, während sie sich als Privatpersonen und in Vereinen transnational engagieren. VertreterInnen eines zweiten Typs alternieren ihren Fokus der Tätigkeiten der Sozialen Arbeit zwischen dem lokalen Schweizer Kontext und einer Verbindung zum Heimatland. Ein dritter Typ engagiert sich im lokalen Kontext, baut aber einen professionellen Austausch zwischen Ideen und Ansätzen des lokalen Kontexts in der Schweiz und dem Kontext im Herkunftsland auf. Schliesslich stellen Personen des vierten Typs in „glokaler" Weise eine transnationale Verbindung zwischen Herkunftskontext und lokalem Kontext des Wohnorts dar. Indem sie an zwei Orten lokal handeln und diese bspw. durch einen Schüleraustausch verbinden, erreichen sie eine transnationale Verbindung zweier lokaler Kontexte von Sozialer Arbeit. Wie Bolzman aber zeigt, spielen sich die transnationalen Verbindungen der SozialarbeiterInnen weitestgehend auf einer individuellen Ebene ab. Die Frage, wie sich diese Verflechtungen auf der individuellen Ebene für die Soziale Arbeit als Organisation nutzen oder übersetzen lassen, bleibt dabei noch offen.

Drittens können SozialarbeiterInnen mit ihrer professionellen Ausbildung auch kulturelle Grenzen überwinden und in diesem Sinne transnational oder transkulturell handeln. Im Zusammenhang mit der Kulturalisierung von Problemen erscheint es oft notwendig, Migrationsandere von gleichkulturellen SozialarbeiterInnen beraten zu lassen. Wenn die Probleme der KlientInnen jedoch entkulturalisiert werden sollen (siehe oben), so muss sich auch die Gegenseite auf ihre Profession berufen und die Kompetenzen nicht aus einer kulturellen Gemeinsamkeit beziehen.

Transnationalität (3): Soziale Arbeit organisiert sich transnational

Schliesslich bleibt die Frage, wie sich Soziale Arbeit als Organisation über nationalstaatliche Grenzen hinweg konstituieren kann. In diesem Bereich sind bis anhin vor allem nicht-staatliche Organisationen tätig, die international agieren und deren Aktivitäten sich in verschiedenen Ländern abspielen. Ein Beispiel hierfür ist die Schweizerische Stiftung des Internationalen Sozialdienstes (SSI), die als Bindeglied nationaler Sozialdienste agiert. Dieses internationale Netzwerk ist wie geschaffen für eine transnationale Perspektive, da es Aufgaben der Sozialen Arbeit über Landesgrenzen hinweg wahrnimmt. Die Organisation konzentriert sich dabei vor allem auf den Schutz der Kinder: Internationale Adoption, Unterhaltszahlungen oder Beratungen binationaler

Paare gehören zu den Dienstleistungen. Weiter unterstützt der SSI Familien und Personen, die aus der Schweiz ausgewiesen werden und in ihr Heimatland zurückkehren (müssen).

Dass solche Initiativen derzeit von NGOs unternommen werden, ist nicht von ungefähr. Es ist für nicht-staatliche Organisationen um ein Vielfaches einfacher, sich über Landesgrenzen hinweg zu organisieren und zu agieren, als für staatlich organisierte, definierte und finanzierte Organisationen der Sozialen Arbeit. Deren Auftrag liegt definitionsgemäss innerhalb der eigenen Landesgrenzen und eine Kooperation über Landesgrenzen hinweg ist ein politischer Akt und nicht nur eine organisatorische Angelegenheit. In letzter Zeit zeichnen sich in der Schweiz, wie auch in anderen europäischen Ländern, Bemühungen zu binationalen Kooperationen im Migrationsbereich ab. Diese sogenannten Migrationspartnerschaften führen über die bereits bestehende Rückkehrhilfe hinaus. Es sind Verträge zwischen Staaten, welche die Rückkehr von (ausgewiesenen) MigrantInnen regeln und generell ein Instrument des Managements von Migrationsströmen darstellen. In diesem Sinne decken sie mit einer bestimmten Intention einen kleinen Bereich möglicher Sozialer Arbeit ab. Dass diese Partnerschaften vom Bundesamt für Migration geschlossen werden, deutet ebenfalls darauf hin, dass es sich nicht im engeren Sinne um Fragen der Sozialen Arbeit handelt. Die Schweiz vertritt in diesen Partnerschaften ihre nationalen Interessen und nicht die Interessen ihrer KlientInnen (der MigrantInnen). Daher stellt sich die Frage, in welcher Form staatliche Organisationen der Sozialen Arbeit über nationale Grenzen hinweg kooperieren können und welche neuen Möglichkeiten sich ihnen dadurch eröffnen.

Einige Bemerkungen zum Schluss

Die Ausführungen haben mehr Fragen aufgeworfen, als dass sie Antworten gegeben hätten. In gewissem Sinne ist dies eine erwünschte Folge davon, dass man einen Perspektivenwechsel vornimmt und sich bildlich gesprochen eine andere Brille aufsetzt. Dass der Perspektivenwechsel Impulse zu fruchtbaren Reflexionen gibt, wurde hier ansatzweise skizziert. Die Beantwortung der gesammelten Fragen bedarf demnach einer weiteren intensiven Auseinandersetzung.

Mittels des Blicks durch die „Trans-Brille" hat der Beitrag versucht aufzuzeigen, in welche Richtung die Übersetzung der theoretischen Debatten zu Transnationalismus in die Praxis der Sozialen Arbeit weisen könnte. Dabei hat es sich einerseits gezeigt, dass sich der Blick nicht nur auf die KlientInnen der Sozialen Arbeit beschränken darf. Vielmehr müssen auch die SozialarbeiterInnen selbst sowie die Soziale Arbeit als Organisation miteinbezogen werden. Andererseits lenkt der Blick durch die „Trans-Brille" das Augenmerk auf Zusammenhänge und Komplexitäten und vermag Stereotype zu durchbrechen. Um in der Metapher zu bleiben: die „Trans-Brille" fokussiert den Blick, führt ihn über Bekanntes hinaus und ermöglicht dadurch ein „Trans-Verständnis".

Literatur

ALLOLIO-NÄCKE, LARS ET AL. (Hrsg.) (2005): *Differenzen anders denken.* Bausteine zu einer Kulturtheorie der Transdifferenz. Frankfurt: Campus Verlag.

BIRGMEIER, BERND/MÜHREL, ERIC (2009): *Die Sozialarbeitswissenschaft und ihre Theorie(n).* Positionen, Kontroversen, Perspektiven. Wiesbaden: VS-Verlag.

BOLZMAN, CLAUDIO (2009): „Travailleurs sociaux migrants et liens avec leur pays origine. Quels modes de contribution au développement?" In: *Les politiques sociales* 3 & 4 (Diversités locales et développement), S. 61-75.

HAMBURGER, FRANZ (2009): *Abschied von der Interkulturellen Pädagogik.* Plädoyer für einen Wandel sozialpädagogischer Konzepte. Weinheim, München: Juventa.

HOMFELDT, HANS GÜNTHER ET AL. (Hrsg.) (2008): *Soziale Arbeit und Transnationalität.* Herausforderungen eines spannungsreichen Bezugs. Weinheim, München: Juventa.

LEIPRECHT, RUDOLF/VOGEL, DITA (2008): „Transkulturalität und Transnationalität als Herausforderung für die Gestaltung Sozialer Arbeit und sozialer Dienste vor Ort". In: HOMFELDT ET. AL. (Hrsg.), S. 25-44.

MECHERIL, PAUL (2004): *Einführung in die Migrationspädagogik.* Weinheim, Basel: Beltz.

STAUB-BERNASCONI, SILVIA (2009): „Soziale Arbeit als Handlungswissenschaft". In: BIRGMEIER/MÜHREL (Hrsg.), S. 131-146.

WELSCH, WOLFGANG (2005): „Auf dem Weg zu transkulturellen Gesellschaften". In: ALLOLIO-NÄCKE ET AL. (2005), S. 314-341.

WITTE, MATTHIAS D. (2008): „Intensivpädagogische Auslandsprojekte und die Ermöglichung biografischer Handlungserweiterung durch Transnationalität". In: HOMFELDT ET. AL. (Hrsg.), S. 61-80.

Autorinnen und Autoren

Nadia Baghdadi, Dr., Jg. 1976, Wissenschaftliche Mitarbeiterin und Geschäftsführerin des Ressort Internationales am Fachbereich Soziale Arbeit der FHS St.Gallen, Hochschule für Angewandte Wissenschaften. Arbeitsschwerpunkte: Transnationale Soziale Arbeit, Migration, Soziale Unterstützungs- und Careforschung, Familien- und Geschlechterforschung.

Bettina Brüschweiler, Jg. 1973, Studierende der Sozialen Arbeit an der FHS St.Gallen, Hochschule für Angewandte Wissenschaften. Aktuelles Tätigkeitsgebiet: Wissenschaftliche Assistentin am Institut für Soziale Arbeit (IFSA), Kompetenzzentrum Soziale Räume.

Janine Dahinden, Prof. Dr., Jg. 1967, Sozialanthropologin, Professorin für transnationale Studien und Direktorin des Maison d'analyse des processus sociaux (MAPS) an der Universität Neuenburg. Arbeitsschwerpunkte: Transnationale Studien, internationale Migration und Mobilität, soziale Netzwerke, Kulturtheorien, Ethnizität, Religion und Gender Studies.

Gianni D'Amato, Dr. rer. pol., Professor für Migration und Staatsbürgerschaft an der Universität Neuchâtel und Direktor des Schweizerischen Forums für Migrations- und Bevölkerungsstudien. Arbeitsschwerpunkte: Fragen der Integration, des Transnationalismus und des Rechtspopulismus.

Johannes Kniffki, Jg. 1956, Professor für Internationale Soziale Arbeit an der Alice Salomon Hochschule Berlin. Arbeitsschwerpunkte: Transnationale und Transkulturelle Soziale Arbeit, Soziale Entwicklung, Evaluationsforschung und Monitoring in inter- und transnationalen Kooperationsprogrammen mit dem Schwerpunkt Gemeinwesenarbeit.

Johanna Krawietz, Dipl. Soz., Jg. 1977, Promovendin im DFG-Graduiertenkolleg Transnationale Soziale Unterstützung an der Universität Hildesheim. Arbeitsschwerpunkte: Transnationalisierung von Pflegearbeit, Soziale Gerontologie, Europäische Integration und Soziale Dienste.

Ludger Pries, Prof. Dr., Jg. 1953, Lehrstuhl Soziologie / Organisation, Migration, Mitbestimmung an der Ruhr-Universität Bochum, Sprecher der Sektion Migration und ethnische Minderheiten in der Deutschen Gesellschaft für Soziologie. Arbeitsschwerpunkte: (international vergleichende) Organisations-, Arbeits- und Erwerbssoziologie, Transnationalisierungsforschung und Migrationssoziologie, insbesondere die Erforschung transnationaler Migration und sozialer Inkorporationsprozesse.

Christian Reutlinger, Prof. Dr., Jg. 1971, Privatdozent an der TU Dresden, leitet das Kompetenzzentrum Soziale Räume der FHS St.Gallen, Hochschule für Angewandte Wissenschaften (www.fhsg.ch/sozialeraeume). Arbeitsschwerpunkte: Social Development, Transnationale Soziale Arbeit, Sozialgeografie der Kinder und Jugendlichen, Europäische Jugendforschung, Sozialpädagogische Sozialraumforschung und Sozialraumarbeit.

Marina Richter, Dr., Jg. 1976, Doktorassistentin am Studienbereich Soziologie, Sozialpolitik und Sozialarbeit der Universität Freiburg i.Ü. Arbeitsschwerpunkte: Migration und Transnationalismus; Strafvollzug; Geschlechterforschung, Intersektionalität und Differenz; räumliche Dimensionen sozialer Praxis.

Christine Riegel, Dr. soc. Dipl.Päd., Jg. 1969, akademische Rätin a.Z. am Institut für Erziehungswissenschaft der Universität Tübingen. Arbeitsschwerpunkte: Jugend-, Gender- und Migrationsforschung; Intersektionalität, soziale Heterogenität im pädagogischen Kontext.

Mandy Schöne, Dipl. Päd., Jg. 1979, wissenschaftliche Mitarbeiterin am Institut für Soziale Arbeit (IFSA) an der FHS St.Gallen, Hochschule für Angewandte Wissenschaften. Arbeitsschwerpunkte: Kinder- und Jugendhilfe, Governance im Kontext Sozialer Arbeit, internationale und transnationale Soziale Arbeit, Sozialpädagogische Forschung.

Wolfgang Schröer, Dr. Prof., Jg. 1967; Professor für Sozialpädagogik an der Universität Hildesheim. Arbeitsschwerpunkte: Theorie und Geschichte der Sozialpädagogik und Sozialpolitik; Kinder- und Jugendhilfe, Internationale und Transnationale Soziale Arbeit, Migrationsforschung.

Sie möchten mehr über das Thema erfahren?

Dann lesen Sie bitte weiter in der neuen Schriftenreihe

„Die soziale Welt quer denken"

herausgegeben von Christian Reutlinger und Johannes Kniffki.

Band 1:
Johannes Kniffki/Christian Reutlinger/Wolfgang Hees (Hrsg.): Jugend, Partizipation und Community. Grundzüge eines transnationalen Arbeits-/Handlungsansatzes in der Arbeit mit Kindern und Jugendlichen. ISBN 978-3-86596-285-0. ca. 280 Seiten. ca. EUR 24,80. Erscheint voraussichtlich im Frühjahr 2011.

Frank & Timme
Verlag für wissenschaftliche Literatur